선생님이 왜 노조 해요?

교사노동조합에서 활동하는
열여섯 명의 선생님 이야기

선생님이 왜 노조 해요?

교사노동조합에서 활동하는
열여섯 명의 선생님 이야기

초판 1쇄 인쇄 2023년 12월 8일
초판 1쇄 발행 2023년 12월 16일

엮은이 교사노동조합연맹

펴낸이 김승희
펴낸곳 도서출판 살림터

기획 정광일
편집 조현주, 송승호
북디자인 꼬리별

인쇄·제본 (주)신화프린팅
종이 (주)명동지류

주소 서울시 양천구 목동동로 293, 2215-1호
전화 02-3141-6553
팩스 02-3141-6555
출판등록 2008년 3월 18일 제313-1990-12호
이메일 gwang80@hanmail.net
블로그 http://blog.naver.com/dkffk1020
한국교육연구네트워크 www.kednetwork.or.kr

ISBN 979-11-5930-267-1 03370

선생님이 왜 노조 해요?

교사노동조합에서 활동하는
열여섯 명의 선생님 이야기

교사노동조합연맹 기획

살림터

가볍게, 편안하게, 따뜻하게 다가가는 노조

도종환_시인, 국회의원

이 책 참 재미있네요. 노조 전임자 일이 참 힘들 텐데 힘든 이야기를 편하게 풀어내시네요. 읽다가 여러 번 웃었어요. 교사노조 일 하시는 분들은 특별한 능력을 타고났거나, 어디서 특수 훈련을 받은 강심장이거나, 본래 탁월한 지도력이 있어서 전임자가 되거나 위원장이 되었을 거라고 생각하기 쉬운데, 이분들이 털어놓는 이야기를 들어 보니 '어쩌다 위원장'을 맡으신 분들이 많네요. 설립 신고 서류 낼 노동청이 집에서 가까워서 맡게 된 분도 있고, '규정', '강령', '규약', '대의원', '발의', '부의' 이런 말이 어색해서 입에 붙지 않는 분도 있고, 집회를 처음 해 본 분도 있네요. 다른 학교 교장 선생님에게 항의 전화를 하기 위해 지문이 빽빽한 '대본'을 만들다시피 해서 난생처음 전화를 한 분도 있습니다.

그래서 내 옆자리에 있던 선생님 같습니다. 겁이 많고, 소심하고, 큰일을 하면서도 다리가 떨리는 내 모습을 보는 것 같습니다. 노조라는 말이 지니고 있는 무거움, 두려움, 뜨거움이 보이지 않습니다. 가볍게, 편안하게, 따뜻하게 다가가도 될 것 같습니다. '노조는 강성이다', '노조는 무섭다', '노조 하는 사람들은 정치적이다'와 같은 생각에서 벗어나 '노조가 필요하네', '노조 안 무섭네', '이렇게 편한 시위는 처음이야' 이런 생각을 갖게 해 줍니다.

참 무모하게도 '내가 하지 뭐' 이런 생각으로 책임을 맡거나 우연히 전임자가 되었다는 분도 있습니다. 팔자구나 하고 생각하는 분도 있고, 운명이구나라고 받아들인 분도 있습니다. 다들 대단하십니다. 그런데 프랑스에서는 "우연이란 익명으로 남긴 신의 지문"이라고 한답니다. 우연히 그렇게 되었다고 하지만 자세히 들여다보면 거기 신의 손길이 스친 흔적이 지문처럼 남아 있다는 거죠. 우연히 그렇게 된 게 아니라 신의 손길이 그렇게 데리고 간다는 것이지요. 내 안에서 나를 움직이게 하는 삶의 리듬, 열망, 감성, 정념 같은 것이 나를 행동하게 하는데 그게 시절인연과 만나면 운명이 된다고 말하기도 합니다. 이 책을 읽는 동안 여러분도 여러분 안에서 미세하게 움직이는 어떤 감정의 파동과 만나게 되실 겁니다.

평범하고 열정 넘치는 교사들의 노조 하는 이야기를 한번 읽어 보시길 권합니다. 저마다 자기가 서 있는 자리에서 최선을 다해 보려는 몸짓이 얼마나 반짝반짝 빛이 나는지 확인할 수 있습니다. 반짝반짝 빛이 나는 걸 보석이라 합니다. 이분들은 '절망적인 환경'을 '아름다운 풍경'으로 바꾸는 담쟁이 같은 분들입니다. 함께 모여 손잡고 절망의 벽을 넘어가는 담쟁이, "푸르게 절망을 다 덮을 때까지/ 바로 그 절망을 잡고 놓지 않는" 담쟁이 같은 분들의 이야기입니다.

교사노조의 새로운 주역들을 기다립니다

김용서_교사노동조합연맹 위원장

책 제목을 앞에 두고 잠시 멍했습니다. 교직 생활 전반을 노동조합과 함께해 온 저로서는 교사가 노조를 하는 일이 너무 당연해서 어떤 이유를 붙여야 할지 바로 떠오르지 않았기 때문이지요. 옆에 있던 사무총장 이장원 형님이 웃으며 말을 보탭니다.

"교사와 교육청, 교사와 교육부는 개별적 노사관계야. 개별적 노사관계일 때는 교사에게 힘이 없어. 개인들이 노조 안에서 뭉쳐서 집단적 노사관계를 가져가야지. 노조로 뭉쳐서 공통 요구를 만들고 공통 요구를 관철시켜 나가야지. 모래알로 흩어져 있던 교사들을 콘크리트로 만들어 주는 거지."

처음 서울교사노조, 전국중등교사노조, 전국사서교사노조가 만들어지고 교사노조연맹으로 연대체가 된 후, 그야말로 자발적으로 노조를 하겠다고 경기의 선생님 몇 분이 자문을 구하러 찾아왔습니다. 저와 당시 연맹 집행부들은 이분들에게 노동조합의 설립법과 운동 이런 것들을 조언해 주었습니다. 그때 우리를 찾아왔던 그분들이 지역에서 젊은 교사들의 정서와 요구에 맞는 사업 방식과 내용을 창출해 가면서 새로운 노동조합을 만들어 갔고, 그것이 전국 모든 시도의 노동조합 결성으로 이어졌습니다. 씨줄과 날줄처럼 급별 전국 단위 노조들도 더 생겨났고요. 그리고 다시 그것이 모여 연맹이 발전하게 된 거죠. 교사노조연맹은 그렇게 가맹된 26개 개별 노조들의 서로 다른 목소리를 조율하고 공통의 요구를 만들어 갑니다. 교사노조연맹은 연맹 위원장인 저 하나의 의견으로 절대 굴러갈 수 없습니다. 서로 다른 노조들의 연대체라 주장이 엇갈리고 토론이 길어질 때도 있지만, 갈등을 넘어서 나온 공동의 요구안의 힘은 더욱 세집니다.

연맹의 성장 동력이 된 주역들은 대부분 30대, 40대 젊은 워킹맘 여교사였습니다. 노조의 경험이 거의 전무한 저분들이 과연 노조를 만들고 운영해 갈 수 있을까 하는 걱정도 있었지만, 지금 생각해 보면 그것은 저의 기우였습니다. 독자적으로 노조를 꾸려 가면서도, 조합원들의 의견을 듣고 어떻게 현장의 문제를 해결할지 고군분투하고 저마다의 해결책을 찾아갔습니다. 이러한 과정을 노조 밴드와 교사 커뮤니티 속에서 소통하며, 교사들에게 노조의 필요성이 공유되고 더 많은 교사들의 결집을 이루어 냈죠.

본문을 읽다 보니, 저를 '용서받지 못할 자'라고 소개한 대목이 있던데요. 여러 노조 위원장님들이 저에게 '노조를 만드는 건 어렵지 않다고 저를 설득하실 때, 노조를 운영하고 유지하는 것이 이렇게 어렵다는 말씀은 왜 안 하셨냐'고 호통을 치셔서 쩔쩔맨 기억이 떠올랐습니다. 그렇지만 저에게 호통은 치셨어도 여전히 교사노조의 대들보로서 노조를 위해 애써 주고 계시니 늘 감사한 마음뿐입니다.

노조 초기에 한 명의 전임자도 없어 학교 현장과 가정, 노조를 꾸려

가야 했던 그들의 노고는 이루 말할 수가 없습니다. 이를 알기에 교사노조연맹은 꾸준히 국회와 정부를 설득하여, 2022년 다른 직종의 노조에서는 이미 모두 적용받고 있었던 '타임오프제(근로시간면제제도)'를 교원과 공무원에게도 적용할 수 있도록 법 개정을 이루어 냈습니다. 그러나 여전히 교사노조는 '타임오프제'를 적용받지 못하고 있습니다. 여전히 전임자가 한 명도 없는 노조가 있고, 단 한 명의 전임자가 모든 일을 처리해야 하는 노조도 있습니다. 교사노조는 교사들의 권익 신장을 위하는 것이 가장 직접적인 목표이지만, 교사들의 권익이 신장되면 궁극적으로는 우리 공교육이 성장합니다. 교사정치기본권의 부재 등 우리 사회에 차별적으로 남아 있는 교원들에 대한 제약과 노동조합의 기본적인 활동 보장이 아쉬운 이유입니다.

이 책은 전국의 교사노조연맹 가맹 노조 집행부 선생님들의 고군분투 중 매우 일부를 담고 있습니다. 더 많은 분들이 노조 집행부들의 활동과 노고를 조금이나마 알아주시면 좋겠습니다. 그리고 노동조합은 서비스 단체가 아님을 알아주셨으면 하는 바람도 있습니다. 노조가 다 해 주기를 기다리지 마시고, 조합원 스스로가 역량을 키우고 함께 참여해야 합니다. 조합원의 참여는 노조의 가장 큰 무기입니다.

2020년 연말에 3만 5,000명, 그다음 해에 4만 5,000명, 2022년에 5만 4,000명, 그리고 2023년 올해 초 7만 3,000명, 현재 12만 명이 넘는 교사가 교사노조에 가입했습니다. 그동안의 경험을 보면, '내가 교사인데, 도대체가 교육자로서의 어떤 역할을 제대로 할 수가 없다'는 절박함을 느낄 때 교사들은 노조로 몰려옵니다.

요즘 교사들은 '가르칠 수 있는 용기'가 필요하다고 말합니다. 악성 민원, 고소, 관리자의 갑질 등 외부의 부당한 간섭 때문에 학생에 대한 정당한 교육이 어렵다고들 합니다.

'기분상해죄'라고도 칭해지는 무분별한 아동학대 신고로, 교사들이 어느 날 갑자기 자신의 교실에 설 수 없게 되는 안타까운 일들이 수시로 발생하고 있습니다.

아동학대 신고 사유를 살펴보면 '유아의 간식 포장지를 뜯어 주지 않아서', '우리 아이의 와이파이를 잡아 주지 않아서', '아이가 달리다 넘어졌는데 뛰지 말라고 얘기하지 않아서', '체험학습에 갔는데 아이가 휴대폰을 잃어버려서' 등 참 다양한 사례들이 있습니다. 교사들은 '아무것도 하지 않으면 아무 일도 일어나지 않는다'라며 자조하는 지경에 이르고 있습니다.

중등교사들의 경우에는 학생들의 욕설, 폭언, 폭력에 노출되는 빈도가 높고, 평가 및 생기부와 관련한 민원도 계속 증가하고 있는 실정입니다.

그래서인지 4월 '교사노조연맹 교육 현장 인식 조사'(응답자 1만 1,377명)에서 조합원분들은 정상적인 교육활동을 위해 가장 시급히 해결되어야 할 과제를 묻는 질문에 '법률에 의한 교육활동 침해 방지 대책 수립(무고성 아동학대 신고 처벌 등)'(38.21%)을 1순위로 꼽았습니다.

이 결과는 이 시대 교사들의 최우선 요구가 '가르치게 해 달라'는 것임을 보여 줍니다. 교사의 교육활동을 보호하고, 교육 본질에 집중할 수 있게 해 달라, 교사를 교육 전문가로서 대우해 달라는 교사들의 요구가 모여 교사노동조합연맹의 성장 동력이 되었습니다.

지난 5월에 교사노조연맹은 전국 5만 4,446명이 동참한 '교육활동 보호 입법'을 위한 서명을 국회 교육위원회 의원들과 보건복지위원회 의원들에게 전달했습니다.

6월에도 「초·중등교육법」·「아동복지법」·「아동학대처벌법」·「교원지위법」 일부개정법률안을 국회 교육위원회의 여야 의원들에게 전달하고 제안했습니다.

이 법률개정안은 교사의 교육할 권리를 보호하고 학생과 학부모에게는 안정적인 학습권을 보장하기 위한 최소한의 조치로서 정당한 교육활동에 대한 아동학대 면책 조항의 근거를 마련하는 내용이었습니다.

그리고 10월, 지난여름부터 시작된 11차례에 걸친 교사 집회에 힘입어 교권 4법이 드디어 국회를 통과하였습니다. 교사들의 교육할 권리가 최소한이지만 확보되었습니다.

교사들이 교육정책과 교육입법에서 소외되어 온 결과가 오늘날 교육 현장의 모습입니다. 교육의 주체는 '교사'입니다. 교사는 '교육 전문가'입니다. 교육정책과 교육입법에도 교사들의 참여가 적극 보장되어야 합니다.

선생님을 응원합니다. 감사합니다.

노조 하는 교사들의 이야기를 써 보자

채송화_교사노조 책쓰기 프로젝트 팀장

평소 교사노조의 집행부 선생님들과 이야기를 나누다 보면, '아니, 이렇게 대단한 선생님이 노조에서 활동하고 계시다니!'라는 감동과 함께 '이렇게 힘들게 일하셔서 어쩌지' 하는 안타까움을 동시에 느꼈습니다. 이분들과 모여서 속풀이라도 실컷 하자고 자리를 마련한 것이 책쓰기의 시작이 되었습니다.

2023년 5월 10일 교사노조연맹 7만 조합원 돌파 기념 토론회가 있었습니다. 토론회 자리에는 20대, 30대, 40대 집행부가 토론자로 나서서 세대별 교사들의 고민과 노조에 바라는 점을 전달했습니다. 이 토론회에서 책쓰기 프로젝트가 기획되었습니다. 출범 5년 만에 최대 교원노조로의 성장을 일군, 숨겨진 일꾼들의 이야기를 책으로 남겨야겠다는 마음이었습니다.

토론회가 끝나고 책쓰기 프로젝트 팀을 모집하고, 6월에는 1박 연수를 포함하여 총 5번의 집필과 퇴고를 위한 줌 회의를 반복하였습니다. 주말과 퇴근 이후의 시간까지 아낌없이 할애해 주신 덕분에, 반짝반짝 빛나는 열여섯 분의 보석 같은 삶을 글로 남길 수 있었습니다.

여기 모인 열여섯 분의 글은 어렵지도 무겁지도 않습니다. 선생님 바로 곁에 있는 그 동료 선생님들과 크게 다르지 않은 평범한 교사이자 누군가의 가족이 쓴 글이기 때문입니다. 교직 경력도, 사는 지역도, 속해 있는 노조도 모두 다르고, 저마다 노조에서 하는 역할과 노조를 시작한 계기도 다릅니다. 그러나 책쓰기의 과정을 통해 우리는 이렇게나 다른 서로의 글 속에서 스스로의 모습들을 읽어 냈습니다. 눈물도 흘리고 위안도 받았습니다. 노조마다 점처럼 있던 우리가 이어지는 시간이었습니다. 이 책을 읽는 여러분의 마음과도 이어질 수 있기를 바랍니다.

올해 여름은 유독 뜨겁고 괴로웠습니다. 그러나 2023년의 여름은 상실과 슬픔의 계절로만 기억되지는 않을 것입니다. 많은 선생님의 연대와 외침으로 '교권 4법'을 통과시킨 교권 회복의 계절로도 기억될 것이기 때문입니다. 그 계절 동안 각자의 자리에서 치열하게 새로운 길을 만들어 주신 전국의 선생님들과 교사노조 선생님들께 위로와 감사를 전합니다. 교권 회복, 공교육 정상화, 그리고 교실 회복을 한마음으로 응원해 주신 많은 분들께도 감사의 인사를 드립니다.

'교육'을 가로막는 모든 방해물이 사라지길 기대하며 많은 선생님들께서 교사노조와 함께해 주고 계십니다. 노조 집행부의 마음 역시 조합원의 마음과 다르지 않습니다. 노조에서 활동하는 교사들 역시 현장 교사이기 때문입니다. 그렇기에 더 절실한 마음으로 교육청, 시도의회, 교육부, 국회 그리고 사회 곳곳에 교육 현장의 의견을 전달하고 있습니다. 교육을 더 교육답게 만들기 위해 최선을 다하고 있습니다. 이 책을 통해 노조에 대해 다소나마 품고 계셨던 오해가 있다면 조금은 풀어 드릴 수 있기를 소망합니다.

5월에 시작해 7월 초 잠정 중단되었던 책쓰기 프로젝트를 찬 바람이 불고 나서야 겨우 마무리하게 되었습니다. 공동 저자 한 분, 한 분께 다시 한번 진심으로 감사드립니다. 그리고 소중한 글을 부록에 신도록 허락해 주신 교사노조연맹의 사무총장님, 정책처장님께도 깊이 감사를 전합니다.

차례

1장

교사노조 위원장에서 집행부로

인생은 예측 불허,
그리하여 생은 의미를 가진다

_샤르휘나

  인생은 예측 불허, 그리하여 생은 의미를 가진
다. 전혀 예상치 못한 시점에, 예상치 못한 연유로
노조를 시작하게 되었습니다. 하지만 즐겁게 일하
고 있습니다.
  다양한 사람을 만날 수 있어 반갑습니다. 우리
의 의견을 담으니 공문 작성도 재미있습니다. 보도
자료를 쓰는 것도, 인터뷰를 하는 것도 낯설지만
할 만합니다. 기자회견도 하고, 국회 토론회도 해
봅니다.
  이 길의 끝에는 뭐가 있을까요?
  뭐가 됐든, 제가 하는 이 일들이 선생님들에게
도움이 되고, 마음의 위로가 되길 바랍니다.

샤르휘나,
교사노조를 만나다

모험의 시작

신일숙 작가의 『아르미안의 네 딸들』을 아시나요?

대대로 여왕이 치세해 온 주술과 불새의 나라 아르미안에는 네 왕녀가 있습니다. 왕녀들의 어머니인 '기르샤'가 통치하는 아르미안은 한때 크게 번성했으나 점점 쇠락하며 대내외적으로 위협받는 처지에 놓입니다. 그래서 첫째 딸 레 마누는 여왕으로 즉위하면서 자신의 왕위에 가장 큰 위협이 될 막내딸 샤르휘나를 추방합니다. 아무도 본 적이 없는 불새의 깃털을 가져오면 돌아올 수 있다는 조건으로 말입니다.

'샤르휘나'는 제가 즐겨 쓰는 닉네임입니다. 이야기 속 주인공과 저의 유일한 공통점은 딸 부잣집의 넷째 딸이라는 것 하나지만, 저는 그녀의 찬란한 모험에 빠져들었고 이후로 필요한 경우가 있으면 종종 '샤르휘나'라는 이름을 썼습니다.

어떤 고난에도 꺾이지 않는 마음, 빛나는 미모, 인간계가 아닌 외모와 능력을 갖춘 남자친구 등, 샤르휘나의 성장기는 사춘기 여자아이의 동경이 되기에 충분했습니다.

평범한 일상을 살던 대한민국 '샤르휘나'에게 2020년은 모험이 시작된 해였습니다. 교사노조를 만났기 때문이죠.

2020년에 부산교사노조의 창립위원장을 맡게 된 후, 만나는 사람들은 모두 제게 같은 질문을 했습니다.

"어떻게 부산교사노조를 창립하게 되셨어요?"

그럴 때마다 솔직하게 대답해야 할지를 망설이게 됩니다. 왜냐하면 부산교사노조의 창립위원장이 된 연유가 모험의 시작이라 하기에는 너무 사소했기 때문입니다. 그래서 그럴듯한 명함을 주고받을 사회적 관계의 사람을 만나면 "교사들만을 위한 노조가 필요하다고 생각해서 창립하게 되었습니다"라고 그럴듯한 대답으로 적당히 둘러댔습니다.

하지만 적당함 이상의 친밀함이 있거나, 적당함 이상의 시간이 있으면 저의 썰은 길어집니다.

"2019년이 끝나갈 무렵에 교사노조 연맹 위원장님이 지역노조를 창립할 목적으로 부산의 예비 가입 교사들을 단체 채팅방에 모아 놓고, 설립 신고서를 제출해 줄 사람을 지원받았어요. 아무도 선뜻 나서지 못하는 모습이 답답했어요. 마침 제가 사는 곳이 부산 노동청이랑 가까워서 설립 신고서를 제출하겠다고 했지요. 설립 신고서에 제 이름을 써서 내면 된다고 해서 시키는 대로만 했을 뿐인데, 그 길로 제가 창립위원장이 되었어요."

한번 시작한 이야기는 술술 풀려나옵니다.

"저는 설립 신고만 하고 나면 누군가 위원장을 맡을 사람이 '짠' 하고 나타날 줄 알았어요. 그대로 2기 위원장까지 하게 될 줄은 꿈에도 몰랐죠."

노동조합을 창립하게 된 배경이 시대적 사명감이나 교육 현장의 변화에 대한 갈망 같은 게 아니라 고작 서류를 낼 노동청이 가까워서라니, 정말 하찮은 이유이지 않습니까. 게다가 알고 봤더니 그 단체 채팅방에 있던 열몇 명 중에는 저보다 노동청에 더 가까이에 사는 사람들도 있었습니다. 결국엔 침묵을 못 견딘 급한 성질과 오지랖이 저를 부산교사노조 창립위원장으로 만든 것입니다.

하지만 시간이 지나면서 알게 되었습니다. 노동청이 더 멀리 있었어도 아마 제가 갔으리라는 것을. 교사노조는 제게 어떤 이유로든 다가와 삶의 중심이 되었을 것입니다.

그렇게 노동청에 가까웠던 당시 저의 집을 노조 사무실로 등록하고 본격적인 초보 노조인의 생활이 시작되었습니다. 노조 활동의 꽃은 단체교섭이라며, 창립했으니 이제 단체교섭을 해야 한다고 연맹 위원장님이 재촉했습니다. 그래서 제대로 읽어 보지도 못한 200개가 넘는 조항의 단체 교섭안을 교육청에 보냈습니다. 마찬가지로 저처럼 노조 활동이란 것을 제대로 해 본 적이 없지만, 교직을 변화시키고자 하는 열망이 뜨거운 열 명 정도의 동료 선생님들이 집행부로 모였습니다. 집행부 선생님들과 함께 퇴근 후 3~4시간씩 마라톤 회의를 하며 실무 교섭을 준비했습니다. 때로는 아이 맡길 곳을 찾지 못해 미취학 아이들 서너 명을 방에서 놀리며 회의하다가 창밖이 새카매질 때도 있었습니다.

모험에는 고난이 빠질 수 없지

때마침 2020년에는 모험에 더할 나위 없이 어울리는 '고난'도 닥쳐왔습니다. 아무도 모르게 침입해서 사람들을 해치고 사회를 혼란에 빠뜨린 희대의 감염병! 바로 코로나19였습니다.

사람들은 생전 처음 보는 감염병으로 인해 무엇을 어떻게 해야 할지 몰라 우왕좌왕했고, 그러는 사이 개학식과 더불어 입학식이 연기되는 사상 초유의 사태가 벌어졌습니다.

그로 인해 선생님과 학생들이 모여서 함께 호흡하며 만들어 가던 수업은 온라인으로 대체되었습니다. 처음 접하는 온라인 수업이 생소하기는 학부모도, 학생도, 교사도 마찬가지였습니다.

제가 제일 처음 만든 영상은 학교에 오지 못하는 우리 반 아이들을 위해 학교 곳곳을 소개하는 것이었습니다. 아이들이 앉아서 도란도란 이야기를 나누었을 교실을 소개하고, 담임 교사인 저를 소개하는 내용을 담았습니다.

"안녕하세요, 2학년 2반 어린이 여러분!"

이 짧고 단순한 인사말을 스무 번은 넘게 찍었다 지우기를 반복했습니다.

온라인 수업이 길어지면서 멘트 연습은 사라지고 말실수를 하더라도 다시 찍지 않고 쭉 이어 가는 기술과 뻔뻔함도 늘어 갔습니다. 백 번을 다시 찍더라도 저의 구수한 부산 사투리와 억양이 세련된 서울말로 바뀌지 못한다는 것을 받아들이기로 한 것입니다. 그런데도 어떤 수업을 어떻게 구성해서 영상을 만들지에 대한 고민은 깊어졌고, 10분짜리 영상을 만들기 위해서는 한 시간 이상이 필요했습니다.

코로나19는 수업의 형태만 변화시킨 것이 아니었습니다. 이전보다 훨씬 더 복잡해진 출결 처리부터 개별적으로 나누어 줄 수업 준비물 챙기기까지 교사의 잡무가 늘어났습니다. 전교생에게 배부할 마스크를 소분하고 포장하는 일까지 교사의 업무가 되었습니다.

코로나19로 인해 늘어난 잡무만큼이나, 처음 만들어지는 각종 규칙과 업무들 역시 교사들에게 집중적으로 쏟아졌습니다. 이에 따른 행정업무를 처리하기에도 시간이 부족했지만, 일부 학부모들은 교사의 상황을 모르는 채 이런 말을 하였습니다.

"교사들은 아이들이 없어서 수업도 안 하고 편하겠다."

맥이 탁 풀릴 정도로 너무 속상했습니다.

학생들의 등교가 시작되면서부터는 교문 앞 발열검사부터 자가진단 체크, 격리된 학생의 개인별 지도까지 해야 할 일이 기하급수적으로 늘어났습니다. 이런저런 업무에 치이다 잠깐의 짬을 내어 다음 날 수업을 준비하며, '내가 뭘 하는 거지?'란 생각이 문득 들었습니다.

처음 교사가 되려고 했을 때는 분명 아이들과 함께하는 수업을 꿈꾸며 다양한 활동을 재미있게 하고 싶다는 생각이 컸습니다. 그런데 문득 '어떤 업무를 언제까지 처리해야 한다'는 게 가장 큰 과제가 되어 버린 느낌이 들었습니다.

그러면서 내가 교사로서 해야 하는 가장 본질적인 일, 즉 '가르치는 일'을 놓치고 있다는 생각이 들었습니다. '가르치는 일'을 '열심히' 하지 않으면서 아이들에게 이래야 한다, 저래야 한다고 말하는 제 모습이 부끄럽게 느껴졌습니다.

부끄러움과 더불어 교사에게 온갖 행정 일을 떠넘기는 교육청에 분노가 일었습니다. 그런 마음을 담아 '코로나19로 인해 과중하게 지워진 교사의 업무 개선'을 요구하는 공문을 밤새 작성해서 보내기도 했습니다.

어느 날, 전화가 왔습니다. 기자였습니다. 처음 받는 기자의 전화에 머리가 하얘졌습니다.

"교육청에서 '학교 내 확진자가 발생하면 해당 학교를 엄중 문책할 예정'이라는 공문을 발송해서 선생님들이 항의를 많이 하셨다고 하는데, 현장의 분위기는 어떤가요?"

"아, 그게⋯⋯. 어, 제가 조금 있다가 다시 전화드릴게요."

시간을 벌어 놓고, 집행부 선생님들과 해당 이슈에 대해 어떻게 답

할지 다급하게 의논했습니다. 코로나19 확진자 발생을 학교의 책임으로 미루고 교사를 겁박하는 교육청을 강하게 비판해야 한다고 했습니다. 결국 교육청 담당자는 신중하지 못한 단어 선택에 대해 선생님들에게 사과했고 교육청은 재발 방지를 약속했습니다.

공문 발송, 단체교섭, 교육청 항의 전화, 성명서 작성, 기자와의 인터뷰, 사무실 개소식 등 하나의 퀘스트를 해결하면 또 다른 퀘스트가 기다리고 있었습니다. 이전에 완료했던 퀘스트가 조금 더 어려워진 레벨로 다시 찾아오기도 했습니다. 어떤 퀘스트는 훌륭하게 해냈고, 어떤 퀘스트는 요령 없이 덤벼들다가 만신창이가 돼서 패배했습니다. 그러는 과정에서 동료를 떠나보내기도 하고, 더 훌륭한 동료들을 얻기도 했습니다. 시간이 흘러도 바뀌지 않은 것은 선생님들이 교육에 집중할 수 있는 환경을 만들겠다는 초심이었습니다.

비록 에일레스같이 멋진 남자친구는 못 만났지만, 그보다 더 든든한 동료들을 얻었습니다. 저처럼 우연을 가장한 운명에 이끌려 노조라는 여정에 뛰어들었지만, 각자의 특별한 재능을 꽃피우고 있는 동료들이 함께하기에 던전으로 향하는 발걸음이 무겁지 않습니다. 이 모험의 끝에 진정한 자유가 있을까요? 불새의 깃털처럼, 진정한 자유란 것이 존재하지 않는다고 해도 이 모험 자체가 즐겁고 의미 있는 시간이라는 것은 분명합니다. 저와 동료들이 함께할 학교 현장을 지금보다 조금이라도 낫게 만들기 위해서 저는 끝까지 유쾌하게 달려 나갈 것입니다.

수업만 하는 교사

'수업하려고 교사 하는데? 그게 내 일인데?'

그런데 세상 사람들이 교사에게 바라는 건 '수업 잘하는 것'만이 아닌 것 같습니다. 아니, 교사가 해야 할 일 중에 '수업'을 최상위 목록에 두기는 하는 것인가 의문이 들 때도 많습니다. 특히 학교 내의 다른 직종과의 갈등을 겪을 때면 더욱 그랬습니다.

무너진 교권과 행정업무로 인한 갈등은 교사노조의 가입자가 폭발적으로 늘어나는 계기가 되었습니다. 주가 되어야 할 교육활동과 객이 되어야 할 행정업무가 서로 뒤바뀐 지 오래입니다. 이에 대한 성토가 끊임없이 이어지고 있지만 뚜렷한 대책은 보일 기미가 없습니다. 모두가 피해자라고 주장하고, 그 와중에 불만은 계속 쌓여 갈 뿐입니다. 그뿐만 아니라 다른 직종의 노조들이 노골적으로 교사들을 비난하고 헐뜯는 내용을 SNS에 지속해서 올립니다.

"교사들은 왜 수업만 하려고 하죠?"

"너무 이기적인 거 아닌가요?"

"학교에 수업만 하는 늙은 교사들 많잖아요."

정말 어이가 없었습니다.

'아, 그러고 싶어도 학교는 나에게 그럴 시간을 주지 않는다고요.'

정보교육부장을 할 때, 수업 시간에도 수시로 교실로 전화가 왔습니다.

"부장님, 갑자기 인터넷이 안 돼요."

"부장님, 방금까지 잘되던 사이트가 안 열리는데요?"

사실 이런 민원을 받으면 정말 난감합니다. 저는 컴퓨터 기술이 뛰어나서 정보부장이 된 게 아니었거든요. 초등학교의 정보업무란 학생들의 '정보교육'을 계획하고 실행하는 것으로 생각했는데, 실상은 '컴퓨터, 인터넷, 정보, 기기, 보안'이라는 이름이 붙으면 교내의 모든 것이 정보교육 담당 교사의 일이 되었습니다. 정보교육을 주관할 줄 알았는데, 컴퓨터 서비스센터가 되어 버린 셈이죠.

그래도 일단 민원 전화를 받으면 그 선생님 교실로 달려갔습니다. 제가 당장 해결해 줄 수는 없더라도, 더 들어주고 적극적으로 대책을 찾아야 한다고 생각했습니다. 대부분은 전문 업체에 전화해서 방문 요청하는 걸로 마무리가 되곤 했습니다. 지금 와서 생각해 보면 그냥 처음부터 업체 전화번호를 알려 줄 걸 그랬나 하는 생각도 듭니다. 왜냐하면 도움을 요청한 선생님에게 달려가는 시간, 어떻게든 해결해 보겠다고 끙끙댄 시간을 줄일 수 있었을 테니까요. 그때는 그렇게 우리 반 아이들을 놔두고 다른 교실의 먹통인 컴퓨터를 들여다보는 게 제가 해야 할 업무인 줄 알았습니다. 차라리 업체를 부르면 해결되는 단순한 일은 좀 나은 편이었습니다. 새로 구입해야 하는 정보 기기의 목록을 만들어 품의하고, 연한이 다 되어서 폐기해야 하는 정보 기기 대장을 만들며, 학교 인근 CCTV 정보들을 몇 시간씩 입력하면서는 이게 학생들 수업과 무슨 관련이 있을까 하는 의구심을 지울 수가 없었습니다.

수업 빼고 다 교사 일입니다

수업 중에 전화를 받고 컴퓨터 기술자가 돼 버린 건 그 후에 벌어진 일들에 비하면 아무것도 아니었습니다. 학생들의 학력을 신장시켜야 한다고 각종 사업이 생기고 예산과 인력이 학교로 들어왔습니다. 보충 수업이 필요한 아이들을 수업 시간 이후에 추가로 지도하는 것은 교사로서 마땅히 해야 할 일이라고 생각합니다.

하지만 두드림 교실, 아이세움 교실, 배움 교실, 더 배움 교실, 대학생 멘토링 등 학력 신장이라는 동일한 목적을 가졌지만 이름이 다르고 예산 출처도 다른 사업들은 담임 교사만으로 운영할 수 없습니다. 그래서 사업별로 강사를 뽑고 교실로 배치하고, 아이들을 연결해 주어서 강사들이 별도 수업을 할 수 있도록 했습니다. 강사들은 해당 학생이 어떤 부분을 모르는지 잘 몰랐으므로(대부분은 초등 교육과정에 대해서는 잘 모르는 경우가 많았어요) 교재를 준비해 주는 것까지는 도와 드릴 수 있었습니다. 하지만 그 강사들에게 무엇을 어떻게 해야 하는지 가르치고 복무를 체크하고 월급을 계산하는 것까지 교사의 업무가 되는 것은 받아들이기 어려웠습니다. 강사나 강의에 대한 민원도 교사의 몫이었습니다. 학생들의 기초학력을 신장시킨다고 관련된 '업무'는 정규교사가 하고, '수업'은 강사가 하는 것이었습니다.

대부분의 교육청 사업이 이런 식입니다. 그럴듯한 사업명에 따른 어마어마한 예산이 내려옵니다. 그러면 교사는 예산에 따른 계획을 세우고, 그걸 진행할 사람을 뽑기 위해 공고를 하고, 면접을 보고 채용을 합니다. 강사가 편하게 수업할 수 있게 학생을 섭외해서 공간 및 자료를 준비하고, 끝나고 나면 강사비를 지급하고, 관련 보고서를 작성합니다. 이것이 이상하다고 생각한 교사가 저 혼자만은 아니었습니다.

그런 선생님들이 자연스럽게 교사노조로 모였고, 교사에게 수업하게 해 달라고, 수업을 준비할 시간을 보장해 달라고 외치게 되었습니다.

교육청과의 단체교섭을 진행하면서 행정업무분장으로 인한 갈등 사례를 얘기하면, 돌아오는 대답은 항상 같았습니다.

"학교 내 업무 배부는 학교장 재량입니다. 교육청에서 이것은 교사 일, 이것은 다른 직종의 일, 이렇게 정해 줄 수 없습니다."

"「초·중등교육법」 제20조 제4항에 '교사는 법령에서 정하는 바에 따라 학생을 교육한다'라고 되어 있고, 제5항에 '행정직원 등 직원은 법령에서 정하는 바에 따라 학교의 행정사무와 그 밖의 사무를 담당한다'라고 나와 있습니다. 교사의 본질 업무는 학생 교육인데, 그것이 방해받을 정도지요. 업무분장으로 인한 갈등이 점점 심해지는 상황을 중재하지 않고 학교장 재량이라는 명목으로 방치하는 것은 교육청의 직무 유기 아닙니까?"

우리 노조의 항의에 교육청의 장학사조차도 "왜 교사는 수업만 하려고 합니까?"라고 반문했습니다.

행정 일을 교사가 일정 부분 책임져야 한다는 데 어느 정도는 동의합니다. 흔쾌히는 아니지만요. 하지만 학생과 관련되었다고 전부 교사 일이라고 한다면, 학교에서 교사의 일이 아닌 것이 있을까요? 그렇다면 교사 외의 다른 직종은 왜 필요한 것일까요?

수업만 하는 교사가 되는 것은 모든 교사의 희망 사항 아닐까 싶습니다. 교생을 지도하면서 실습 학생들에게 좋은 수업을 보여 주기 위해서 수업 연구를 열심히 했던 적이 있습니다. 교생 지도 교사였기 때문에 학교의 다른 행정업무를 거의 하지 않아도 되는 배려를 받은 덕이었습니다. 벌써 10년 전이지만, 그때 고민했던 다양한 활동들, 진지하게 참여하던 아이들 모습, 밝게 웃던 얼굴들은 아직도 생생하게 기억납니다. 그렇게 수업 준비와 지도를 열심히 했던 때는 그 이전에도, 그 이후로도 없었습니다. 그리고 그때만큼 기억에 남는 아이들도, 인상적이었던 수업도 없었습니다.

교사가 수업만 하게 된다면, 아이들은 훨씬 많은 것을 배울 수 있습니다. 아이들의 수업 시간은 1분도 허투루 흐르지 않을 것입니다. 수업 활동이 재미있다고, 수업 시간에 배우는 것이 즐겁다고 말하는 아이들이 늘어날 것입니다.

발령받은 첫 학교에서 종종 학부모들이 '선생님이 젊어서 좋다'라는 말을 하면 뭔가 낯간지럽고도 마음 한구석이 찜찜한 기분이 들었습니다. 결국에는 나이 먹은 교사가 될 텐데, 젊다는 것만으로 좋다는 게 칭찬으로 받아들여지지 않았습니다. 지금은 오히려 젊은 교사들이 더 많은 업무를 하고, 더 바빠서 아이들에게 신경을 쓸 시간이 부족하기도 합니다. 그래도 젊고 힘이 넘치니까 많은 업무를 하면서도 지치지 않고 아이들을 위해 더 좋은 수업을 연구하게 될까요? 그렇지 않으리라고 생각합니다.

나이가 들면서 자연스레 학교에서 상대적으로 덜 중요한 업무를 받게 되면 그제야 수업 준비에 집중할 수 있는 시간이 조금 더 많아질까요? 그런 시간을 아이들과 함께 쓸 수 있는 교사가 되고 싶습니다. 수업만 하는 교사 말입니다.

국회의원
꿈나무

ENFP가 노조를 하면?

저는 어렸을 때부터 친구들을 무척 좋아했습니다. 한번은 독서실에 간다고 거짓말을 하고 가방만 던져 놓고 친구들과 어울려 놀다가 퇴근길의 아빠를 맞닥뜨려 무척 혼이 난 적이 있었습니다. 그 이후로는 아예 버스를 타고 40분을 가야 하는 독서실을 다녔습니다. 가장 좋아하는 친구가 다니던 독서실이었고, 거기는 그 친구가 좋아하던 남자친구도 있었습니다. 사랑이 꽃피는 독서실은 정말 재미있었고 공부는 딴 나라 얘기가 됐습니다. 그해 대학 입시를 망쳤고, 대학 원서 한 장 안 써 보고 재수를 시작했습니다. 그때 공부를 더 열심히 했었다면, 지금 교사가 아닌, 노조가 아닌 다른 자리에 있었을까요? 하지만 '미래는 예측 불허, 그리하여 생은 의미를 가진다'고 누군가는 말했습니다.

어렸을 때부터 아빠가 종종 하시던 말이 있습니다.

"너는 왜 그리 친구들과 노는 걸 좋아하니, 친구 많아 봤자 아무 소용없다. 나중에 국회의원이라도 나가려고 그러냐?"

국회의원이 되지는 못했지만 친구들을 여전히 좋아했습니다.

교사노조 집행부로 발을 들인 건 우연이었지만 노조 일에 이런 외향적인 성향은 장점이었습니다. 지역도 개성도 다양한 새로운 사람들을 끊임없이 만나게 되었으니까요. 새로운 사람들은 저마다의 새로운 이야기를 지니고 있었습니다.

또한 새로운 사람으로 가득한 부산교사노조 집행부 모임도 너무 재미있었습니다. 집행부 선생님들과 함께, 교사로서 지도하기 어려운 학생을 만났을 때 겪는 어려움과 도움받을 곳이 없다는 한탄, 나날이 늘어나는 행정업무에 대한 불만을 토로했습니다. 그리고 교사를 정책 파트너가 아닌 소모품처럼 대하는 교육청에 대한 분노는 공문을 통해 교육청으로 전달했습니다. 어떤 요구들은 실제로 반영이 되면서 효과가 나타나기도 했습니다.

2022년, 부산교육청에서 학생들에게 배부한 전자기기를 회수해서 정보교육 담당 교사가 일일이 확인하고, 파손되거나 분실된 것은 복구해서 반납하라는 공문이 내려왔습니다. 처음 학생들에게 태블릿을 배부할 때, 기기가 정상 작동하는지 확인하고, 등록대장을 만들고, 라벨을 붙여서 나눠 준 것도 대부분 정보교육 업무를 맡은 교사들이었습니다. 며칠에서 몇 주까지 걸렸던 일이었습니다. 그랬는데 이제는 수백 개, 많게는 수천 개에 이르는 기기를 점검하고, 파손된 것은 수리를 보내고, 분실품은 재구입하라고 하니 부산교사노조로 선생님들의 불만이 쏟아졌습니다. 이런 불만 사항을 모아 교육청에 항의했습니다. 교육청은 기기 수리나 분실품 구매에 들어갈 예산이 너무 많을까 싶어 학교별로 수리 건수가 적게 나오도록 교사들을 압박했던 것입니다. 그래서 수리, 분실 처리에 대한 예산 집행은 학교별로 하고, 양품화 업체를 통해 기기를 수거해서 일괄 점검, 수리하도록 요청했습니다. 덕분에 많은 선생님이 의미 없는 행정업무에서 벗어날 수 있었습니다.

노조의 낡은 틀을 넘어서

처음 접하는 노조 일로 인한 어려움도 있었습니다. '노동조합'이 해야 하는 당연한 일들이 너무 낯설고 서툴렀던 것입니다.

"노조가 대체 뭘 해야 하는지 아는 사람이 집행부 중에 아무도 없어요."

고민을 털어놓은 제게 교사노조연맹 위원장님은 따스하게 말씀하셨습니다.

"그래서 오히려 좋아요. 정형화된 노조의 낡은 틀을 가진 사람이 지금 집행부 중에 아무도 없으니까요. 새로 노조를 시작한 사람이 일을 배워 가는 것보다 노조를 오래 한 사람에게 새로움을 기대하는 게 훨씬 어렵거든요."

그때는 누구라도 잘 아는 사람이 앞서서 끌어 줬으면 하는 기대가 있었기 때문에 연맹 위원장님의 말이 무슨 뜻인지 알 수 없었습니다. 시간이 지나면서 '노조를 오래 한 낡은 틀을 가진' 사람들을 종종 만나게 되었고, 그때 위원장님의 말이 무엇인지 어렴풋이 이해하게 되었습니다.

집행부 중 아무도 이전에 노조 일을 해 본 사람이 없었기 때문에 노조가 당연히 해야 하는 일들이 무엇인지 몰랐던 우리는, 우리가 노조를 만들면서 하고 싶었던 일들을 할 수 있었습니다. 노조의 낡은 틀을 넘어서는 일들을 말이지요.

부산의 시의원을 처음 찾아간 것은 창립하고 6개월쯤 지났을 때였습니다. 부산교육청을 대상으로 교육정책에 교사의 목소리를 반영해 달라고 요구할 때였습니다. 시의회의 교육위원이 교육청 국·과장들에게 호통을 칠 만큼 파워가 세다는 것을 알게 되었습니다. 알고 지내던 시의원이 있을 리가 없었으므로 시의회 홈페이지에 들어가서 시의원 이름을 클릭해 봤습니다. 교육위원 7명 중에 우리 집행부 선생님이 사는 지역구 중심으로, 노조에 호감이 있을 것 같은 의원의 리스트를 만들어서 의원실에 전화했습니다. 처음 전화를 받은 시의원은 교육 현안에 대해 의논하고 싶다는 제안에 선뜻 약속을 잡아 주었습니다. 부산교사노조라는 저의 인사말을 듣고도 소속이 어디냐고 재차 물어보긴 했지만요.

기대를 안고 찾아간 첫 번째 시의원 면담은 실망스럽게 끝이 났습니다. 노조에 대해 친근할 것이라는 섣부른 짐작은 반쯤은 맞고, 반쯤은 틀렸습니다. 예전에 본인이 뛰어들었던 당시의 민주화 운동과 노동 운동에 대한 향수와 자부심으로 자신의 민주화 운동에 대한 무용담을 늘어놓으며 선배 노조인으로서의 충고를 아끼지 않았습니다. 조금은 아껴도 좋았으련만.

두 달 뒤, 국회의원이 경남지역을 방문한다고 부산의 교육정책에 대한 의견을 알려 달라는 연락이 왔습니다. 국회의원 간담회 자료를 만들면서 문득 아빠 생각이 났습니다.

"아빠, 국회의원이 되지는 못했지만, 국회의원을 만나는 사람이 됐어요"라고 하면 실없는 소리 하지 말라고 웃으실 것 같습니다. 노조 일을 한다는 것도 엄청나게 싫어하시겠지요. "노조 같은 것 절대 하지 마라." 처음 임용되고 제게 하신 말씀이 이것이었으니. 그래도 감투 쓰는 건 좋아하셨으니, 위원장을 하면서 교육감도 만나고 국회의원도 만난다는 건 좋아하시지 않을까요? 아쉽게도 지금은 곁에 안 계셔서 아버지 생각을 알 수가 없네요. 그래도 늘 그랬듯이 막무가내 막내딸에게 져 주셨을 텐데. 한숨을 푹 내쉬며 "아휴, 이 녀석." 하시는 소리를 들어 보고 싶습니다.

국회의원에 대한 선입견과 다르게 수수하고 담백한 태도가 신선했습니다. 오히려 같이 점심을 먹던 다른 노조 선생님이 지나치게 국회의원을 높이려 하고, 주변을 의식하는 모습이 어색했습니다.

그 뒤로도 몇 명의 시의원, 몇 명의 국회의원을 더 만날 기회가 있었습니다. 시간이 갈수록 '교사노조가 뭐냐?'고 묻기보다는 '아, 교사노조!'라며 반기는 사람들이 많아졌습니다.

앞으로 바꾸어 갈 교육 이야기, 나의 꿈을 담다

2023년, 부산교사노조에 멋지고 유능한 3대 위원장이 당선되고 저는 초등교사노조의 정책실장으로 자리를 옮겼습니다. 서울로, 세종으로 출장도 늘었습니다. 초등교사들의 큰 이슈 중 하나는 늘봄학교였습니다. 업무를 총괄하는 컨트롤 타워 없이 급하게 시행된 계획이었기 때문에, 전문적 인력 부재, 공간 부족, 교사에의 책임 전가 등은 예견된 문제였습니다. 이런 문제들이 해결되지 않은 채 시범학교를 늘린다면 똑같은 문제들이 전국적으로 확대·재생산될 것이 뻔했습니다. 늘봄학교의 실태와 문제점을 모아서 교육부 관계자와 간담회를 했지만 아무것도 바뀌지 않은 채, 시범학교를 늘리겠다는 계획이 나왔습니다. 국회의원을 찾아갔습니다. 늘봄학교의 문제점을 알리고, 돌봄 전문가, 교육부 관계자, 교사 등으로 구성된 토론회를 열어 달라고 했습니다. 주제를 선정하고, 발제자를 섭외하고 토론회를 진행하기가 쉬운 일은 아니겠지요. 그래도 이렇게 교사들의 목소리를 전할 통로를 만들 수 있다면 왕복 7시간을 들여서 서울 출장을 다니는 보람이 있을 것입니다.

어떤 사람의 눈에는 4년 차 노조 집행부가 '노조를 시작한 지 얼마 안 된 애송이'로 보일 테고, 어떤 사람의 눈에는 '4년이나 일해 온 전문가'로 보일 것 같습니다. 어떻게 보든 여전히 저는 새로운 사람들을 만나는 게 재미있습니다. 그 사람들과 우리가 바꿔 온 노조 이야기, 앞으로 바꿔 갈 교육 이야기를 하는 것이 즐겁습니다. 지금, 이 시간들이 10년 뒤, 20년 뒤 나에게는 얼마나 훌륭한 안줏거리가 될지 기대도 됩니다. 그래도 후배들에게 어설픈 충고를 하는 것은 꼭 참아야겠지요. 제가 진짜 국회의원이 된다고 해도 말입니다.

2급 정교사도 노조 위원장 할 수 있어!

_슈쌤

움직이는 걸 좋아합니다. 입을 움직여 노래하기를 좋아하고, 몸을 움직여 춤추기도 좋아합니다. 귀를 움직여 듣기를 좋아하고, 손을 움직여 사부작거리기도 좋아합니다.

〈슈퍼스타K〉라는 가수 오디션 프로그램에 지원할 만큼 무대에서 노는 걸 좋아하는데, 그게 아마 첫째 아이가 4살, 둘째 아이가 2살 때였죠. 예선 3차 대기 줄에 몇 시간째 서 있다가 겨우 내 앞에 10명 정도가 남았을 때, 둘째가 너무 울고 보채는 바람에 집으로 돌아왔습니다.

지금도 무대 위 슈퍼스타처럼 놀아 젖힐 때가 제일 행복합니다. 아, 다음 주에 만 나이가 적용되면 40대에서 다시 30대 후반이 되겠지만 아직 관절에 무리 없는 꿀성대입니다.

내 인생 무대에서 가장 빛나는 슈퍼스타는 '나'입니다. 교사노조 무대에서 슈퍼스타인 우리 교사들을 위해, 이왕 시작한 거 즐기면서 노조 하는 교사, 슈퍼스타쌤입니다.

교장 선생님,
오히려 좋아!

교사노조의 세계로

7학급 단설유치원에 첫 발령을 받고 처음으로 교육지원청에서 주최하는 연수에서 이상한 종이 한 장을 받았습니다. 신규 교사는 아무것도 모르니까 뭔가 새로운 정보를 알려 주는 것인가 하고 호기심 가득한 눈빛으로 그 미스터리한 종이를 건네받았죠.

"이게 뭐예요?"

"아, 이거 그냥 선생님 이름이랑 계좌번호만 적으면 돼요."

다시 생각해도 소중한 저의 개인정보를 그런 식으로 당당하게 요구하는 것은 신고감입니다. 처음에는 제 소중한 개인정보를 함부로 알려 주기 싫어서 거부했습니다. 그런데 아주 집요하게도 계속해서 요구하더군요. 결국 그 자리에 있던 모든 신규 교사가 다 종이를 채우고 나서야 집으로 돌아갈 수 있었습니다.

지금 생각해 보면 그건 일종의 '가입 피싱'이었습니다. 그 사건 후, 저의 계좌에서는 달마다 5,000원씩 빠져나갔어요. 그 사건을 시작으로 교원단체에 관심을 갖기 시작했습니다. 이듬해 각종 갑질과 직장 내 괴롭힘, 민원 등을 겪으면서 경기교사노조의 존재를 알게 되었고, 조합원으로 가입하면서 노조의 세계에 발을 들였습니다.

2년을 단설유치원에서 간신히 버티며 '드디어' 그토록 원하던 병설유치원에 가게 되었어요. 그것도 집과 15분 거리에 있는 '직주근접' 1학급 병설유치원, 그곳은 신세계였으며, 천국이었고, 함께 일하는 모든 분이 천사였습니다. 돌이켜 보면 아마도 지긋지긋하고 지옥 같았던 단설유치원에서 벗어났기에 모든 것이 행복했던 것 같아요.

물론 혼자서 교육기관 하나를 오롯이 운영하고 수업을 해내기란 쉽지 않았습니다. 하지만 혼자 애를 쓰며 즐겁게 버텨 내는 유치원 교사를 전적으로 믿고 지원해 주시는 교장 선생님이 계셔서 든든한 마음에 더 힘을 내서 할 수 있었죠.

지난 단설유치원에서는 이상하게도 불가능한 일들이 많았습니다. 수업에 지장이 없는 연가(예를 들어 수업 후 은행 업무 등을 위한 조퇴 또는 외출)임에도 직접 관리자를 찾아가야 했습니다. 얼굴을 마주하고 눈치 보며 사정사정해서 겨우 허락(?)을 받아 복무를 상신했어요. 구두 보고는 의무가 아님에도 반드시 구두 보고 후에야 결재를 받아 사용할 수 있었던 연가, 아파도 눈치 보며 쓰러지기 직전에 겨우 땀 흘리고 피 보여야 갈 수 있었던 병원, 제 학급만의 특별한 교육과정을 운영하고 싶어도 옆 반 부장 교사의 눈치를 보며 너무 특별해도 안 된다고 획일적으로 운영했던 교육과정 등. 이 모든 것들은 원래 당연히 가능한 것이었지만 그 단설유치원에서는 누군가의 눈치를 봐야만 했죠. 물론 모든 단설유치원이 다 이렇지는 않을 거예요. 그리고 모든 병설유치원도 제가 있던 곳과 같지는 않을 거고요. 좋은 동료 교사들과 교직원, 교감, 교장 선생님이 모여 계신 학교에 가게 된 건 정말 행운이었습니다.

유아학교 파이팅

병설유치원에서 행복한 근무를 하던 어느 날, 교육부와의 단체교섭 날짜가 다가왔습니다. 심장이 점점 빨리 뛰기 시작했어요.

'일단 복무는 상신했는데 반려되면 어쩌지? 그동안 쌓았던 좋은 이

미지에 금이 가는 건 아닐까? 노조 하는 교사를 색안경 끼고 바라보시지는 않을까?'

걱정이 자꾸만 밀려왔습니다. 그런데 교장 선생님의 말씀 한마디가 먹구름 같던 걱정을 웃음으로 날려보내 주었죠.

"선생님, 너무 멋지십니다. 노조 활동 응원합니다. 교육의 시작은 유치원, 아니 유아학교죠. 얼른 유치원을 유아학교로 이름부터 바꿔야 해요. 국민학교도 초등학교로 바꿨잖아요. 조심히 다녀오세요. 유아학교 파이팅!"

아, 천군만마와 같은 그 말씀이 아직도 생생합니다. 그날 이후, 교장 선생님을 존경하는 저의 마음은 자꾸자꾸 커져 갔습니다. 마음 한 구석에 있던 돌덩어리가 사라지고 가슴에 온기가 퍼지는 상태로 힘을 내 교육부와의 첫 단체교섭에 참여할 수 있었습니다.

노조 위원장으로서 교육부 장관을 처음으로 대면하는 날, 평소에 자주 입지 않던 정장을 꺼내 입었습니다. 노조 하는 교사에 대한 이미지가 긍정적으로 보이도록 최대한 깔끔하고 단정하게, 노조 조끼가 아닌 흰 셔츠에 재킷을 걸쳤어요.

교육부를 상대로 전국의 국공립유치원 교사의 사회·경제적 지위 향상을 위한 단체교섭안을 제출했고, 상호 논의하기로 했습니다.

우리 노조의 단체교섭안을 통해, 교육부에 유치원을 유아학교로 명칭 변경, 국공립유치원의 신증설, 과밀 학급 해소, 출석부 및 생기부 전산기록화, 1학급 교사 수당 지급 등을 요구했습니다.

'노조 조끼가 없다는 게 이렇게 다행일 수가!'

함께 온 교사노조연맹 산하 전국 노조 위원장님들 모두 전문가 포스가 느껴지는 멋짐이 뿜뿜했습니다. 대안 없는 투쟁이 아닌 교육을 제대로 하기 위해 노조 활동에 앞장서는 교사가 되었다는 게 정말이지 자랑스러운 날이었습니다.

여느 때와 같이 수업을 마친 오후 1시에 교육청으로 노조 출장을 가는 날이었어요.

"선생님, 오늘도 조심히 잘 다녀오세요. 혹시 내가 도움이 될 수 있다면 적극 의견 낼게요. 교장 의견이 필요하다고 하면 언제든지 나 불러 주세요. 유아학교 파이팅!"

든든한 응원과 지지에 몸 둘 바를 모르며 차에 시동을 걸던 그날, 유난히 교장 선생님의 따뜻한 격려 한마디에 가슴이 더 울컥하여 눈물방울이 또르르 흘렀습니다. 그 덕분이었는지 교육청 담당자와의 면담도 잘 진행되었어요.

주변 선생님들께 늘 이런 농담을 하곤 했습니다.

"우리 교장 선생님 진짜 멋지죠. Ctrl C+Ctrl V 해서 막 다 나눠 드리면 정말 좋겠어요. 하하!"

그러면 진심으로 부러워하던 선생님들의 눈빛이 아직도 눈에 선합니다. 지금도 가끔 전화를 드리면,

"선생님, 노조 일은 어때요? 힘들지 않아요? 힘내요!"

하고 응원해 주시는 교장 선생님이십니다. 관리자의 갑질 때문에 힘들어하시는 조합원 선생님들의 사례를 접할 때면 늘 생각나는 교장 선생님! 세상에는 이런 훌륭하고 따뜻한 교장 선생님도 계시답니다. 힘들고 어려운 노조 업무에 지칠 때, 따뜻하고 든든한 말 한마디로 마음을 보태 주시는 분들이 더 많이 계시면 참 좋겠습니다. 따뜻한 선생님들이 많은 학교에서 따뜻한 아이들이 자라날 테니까요.

노조,
내가 만들지 뭐

교사노동조합연맹 내에는 17개의 지역 단위 노조가 있고, 9개의 전국 단위 노조가 있습니다. 제가 속한 전국국공립유치원교사노조는 9개의 전국 단위 노조 중 하나이고요.

교사노동조합연맹에 속한 각 단위 노조들의 대표인 위원장들은 교사노조연맹 중앙집행위원회의 위원이 되어, '교사노조연맹 중앙집행위원회 회의'에 참석하게 됩니다. 이를 편하게 줄여서 '중집'이라고 합니다.

중집 회의의 주제는 다양했습니다. 이 회의를 통해 26개의 개별 노조들이 저마다의 입장과 상황을 전달하고 조율했습니다. 교육 현안들에 대한 합리적인 해결책을 논의하고, 교사노조연맹의 입장을 정하는 자리였기에 위원장으로서 빠질 수 없는 자리였습니다.

이 중집은 노조 설립 초기에는 월 1회 이상 진행되었습니다. 현직에 있는 교사로서 매달 황금 같은 토요일 오후 2시마다 열리는 회의는 매우 부담스러웠어요. 사실 기쁜 마음으로 달려가고 싶은 재미있는 시간은 아니었으니까요. 하지만 위원장이라는 자리가 있기에 책임감과 의무감으로 회의에 참석했습니다.

노조를 시작하면서 노조와 관련된 모든 단어가 입에 착착 붙지 않고 평소에 잘 사용하지 않는 어색한 전문 용어들이 많았습니다. 규정, 규약, 회칙, 대의원, 선거구 등 중집에서는 노조별로 진행되고 있는 업무들을 공유하고, 교사노조연맹 산하 노조들이 함께 진행해야 할 사업들에 대한 심의 및 의결을 진행했습니다. 26개나 되는 많은 노조가 업무 보고하는 시간만 한 시간이 훌쩍 넘는 적이 많았습니다.

코로나19가 극성일 때는 줌(zoom) 회의로 대체되기도 했는데요. 화면을 통해서 만나다가, 격리가 해제되어 오프라인으로 대면하게 되는 날은 마치 이산가족이라도 만난 듯 그렇게 반가울 수가 없었습니다. 우리는 모두 비슷한 시기에 노조를 창립하고 비슷한 어려움으로 헤매기도 했다는 동질감 때문이었을 겁니다.

그 무수히 많던 회의 중 어느 날이었습니다. 저는 다음 회의에 불참할 것을 알렸습니다.

"저 다음 회의는 참석이 어려워요."

"왜요? 무슨 일 있어요?"

"네, 이번에 1급 정교사 연수를 받거든요."

다른 노조 위원장님들이 모두 놀라 눈이 커다래졌습니다.

"우와! 아직 2급 정교사셨어요? 정말 대단하세요. 그 용기와 패기, 열정이 위원장을 만들었네요!"

다른 위원장님들이 놀라시는 이유를 어느 정도는 알겠지만, 이게 그렇게 놀랄 일인가 하는 생각도 들었습니다. 2급 정교사인 저는 20년 전 대학을 졸업하고 사립유치원에서 약 3년 근무 후, 결혼과 두 아이 출산 및 양육을 거쳐 30대 중반이라는 나이에 임용시험에 응시하여 합격했습니다. 그래서 사실 공립유치원 현장에서 근무한 지 2년이 갓 지난 때였어요.

'겨우 3년 차 2급 정교사가 노조를 창립한 위원장이라니!'

지금 생각해 보면 아직도 그때의 저는 참 용감하고 무모했던 것 같습니다. 다시 그때로 돌아간다면, 과연 또 노조를 창립할 수 있었을까요? 고민에 고민을 더해도 '아, 그냥 내가 하지 뭐!' 하는 성격상 가만히 있지는 않았을 것 같네요.

'아이고 내 팔자야……'

그렇게 위원장님들을 놀라게 한 대망의 1급 정교사 연수를 마치고 난 후, 다시 다른 위원장님들을 만났을 때는 뭔가 엄청난 마음의 변화나 큰 능력치가 생겼을까요? 그렇지 않았습니다. 몇 급 정교사이건 중요하지 않았습니다. 약간의 무모함과 패기, 그리고 화(라고 쓰고 '부당함에 대한 분노'라고 읽습니다)가 많은 사람이면 누구나 노조 위원장이될 수 있습니다. 어색하고 입에 잘 붙지 않는 노조 전문 용어들은 차차 익히면 됩니다. '친절+스마트'하신 우리 노조 선배님들의 조언과 도움을 받으면 할 수 있습니다.

선생님도 노조 위원장 할 수 있습니다!

2급 정교사가 위원장을 한다는 것이 용감하고 조금은 이상한 일이라는 것을 느끼게 해 준 또 한 번의 사건이 있었습니다. 조합원의 민원 전화를 받고 해당 학교의 교장 선생님께 관련 내용을 전달하기 위해 전화를 드렸던 날입니다.

"안녕하세요. 저는 전국국공립유치원교사노조 위원장입니다. 조합원민원이 접수되어 해당 내용을 확인하고 시정 조치 요구를 위해 전화드렸습니다."

한참을 통화하고 나서 교장 선생님은 제가 누구인지 잘 못 들으셨는지, 아니면 '내가 왜 이 사람에게 이런 듣기 싫은 소리를 들어야 하지?' 하는 현타(?)가 왔는지, 저에게 물으셨습니다.

"그런데 선생님, 선생님은 누구시라고 했죠?"

"네, 저는 전국국공립유치원교사노조 위원장입니다."

"아, 그럼 그냥 일반 교사죠?"

순간 어떻게 대답해야 할지 눈알을 빠르게 굴렸습니다.

'아까 내 소개를 잘 못 들으셨나? 아니면 목소리를 계속 들어 보니 나이 어린 사람이 하는 쓴소리가 듣기 싫어서 시비를 거시는 건가? 내가 일반 교사인지 아닌지 왜 궁금해하시는 거지?'

교장 선생님이 원하시는 대답이 아니었겠지만 이렇게 답했습니다.

"네, 저는 현재 노조 위원장으로, 조합원의 민원에 대응하기 위해 전화드렸습니다."

순간 잠깐의 정적이 흘렀고, 이야기를 이어 갔습니다. 만약 거기서 다시 한번 '일반 교사'냐는 질문이 반복되었다면 아마 그 학교를 당장 찾아갔을 수도 있었을 겁니다.

우리 노조는 연차나 교사 급수 따위는 중요하지 않습니다. 이 글을 읽고 계시는 선생님, 선생님도 노조 위원장 할 수 있습니다!(feat. 집행부를 상시 모집합니다!)

지금까지
이런 집회는 없었다

충격의 만 5세 초등 취학 정책

"교육부가 초등학교 취학 연령을 1년 앞당겨 만 5세에 초등학교에 취학하는 정책을 발표했습니다."

2022년 7월 29일 금요일 오후 2시 30분, 모두가 한여름 더위를 피해 휴가 계획을 준비하느라 행복한 고민에 빠져 있을 때였습니다. 대통령도 여름휴가를 준비 중이었고, 휴가 전 교육부 장관으로부터 업무 보고를 받았다는 보도를 접했습니다. 이게 무슨 마른하늘에 날벼락인가요? 맘껏 뛰어놀아도 모자랄 만 5세 어린이들이 갑자기 초등학교 1학년 입학이라니요? 이건 어린이의 놀 권리를 침해하려는 것입니다.

교육 현장, 아니 최소한 유아교육 현장의 그 누구와 논의를 거쳤는지도 모르는 충격적인 '만 5세 초등 취학' 정책! 교육 3주체인 교사, 유아, 학부모를 포함한 대다수 국민은 이 일방적이고 괴상한 정책의 등장에 의아해했습니다.

"왜 일곱 살 아이들을 일 년씩이나 일찍 초등학교에 보내야 하죠?"

정부는 일 년 더 일찍 아이들을 사회에 진출시킨다면 일을 시작하는 연령을 낮춰 노동 기간을 늘리는 효과가 있다는 게 그 이유라고 밝혔습니다. 아이들을 그저 국가 경제 발전의 도구로만 생각했던 걸까요?

놀 권리를 빼앗길 일곱 살 어린이들의 초등학교 조기 취학에 대해 초등학교에 재학 중인 학생들도 이해가 안 된다고 말했습니다.

"일곱 살 동생들은 아직 더 놀아야 해요."

"왜 일곱 살이 딱딱하고 큰 책상에 앉아서 공부해야 해요?"

우리 노조 집행부는 누가 먼저랄 것도 없이 계획되었던 모든 휴가를 취소하고 바로 긴급회의를 열었습니다. 이 끔찍한 교육정책은 전국 각지의 사람들을 서울 용산 대통령실 맞은편 길거리 보도블록 위에 모이게 했어요.

우리 노조는 약 40여 개 단체와 연대하여 반대의 목소리를 모았습니다. 정책 발표 이후 단 3일 만에 추진된 집회였습니다. 전국의 유치원 교사를 비롯하여 초등교사, 중등교사, 그리고 어린이집 교사 외 보육 관계자, 교사 양성기관의 교수진, 학부모들도 모두 한마음이 되었습니다. 누군가는 어린 자녀들의 손을 잡고 왔고, 또 누군가는 친구들과 함께 왔죠.

우리가 한목소리로 반대를 외친 이유는 명확했습니다. 우선, 아이들의 발달상 적합하지 않기 때문입니다. 만 5세의 발달 특성상 초등학교 1교시 수업 시간에 해당하는 40분 동안 한자리에 앉아 있는 것은 불가능합니다. 또한 넘쳐나는 돌봄 수요에 대한 공백이 크기 때문입니다. 돌봄교실은 저학년 대상으로 겨우 들어갈 만큼 한정적인데, 돌봄 수요가 늘어나게 되면 결국 맞벌이 가정은 하교 후 사교육 시장에 내몰릴 수밖에 없습니다. 무엇보다 가장 중요한 의견 수렴이 없었기 때문입니다. 교사, 학부모 그 누구와도 논의되지 않은 일방적인 통보였습니다.

단 사흘 만에 준비한 집회

집회를 한 번도 해 본 적이 없는 우리 노조가 사흘 만에 집회 준비를 하는 것은 너무 큰 부담이었습니다. 그래도 어쩌겠습니까? 해내야죠. 매일 밤 서너 시간의 짧은 쪽잠을 잘 수밖에 없었습니다. 열 명도 안 되는 집행부 숫자로는 턱없이 부족한 준비였지만 막상 닥치니 다 해내더라고요. 이게 대한민국 유치원 교사입니다!

그런데 이를 어쩌죠? 여름이면 찾아오는 반갑지 않은 고질병이 도졌습니다. 위장염…… 뭘 잘못 먹었는지, 아니면 역시 만병의 근원인 스트레스 때문인지 모르겠습니다. 뱃속은 불이 난 것처럼 화끈거리고 오장육부는 빨래를 쥐어짜는 듯한 고통이 시작되었습니다. 몇 번이나 겪어 봤지만 매번 적응이 되지 않더군요. 더운 날은 특히 더 아픈 것 같았습니다. 제가 위장염과 싸우는 동안 위원장님과 다른 집행부 선생님들은 여름휴가와 밤잠을 반납하고 집회 준비를 했습니다.

집회 장소를 정하고, 경찰서에 집회 신고를 했습니다. 집회 순서를 정하고, 발언하실 분들을 섭외하고 제가 발언할 내용도 준비했습니다. 집회 진행 시나리오를 만들고, 대형 화면에 띄울 PPT도 필요했습니다. 고래고래 소리 지르며 부르는 무시무시한 노래는 왠지 싫어서 새벽에 개사도 해 봅니다. 새벽이라 그런지 감성이 충만해서 자꾸 슬픈 가사만 되뇌고 결국 잠들기 직전 신랑에게 도움을 청합니다. 지푸라기라도 잡아야 했습니다.

"여보, 당신이 잘하는 록 같은 걸로 개사해 봐. 마야나 서문탁 이런 가수들 노래 있잖아."

신랑의 이야기를 듣고 평소 애창곡을 검색하고 노래를 들어 보는데, 신랑이 '유레카!'를 외쳤습니다.

"여보! 이거 딱이다!"

역시 새벽 갬성은 안 되나 봅니다. 슬픈 노래를 열심 개사해 놨는데 신랑이 초스피드로 〈독도는 우리 땅〉에 맞춰 개사를 해 주었습니다. 〈독도는 우리 땅〉을 '만 5세는 유아학교!'로 개사한 이 곡은 만 5세 집회 중 가장 인기를 얻은 곡으로, 레전드(legend) 집회 송(song)이 되었습니다.

최종, 최최종, 진짜 최종, 진짜 최최최종, 이제 그만……. 계속 PPT 수정에 수정을 거듭하고 아침 해가 뜨기 전에 한 시간이라도 눈을 붙입니다. 한여름 땡볕에서 모자도 없이 강렬한 태양 빛을 그대로 흡수한

제 머리카락은 익어 갔고, 다음 날 머릿속 두피는 열받은 제 마음처럼 타들어 가다 못해 허물 같은 것들이 벗겨지기도 했습니다. 그다음 날은 장대 같은 비를 맞으며 처량함 수치가 최고를 찍어 불쌍한 모습이 그대로 카메라에 잡히기도 했습니다.

교육부 장관의 사퇴와 정책 철회

하루, 이틀, 사흘, 나흘, 닷새째 집회가 거듭되면서 집회를 진행하는 게 제법 익숙해졌습니다. 무대 아래에서 제 이름을 부르는 사람들도 많았습니다. 반갑지만 슬픈 만남이었습니다. 이런 황당한 정책을 반대하는 시위 장소에서 보고 싶던 사람들을 만났다는 게 말입니다. 어이없고 슬프지만 우리가 함께라는 것이 또 반갑더라고요.

5일 동안의 연속 집회가 태풍이 휩쓸고 간 듯 마무리되었고, 매번 집회가 끝난 자리에는 쓰레기 하나 없었습니다.

"와, 이렇게 깨끗한 집회는 처음 봐요. 고생 많으셨습니다. 다른 집회도 이렇게 깨끗하고 사고 없이 깔끔하게 해 주시면 참 좋은데 말이죠. 감사합니다."

집회를 마치고 담당 경찰에게 감사하다는 말을 듣다니, 이게 바로 교사노조다 싶었습니다.

이 깨끗하고 깔끔한 집회를 통해 '노조는 강성이다', '노조는 무섭다', '노조 하는 사람들은 정치적이다'와 같은 노조에 대한 부정적 이미지가 '노조가 필요하네', '이렇게 편한 시위는 처음이야', '노조 안 무섭네'라는 긍정적 이미지로 바뀌는 계기가 되었습니다.

결국 우리는 함께 해냈습니다. 임명된 지 얼마 되지 않았던 당시 교육부 장관이 사퇴하고, 만 5세 초등 취학 정책은 눈물과 함께 철회되었습니다.

극한의 땡볕과 폭우 속 집회. 정말 다시는 안 하고 싶네요. 얼마나 준비 없이, 소통 없이 만들어 낸 정책이면 이렇게 금방 철회했을까요? 이제라도 교육 현장의 목소리를 잘 듣고, 유아교육의 중요성을 실감하며 제대로 된 정책을 추진하기를 간절히 바랍니다.

누구나 할 수 있지만
아무나 할 수 없는 일

_ 자두지미

처음부터 끝까지.

행운이 깃든 삶도 좋지만 처음부터 끝까지 노력
해서 행복하게 마침표를 찍는 순간을 특히 좋아합
니다.

저절로 잘하는 사람들이 부러울 때도 있지만
가르치는 일도, 노조 일도 노력하는 저를 처음부
터 끝까지 보듬어 가려 합니다.

첫돌 아이의 입에서 쏟아지는
낯선 단어들처럼

위원장은 내 운명

모든 직군엔 노조가 있어요. 군·검·경과 성직자만 빼고. 치안을 위협하지도, 성직에 종사하지도 않는 데다 처우가 열악한 교사에겐 왜 노조가 없을까 하는 의문은 저만 가진 게 아니었어요. 교사에게도 노조가 필요한 건 맞고, 그럼 누군가는 시작을 열어야 합니다. 그 시작의 중심에 설 사람은 그야말로 신중에 신중을 기해서 정해야 마땅해요. 하지만 그렇지 않은 경우가 대구교사노조의 초대 위원장에게 일어났습니다.

교사노조의 필요성에 공감한 이들과의 첫 모임, 저는 그분들께 감사의 커피라도 대접하려고 달려갔어요. 커피뿐인가요, 창립기념일 날 손이 닳도록 박수 칠 든든한 후원자가 될 참이었어요. 하지만 감사와 기쁨도 잠시, 모인 이들 중에서 위원장이 나와야 한다는 경기교사노조 선배 선생님 말씀에 다들 당황하고 말았어요. 그러고 저마다 한마디씩 합니다.

"저는 창립 준비에 허드렛일이라도 도우려고 왔어요. 중요한 자리에 앉을 깜냥이 안 돼요."

"저는 애가 너무 어려요. 오늘은 감사 인사드리러 나왔어요."

"저희 부모님은 제가 노조에 발 담그는 순간 호적에서 파낼 거예요."

모두 어렵다고들 하지만, 이 모임에서 리더를 뽑지 못하면 대구교사노조 창립은 미궁에 빠질 것도 모두 압니다. 결국 무거운 침묵을 깬 한 사람이 울 듯한 표정으로 말해요.

"제가 위원장 할게요. 먼저 일어나도 될까요?"

네, 그게 저였습니다. 둘째 데리러 갈 때가 한참 지났기에 신중히 생각할 겨를이 없었어요. 다들 손사래 치는데 우리 애는 유치원에 혼자 남아 기다리지, 노조 해도 제 호적은 안전할 텐데 우리 애는 유치원 현관에서 기다리지, 저 역시 깜냥은 안 되지만 우리 애는 신발 신고 기다리지……. 그렇게 아이의 하원 시간이 제 인생의 큰 축을 흔들었죠. 초대 위원장이라는 운명을 받아들일 수밖에 없었던 역사적인 순간이었습니다.

하지만 후회하고 자책할 시간이 없었어요. 노동법이 개정되면 노조 창립이 어려워진다고 하니 그 전에 서둘러야 합니다. 제가 우물쭈물하고 있으면 교사를 위한 노조는 대구에 존재하지 못할 수도 있으니까요. 그래도 창립만 하면 위원장이 할 일 다 한 거란 교사노조연맹 선배들의 위로를 주야장천 듣고 나선 이것만 넘겨 보자고 마음을 먹었어요. 준비에 필요한 파일들은 다 받아 놨겠다, 이제 폴더를 열고 소소한 수정만 하면 되지 않겠어요? 일단은 중요도와 순서에 따라 할 일을 분류합니다. 참석 인원에 맞게 장소를 정해 총회를 여는 게 급선무네요. 코로나19 상황이 이렇게 감사할 수가 없어요, 최소 인원만 모아 조촐하게 열면 되니까요.

단출한 총회에서 가장 중요한 것은 우리 노조의 강령과 규약, 규정을 세우는 거였어요. 선봉대였던 경기교사노조의 규약집에서 '경기'를 '대구'로만 바꾸면 될 일 아닌가 싶었더니, 이게 뭐죠?

'대의원이 뭔지도 모르는데 조합원 '발의'로 신임투표를 '부의'하라고? 법률 단서 조항이 말하는 법률은 대체 어딨으며, '의사정족수'와 '의결정족수'는 무슨 차이지? 의무의 '해태'는 또 뭔 소리야?'

제가 첫돌 무렵 '말'이란 걸 배우기 시작했을 때 이런 느낌이었을까요? 새로운 단어들을 수십 개씩 입에 올리고 있자니 얼떨떨하기만 합니다. 그래도 당황하면 안 되죠. 어쨌든 위원장 직함을 달았으니 표정을 갈무리하고 태연한 척 말합니다.

"세 시간 넘은 회의에 다들 지치죠? 규약 수정을 오늘 완료하긴 무리예요. 일단 제가 전반적으로 수정할 테니, 내일 검토합시다."

멤버들의 안도하는 표정을 보며 뿌듯하게 회의 창을 닫은 것도 잠시, 저는 얼른 가정으로 출근해야 했죠. 저녁 먹였으니 본인 할 일은 초과했다는 표정의 남편을 뒤로하고 두 아이를 재우기 시작합니다. 엄마 품에 파고드는 아이들을 다독이자니 별생각이 다 들어요.

'앞으로 얼마나 더 새로운 단어들과 맞서 싸워야 할까? 창립이 과연 끝이긴 할까? 난 왜 이렇게 무모한 선택을 해서······.'

하지만 여기서 생각을 멈춰야 해요. 아시잖아요, '여긴 어디? 나는 누구?' 이 생각이 시작되면 끝없는 후회의 구렁텅이로 빠지는걸요. 괴로운 생각을 멈추고 아이들 숨소리에 귀를 기울입니다. 이 노조를 창립하고 나면 우리 선생님들이 좀 더 즐겁게 가르칠 수 있고, 그럼 우리 아이들도 더 행복하게 배울 거라고 스스로에게 주문을 걸어요.

노조의 단어들과 친해지기 전에

아이들과 함께 잠들 뻔한 위기를 겨우 넘긴 그 밤, 일단 국어사전을 열어 '강령'이며 '규약'은 무엇인지 뜻을 찾아 익힙니다. 노조 위원장씩이나 되고도 강령의 뜻을 몰라 사전을 뒤지고 있는 스스로가 너무 웃기지만 쓴웃음이 되기 전에 얼른 멈춰요. 그리고 교사노조 전체를 대표하는 연맹 위원장, 용서할 수 없는 그분께 전화를 겁니다.

"연맹 위원장님, 이건 알겠지 하고 넘어가지 마시고요. 이제부턴 노조의 'ㄴ'도 모르는 사람한테 강령과 규약, 규정 만드는 방법을 설명하셔야 해요. 부진아한테 개념 설명하듯이요."

그렇게 한 문장씩 검토하다 결국 제 입에서 이 말이 나와요.

"조합원 만 명이 넘는 시점도 염두에 둬야겠네요. 이 규정대로면 나중에 대대적으로 개정해야 할 텐데요, 그건 제정보다 더 힘들겠어요. 미리 범위를 넓혀 두고 대의원 의결을 거쳐야 하지 않을까요?"

그러자 연맹 위원장님이 기다렸다는 듯 이야기해요.

"노조 영재로군요. 앞으로 함께할 날들이 기대됩니다."

저는 코웃음 치며 대꾸했어요.

"죄송하지만 약속의 1년 뒤에 저는 여기 없을 거예요. 노조 무식자 주제에 성격이 급해서 위원장 된 거 금세 탄로 날 텐데, 조합원들이 두고 보겠어요?"

네, 그때의 저는 몰랐습니다. 3년간 이곳에 눌러앉게 될 줄은요. 조합원분들이 저를 참고 지켜보는 정도가 아니라, 넘치게 응원하고 격려하더라고요.

그래서 이제는 강령과 규약, 규정을 비롯한 노조의 용어를 잘 알게 되었냐고요? 무슨 말씀을요. 노조 인생 네 돌을 맞이했지만, 여전히 입에 오르는 단어들이 낯설어요. 우리 반과 우리 학교만 알고 지냈을 땐 있는 줄도 몰랐던 단어들을 구사하는 제 모습도 여전히 낯설어요. 노조의 단어들에 익숙해지기 전에 하루빨리 현장이 나아지길, 우리 반 아이들의 단어에 온전히 귀 기울일 날이 당겨지길 바라며 오늘도 교권 신장에 온 힘을 쏟아 봅니다.

누구에게나 일어날 수 있지만
아무에게나 일어나진 않는 일

힘겨운 선생님들을 위하여

2020년 3월은 선생님이면 누구나 선명하게 기억하실 거예요. 생기와 분주함으로 가득해야 할 3월의 학교가 텅 비는 건 꿈에서나 가능할 줄 알았어요. 하지만 코로나19는 자가격리, 사회적 거리두기란 이름들로 우릴 집에 묶어 두었습니다. 교실 대신 집에서 공부할 우리 반 아이들을 위해 저 역시 교실 대신 집에서 수업 영상과 과제를 만들었어요. 교직 경력 17년 만에 처음 해 보는 낯선 지도 방식에 적응하기도 힘든 그때, 하필 저는 대구교사노조 위원장이었기에 낯선 노조 실무에도 적응해야 했죠. 17년간 한결같이 맞이했던 3월이 그렇게 어설프고 두렵기는 처음이었습니다.

낯선 삶에 조심스레 한 발씩 내딛던 어느 날, 벨 소리마저 조심스러운 민원 전화 한 통이 걸려 왔어요.

"어디에도 도움 청할 곳이 없어서 전화드립니다. 교장 선생님이 1학년 담임 교사들을 불러서 지시하셨어요. 교사가 직접 학습교구를 깨끗이 씻고 소분하래요. 그리고 시차를 두고 학부모를 소집해 각 가정에 대여하라는데요. 일이 힘든 건 둘째치고 상호작용 교구를 개별 제공하는 게 교육과정상 적합한가 싶어요. 무엇보다 방역 전문가도 아닌 우리가 세척부터 수거까지 반복 작업해도 괜찮을까요?"

속히 대응 방안을 알아보겠다고 했지만 고민이 깊어집니다. 입학식도 못 한 1학년 아이들을 위해 무언가를 해 주고 싶은 교장 선생님과 담임 선생님의 마음은 같을 거예요. 그런데 협의 없이 일방적으로 지시해도 되는 건지, 원격수업 중인 선생님들이야말로 아이들에게 필요한 가정학습 요소를 더 잘 아실 텐데 왜 의견을 구하지 않은 건지 의아합니다. 게다가 교구를 가져가고 가져오는 일을 학부모들이 반길까? 모둠 단위로 활동하도록 구성된 교구들을 각 학생에게 제공한들 교육적 효과를 얻을 수 있을까? 의문은 꼬리를 물지만, 섣불리 항의할 수는 없습니다. 노조 초보자는 민원 응대 역시 조심스레 내딛는 중이니까요.

일단, 집행부 선생님들과 상의합니다. 이 문제에 대해 어떻게 접근하면 좋을까? 갑질 및 직권남용이라는 근거는? 불합리한 업무 지시라고 주장하기만 할 게 아니라 합리적 대안도 제시해야 할 텐데, 노조 초보자들은 해결책을 쉽게 만들어 내지 못하고 있어요.

첫 항의 전화

다시 전화가 왔습니다. 대표로 전화하신 부장님이 떨리는 목소리로 교장 선생님과의 대화를 복기해 주셨어요.

"지시한 거 어떻게 돼 가는지 이야기 들어 봅시다."

"원격수업 중인 선생님들이 교구 대여 전 과정을 소화하긴 무리인데다, 방역 위험부담이 크고 교육 효과는 장담하기 어렵습니다."

"교장이 시키면 하는 거지, 왜 이렇게들 꾸물거려?"

이 한마디에 선생님들은 결국 울고 말았어요. 조합원 선생님들이 더는 울지 않도록 이제는 노조가 나서야 합니다. 학교장의 업무분장권은 선생님들께 강압적이고 일방적으로 지시하기 위해 주어진 게 아님을 분명히 해야죠. 하지만 노조 초보자들은 여전히 교장실에 전화하기가 두려워요. 결국 마음이 급한 위원장이 확인할 내용과 항의하고 요구할 점들을 메모합니다. 말이 메모지, '잡아떼면 발언 내용 직접 복기하게 유도하기, 이건 의사를 묻지 말고 권고하기, 여기선 반박의 여지 없도록 두루뭉술하게!' 등등 지문이 빽빽한 대본을 만들다시피 했어요. 그리고 교직 인생, 아니 난생처음으로 다른 학교 교장실에 전화를 겁니다.

"대구교사노동조합 위원장입니다. 교장 선생님, 코로나19 와중에 학교 경영하느라 애쓰십니다. 해당 학교에 재직 중인 우리 조합원들이 문의하신 내용 몇 가지를 확인하고자 합니다."

"노조라고 하셨소? 공무직이요?"

"교, 사, 노조입니다. 1학년 선생님들께 각 가정에 대여할 교구 세척부터 수거까지 직접 하라고 지시하신 거 사실일까요?"

"애들 생각해서 뭐라도 해야지. 가만히 있을 수는 없어서 하자고 했고, 싫다는 사람 아무도 없었습니다."

"해당 업무에 대한 찬반 의견을 구하셨단 말씀인가요?"

"의견을 물어봤다기보다는, 꼭 필요한 일이니까 같이 해 보자고 설득하는 중입니다."

"설득하는 과정에서 선생님들께 강압적으로 업무 지시를 반복하거나, 꾸물댄다는 표현을 쓰신 적은 없으시고요?"

"진행이 안 되고 있으니 답답해서 한마디 하긴 했습니다."

여지가 생겼습니다. 실수를 인정했으니 이를 바로잡을 수 있게 제안하면 됩니다. '부드럽지만 단호하게!' 다짐하듯 메모를 추가해요.

"학급 아이들을 위해 담임 교사가 제일 애쓰고 계신 걸 누구보다 잘 아실 겁니다. 교장 선생님은 그런 선생님들 도우려고 아이디어를 내셨는데, 의견 수렴하고 협의하는 과정이 빠진 모양입니다. 선생님들게 의견 구하시고, 이보다 더 나은 방안이 나오면 그걸 수용할 의향도 당연히 있으신 거지요?"

"……. 그건 그래야지요."

"고맙습니다. 교구 대여에 관해 선생님들과 재협의하고 담임 교사 의견 적극 반영하기로 하신 점, 조합원들께 전하겠습니다. 그리고 언성 높여 폭언하신 점 정중히 사과해 주십시오. 이후엔 저희 조합원들께 직접 확인하겠습니다. 아, 사후 협의와 사과가 어떻게 진행됐는지 제가 오후에 다시 교장 선생님께 전화드릴까요?"

"아니요, 더는 통화할 일 없도록 합시다."

"네, 협조 고맙습니다. 금일 안에 조합원들께 전해 듣겠습니다."

그렇게 해서 우리 조합원들이 수모형이나 컬러 블록을 세척해서 각 가정에 배부하고 수거하는 일은 벌어지지 않았습니다. 대신, 권위적이던 관리자로부터 심한 말 해서 미안하다는 사과를 받고 어리둥절한 일이 벌어졌지요. 교장 선생님이 이 말씀도 덧붙이셨대요.

"살다 살다 노조에서 전화받는 일은 처음이네. 그런 전화 안 받게 의견 있으면 미리미리 내도록 해요."

교장 선생님이면 누구든 노조로부터 전화를 받으실 수 있어요. 하지만 아무나 받는 건 아니랍니다. 소통에 진심이라면 우리 노조로부터 연락받으실 일 없다고 말씀드리고 싶었는데, 이제야 이렇게 기회가 생겼네요.

"교장 선생님, 앞으로도 선생님들과 민주적이고 적극적으로 소통해 주세요. 그럼 재임 기간 내내 노조에서 거는 전화를 받으실 일은 없을 겁니다. 아, 학교경영 우수 사례 강연 부탁드릴 일은 있을지도 모르겠어요. 하하."

노조와 가정의 중심은
어디인가요?

노조 미팅 VS 아이 공개 수업

2022년은 노조와 저의 인연이 더욱 끈끈해진 해입니다. 대구교사노조를 이어 갈 새 위원장님 덕분에 저는 홀가분하게 노조를 떠날 수 있을 줄 알았는데, 운명은 저를 초등교사노동조합(이하 초등노조)으로 이끌었으니까요. 자리를 옮긴 저는 초등노조 집행부 선생님들과 똘똘 뭉쳐 교육부와의 단체협상에 열을 올려야 했습니다. 협상안 하나하나가 이 땅의 초등교사 권익 향상과 직결되어 있으니 막중한 부담감은 이루 말할 수 없었죠. 협상안을 관철하기 위해 근거 자료를 꼼꼼히 준비하고, 예상되는 교육부의 거부 사유를 미리 방지하기 위해 시뮬레이션을 반복하느라 뉴스를 훑어볼 겨를도 없었습니다.

그러던 어느 여름날, 비통한 속보가 온 나라를 흔들고 단체협상을 준비하던 초등노조의 일손을 마비시켰어요. 보호자 동행 체험학습을 갔던 아이가 학교로 돌아오지 못하고 시신으로 발견된 일이었습니다. 너무나 안타까운 이 사건이 더 안타까운 것은 언론이 이 사건을 학교의 체험학습 관리 부실로 몰아가는 점이었어요. 그리고 이튿날, 교육부는 급작스럽게 체험학습 관리체계를 개선하겠다고 발표합니다. 이때 얼른 노조가 나서야 해요. 교육부 탁상에서 대책이 나오기 전에 현장의 의견을 빨리 전하고 적절한 대안도 제시해야 하니까요.

당장 3시간 뒤에 교육부 관계자와 면담 약속을 잡았지만 어쩌죠, 하필 그날 큰아이의 공개 수업이 있었어요. 그러나 한시가 급한 교육부와의 면담을 미룰 수는 없습니다. 아이는 저녁에도 만날 수 있지만,

교육부와의 미팅은 쉽게 성사되지 않아요. 재빨리 판단을 마친 저는 아이 학교가 아닌 교육부로 달려갑니다.

가는 동안 함께 면담에 참여할 지역노조 관계자들과 쉴 새 없이 전화와 톡으로 미팅 내용 정리를 하고 나니 기차 문이 딱 열립니다. 그렇게 무사히 면담에 참여하고 우리 노조가 마련한 대책도 분명히 전달했어요. 교육부와 입장 차가 크지 않았기에 협의는 원활했고, 긴장했던 마음은 조금씩 차분해집니다.

그렇게 한숨 돌리고 집으로 돌아오는 기차 안, 조합원들께 면담 결과를 보고하고 보도자료를 만드느라 몸도 마음도 다시 바빠집니다. 그래도 응원과 격려의 글을 실시간으로 확인하니 피곤이 물러가고 보람이 스며들어요. 역시, 노조 집행부는 이 맛에 삽니다.

후련하게 집으로 돌아와 아이 얼굴을 마주하니, 그제야 아차 싶어요. 반나절 동안 우리 아이의 공개 수업은 까맣게 잊고 있었네요.

"엄마는! 온다고 해 놓고! 나는, 계속, 계속 기다렸는데!"

발갛게 젖은 눈으로 서럽게 외치더니 주저앉아 울기 시작합니다. 저도 옆에 주저앉고 말았어요. 오지 않는 엄마를 기다리며 수업 시간 내내 맘 졸여야 했던 아이를 떠올리니, 제 마음도 무너집니다.

"미안해, 얼마나 속상했을까. 우리 아들, 엄마가 정말 미안해."

아이를 안고 수십 번의 사과를 거듭하며 생각합니다. 앞으로 이 아이에게 미안할 일들이 더 많을 것 같은데 어쩌나 하고요.

한참을 울더니 조금은 진정된 아이가 말합니다.

"엄마, 선생님들 다 어른이잖아요. 어른들은 자기 일 스스로 할 수 있는데 왜 자꾸 도와줘요? 우리도 좀 돌봐 줘요, 엄마."

마음이 쿵 떨어집니다. 이제는 널 버려두지 않겠노라 약속할 수 없으니 쿵 떨어진 마음이 더 오그라듭니다. 선생님들 조금만 더 돕고 학교로 돌아가면 엄마가 갑자기 약속을 어기는 일은 없을 거라며 기약 없는 맹세를 합니다. 그러고 보니 퇴근도 없고 업무 마감도 없는 노조 시계를 보느라 아이를 제대로 보지 못한 날이 많았어요. 늘 엄마 등을 바라봐야 했던 아이들에게 한없이 미안한 밤입니다.

노조와 가정의 중심은 어디에

그런데 그런 날이 있어요. 가까스로 누른 화가 누군가의 한마디로 인해 화산처럼 폭발해 버리는 날이요. 그날이 딱 그랬습니다.

엄마 베개에서 굴아떨어진 아이의 잠옷을 바지춤에 잘 여며 주고 살그머니 방을 나오니, 애는 잘 달래 주었냐며 잠깐 우리 집에 들르겠다는 친구의 톡이 와 있었어요. 맥주를 사 들고 현관에 사뿐 들어서는 친구를 보니 하루의 고됨이 날아가는 듯했습니다.

하지만 그런 제 마음과는 달리 친구는 탁! 하고 맥주를 내려놓더니 작정한 듯 내뱉습니다.

"그 잘난 노조에는 교육부 갈 사람이 너 하나야?"

여기서 저까지 발끈하면 안 돼요. 애틋한 친구 마음을 말투 하나로 오해할 수는 없습니다. 오늘은 제게도 위로가 필요해요.

"내가 간다고 했어, 어차피 다른 일정도 있었고. 안주 뭐 시킬까?"

말을 돌려 보려 했지만 실패입니다.

"너! 교사 박봉인 거 모르고 선생 된 거 아니잖아! 예나 지금이나 교사는 대접받는 직업이 아니라고! 네가 나선다고 뭐가 달라져?"

가까스로 참고 있던 설움이 폭발합니다. 저도 이젠 걷잡을 수가 없어요.

"박봉에다 대접도 제대로 못 받는 거 누가 몰라? 그렇다고 19년 내내 꼴랑 월 7만 원 받고 그 힘든 부장 업무 하는 게 말이 돼? 애들은 스무 명이 넘는데 담임수당 13만 원이 말이 되냐고! 학교 다른 직군들 매년 20프로씩 착실하게 올려 받을 동안 우린 손 놓고 뭐 했니? 입 다물고 열심히 일했더니 돌아오는 건 더한 업무 말고 뭐 있어? 철밥통이라는 손가락질밖에 더 있냐고! 여기서 더 가마니 되란 소리야?"

친구도 지지 않습니다. 기다렸다는 듯 이 말을 내뱉네요.

"하필 왜 네가 하냔 말이야!"

저도 준비한 대답을 합니다. 하도 여러 번 말해서 입에 붙어 버린 말을요.

"나 같은 모지리라도 하고 있어야 똑똑한 샘들이 나설 거 아니야! 답답해서라도!"

푸스스. 둘 다 웃어 버립니다.

맥주를 들이켜며 친구의 잔소리를 듣습니다. 대견하지만 안쓰럽고, 걱정되지만 말릴 수 없는 친구 마음을 알기에 잠자코 듣습니다. 그리고 늘 마지막을 장식하는 친구의 말,

"노조도 좋고, 교권도 중요하다 이거야. 근데 부모 노릇도 같이 할 균형점이 있어야지. 노조 일만 일이야? 부모 일도 일이잖아."

알았다고, 더 신경 쓰겠다고 대답하지만 실은 모르겠습니다. 이제는 저도 답을 알고 싶어요. 노조와 가정의 중심은 어디인가요?

행복한 교실, 행복한 나,
Try everything!

_작달비

　　수행자에서 작달비로. 인터넷 커뮤니티에서 제 닉네임은 '수행자'입니다. 어떤 고난과 역경도 수행하는 자세로 성장의 밑거름으로 삼겠다는 마음으로 지었었죠. 최근에는 새롭게 '작달비'로 닉네임을 지었답니다. 삶을 잘 살아가기 위한 '작지만 달콤한 비법'의 줄임말이에요(시원하게 쏟아져 내리는 작달비를 아주 좋아하기도 하고요).

　　전보다 삶을 조금 더 가볍게 바라보게 되었어요. 저는 어떻게 하면 삶을 의미 있고 행복하게 살아갈 수 있을지 연구하는 사람이라고 볼 수 있겠네요. 진지하지만 유쾌한 교사! 무겁지만 가벼운 노조 집행부입니다!

나는 이타적
이기주의자!

행복하게 살고 싶어

저는 즐겁게 살고 싶습니다. 과거에 연연해하지 않고 미래를 불안해하지 않으면서 '지금 여기'에서 행복하게 사는 것을 추구하는 'ESFP'랍니다. 휴대폰이나 SNS에 프로필로 해 놓는 문장은 '행복한 교실, 행복한 나, Try everything!'이에요. 행복한 교실 속에서 행복한 '나'로 살기 위해 용기를 가지고 모든 걸 다 시도해 보고자 하는 마음이 저를 노조 창립의 길로 이끌었어요.

교사가 교실에서 행복해야 아이들에게 미소 한 번 더 보여 주고, 딱딱하게 지시할 것도 부드러운 눈빛 한 자락 담아 말하게 되고, 더 흥미 있고 의미 있는 수업을 위해 연구하게 됩니다. 그런데 현재 우리 교사들은 마냥 행복하기가 어려운 상황이에요. 수업 시간에 학생이 소리를 지르며 돌아다니고 수업을 방해해도 제재할 방도가 없습니다. 학부모의 악성 민원으로부터 보호받지 못하고 있고, 생활지도를 하면 '기분상해죄'가 적용되어 아동학대로 신고당하기도 합니다. 일부 학생의 인권만 있고 교권은 없습니다. 대다수 학생의 수업권이 짓밟히고 있고 교사들의 권위는 바닥에 떨어졌습니다.

물가는 오르는데 공무원 임금은 동결, 인상되어도 미미한 수준입니다. 공무원 연금 개악을 또 시도하려고 합니다. 학교가 마치 직장 창출의 공간인 것처럼 다양한 인력들이 들어와 관련 업무를 또 교사가 맡았습니다. 우리는 행복하기 어려운 환경에서도 아이들을 위해 고군분투하고 있지만 스승의 날마다 과거 교사들의 악행을 떠오르게 하는 기사들이 올라오고, 선생님에 대한 존경은 전 같지 않아요.

그래서 누구보다 행복하고 싶은 저는 마냥 행복할 수가 없었습니다. 저를 위해서 이기주의자가 되기로 마음먹고, 제 권리를 찾기 위해 노조를 창립하는 데에 뛰어들었습니다. 어떻게 하면 부당한 학교 현장을 바꿀 수 있을까를 살펴보고 애쓰게 되었습니다. 저만을 생각하는 이기주의자가 아니라 저를 위한 일이 곧 저와 같은 처지에 있는 이들을 위하는 일이 되어 '이타적 이기주의자'가 되었습니다.

선생님들의 고충을 위로하고, 수업권을 지켜 줄 학생생활지도법 제정, 교육활동 보호 방안 수립, 민원 창구 일원화, 각종 수당 인상, 교원 연구비 상향, 교사의 공무원 보수위원회 참여, 교사 정치기본권 획득 등 각종 권리를 찾기 위해 골몰하고 노력하고 있습니다.

노조는 소속된 사람들의 이익을 위해 움직이는 이익집단이라고 생각해요. 그래서 선생님들이 가장 원하는 이익이 무엇인가 늘 관찰하고 살피고 현실화하는 방안들을 생각합니다. 선생님들 바람처럼 변화는 쉽지 않네요. '이만큼밖에 못 왔네.' 하고 실망스러울 때도 있지만 앞으로 조금씩 나아가고 있다는 것에 감사하며 바른 방향으로 가고 있는지 점검하며 묵묵히 가려 합니다.

노조 집행부의 삶이란

가 보지 않은 길이 쉽지만은 않았습니다. 노조, 학급, 가정 셋이 톱니바퀴처럼 맞물려 가는 상황에서 노조에도 학급에도 가정에도 어느 것 하나 흡족하게 에너지를 쏟지 못해 속상한 날도 있었습니다. 어느 날은 "엄마 오늘 저녁은 뭐야?"라고 아이가 묻는데, 막 온라인 화상회의를 마치고 난 터라 일에 지쳐서 짜증이 몰려왔어요.

"엄마 여태 일하다 이제 잠깐 누웠어!" 하고 내뱉어 버렸지요. '잠시만 기다려 줘'라고 말하지 못한 못난 어미는 잠든 아이를 보면서 미안함에 눈물지었답니다. 홀홀 털어 버리는 성격이라 '노조, 학급, 가정 셋 유지하고 살고 있는 게 어디냐! 아이들은 내가 아이들을 사랑하는 걸 잘 아니, 잘 클 거야! 내가 하는 일들 보고 자라서 큰사람 될 거야!' 하고 이내 현실을 아름답게 바라보려고 노력하기는 하지만요.

늘 힘들기만 하냐 하면 그건 또 아니죠! 저는 강원교사노조를 창립한 위원장이고, 당시 학급 담임을 하며 노조 위원장을 겸임하다가 2년 후, 교사노조연맹 사무처장을 맡으면서 전임휴직을 했습니다.

강원도에서 서울에 있는 연맹 사무실로 간헐적으로 출근을 했는데, 고되기도 했지만 참 좋았던 점은 강원 촌놈이 평일 점심을 여의도에서 먹을 수 있다는 것이었어요. 간간이 야근 후에는 여의도의 양고기와 스테이크, 곱창까지 너무나 맛있는 음식들을 맛볼 수 있었답니다. 노조 일도 다 먹고살자고 하는 일이니 사랑하는 동료들과 맛있는 음식을 먹으면서 행복감을 만끽하면 일의 고됨도 잊히더라고요.

노조 집행부를 하면서 좋은 점 또 하나는 다양한 인간군상을 접할수 있다는 점입니다. 노조에 모인 집행부 선생님들, 조합원 선생님들과 관계를 맺고, 함께 일을 추진하고, 상담하면서 저와는 다른 이들에게 많이 배웁니다. 갈등 속에서 새로운 돌파구를 찾아내고, 인내하고 배려하고, 다른 이의 과실을 보고 타산지석 삼기도 하고요. 이전의 저보다 성장하고 있음을 느낍니다.

노조 집행부를 하면서 저에 대해 더 잘 알게 되기도 했습니다. 세자녀를 양육하고, 늘 삼십여 명의 반 아이들과 지내다 보니 혼자 있는 시간이 절실했는데, 강원 사무실에서 혼자 근무할 때는 정말 외로웠어요. 이야기하면서 사람들과 너무 소통하고 싶었습니다. 저는 사람들과 관계 맺으며 소통할 때 행복감을 느끼는 사람이라는 걸 깨달았죠. 또 불의를 보면 거세게 항의하는 불같은 제 성질도 다시금 인식하게 되었어요.

마지막으로 무엇보다도 큰 장점은 교직 환경 개선에 일조한다는 자부심을 지니게 되는 것이죠. 선생님들이 가르칠 용기를 낼 수 있고, 학생들이 배울 수 있는 환경으로 변하는 데 조금이나마 보탬이 될 수 있다는 사실이 그 무엇보다도 큰 성취감을 선사합니다.

제가 특별한 존재여서 노조 집행부를 하게 된 것은 아니에요. 그저 내일 수업을 뭘 할까, 아이들과 뭘 하며 즐겁게 보낼까를 고민하는 평범한 교사일 뿐이지요.

다만 저는 행하는 사람입니다. 교사노조연맹 집행부로 씨앗에 물을 주는 사람입니다. 이 씨앗이 싹을 틔워 나무가 되었고 이 나무가 점점 더 거대하게 성장하고 뻗어 나가 커다란 그늘을 만들 수 있길 소망합니다. 그 그늘 아래에서 많은 선생님이 햇빛과 태풍을 피해 쉬어 가며 행복한 교실을 만드시길 꿈꿉니다. 같이 물을 주며 나무를 키워 줄 선생님들이 많이 계시면 좋겠습니다.

노조에 대해 기본적인 것도 모르는 채 맞았던 교권 상담, 단체교섭, 정책협의회 등을 두고 벼랑 끝에 내몰린 심정일 때도 있었어요. 누군가는 벼랑에서 밀려 제가 날 수 있단 걸 알았다는데 전 날개가 없더라고요. 풍덩 빠져 허우적거리다 보니 바닷속도 나름대로 운치가 있었습니다. 날 수는 없지만, 바닷속에 빠져서도 그 속에서 진주를 줍는 삶을 살고자 했습니다. 배우고, 공부하고, 조사하면서 조금씩 성장해 갔습니다.

가끔 '내가 이 길을 잘 선택한 것이 맞을까?' 하는 생각이 들 때가 있어요. 혹시 잘못된 길로 가는 것은 아닐지 두려운 마음이 들기도 합니다. 그럴 때면 "모든 새로운 길이란 잘못 들어선 발길에서 찾아졌으니, 때로 잘못 들어선 어둠 속에서 끝내 자신의 빛나는 길 하나 캄캄한 어둠만큼 밝아오는 것"이라는 박노해 시인의 시구절을 생각합니다. 제가 가는 이 길이 잘못 들어선 길일지라도 끝내 빛나는 길로 만들어 가고 싶습니다. 두렵지만 희망을 가지고, 일희일비하지 않고 한 걸음 한 걸음 조심스럽게, 그러나 멈추지 않고 나아가려 해요. 어둠 속에서조차 빛나는 길 하나 만들어 가는 교사노조연맹과 동행할 선생님들을 기다리며 반갑게 맞이하고 싶습니다.

이 맛에
노조 하지!

좌충우돌 노조 창립기

2020년 처음 강원교사노조를 창립하고 제가 위원장을 맡게 된 것은 처음 모였던 세 분 중에 제가 자녀가 가장 많았기 때문이었습니다. 무슨 이야기냐고요? 2020년 1월, 강원교사노조를 창립하고자 준비위원회가 결성되었고 처음에 모인 인원이 3명이었습니다. 3명이면 노조를 설립할 수 있어요. 사무처장이 발로 뛰며 할 일이 많으니, 아이 셋 있는 제가 위원장을 맡는 게 낫지 않겠냐는 타 노조 위원장님의 조언으로 저는 돌아올 수 없는 강을 건너게 됩니다. 위원장이 현장을 떨

일이 적다는 것은 역사가 긴 체계가 잡힌 조직에서나 가능한 일이었습니다. 주말부부로 아이 세 명을 혼자 돌보면서 노조 위원장을 맡아 버렸으니, 세상이 주는 역경을 다 제 성장의 거름으로 삼고자 하는 저지만 정말 그만 성장하고 싶더라고요.

창립만 하면 일할 수 있는 일꾼들이 몰려들 것이라는 감언이설에 속은 저를 탓해야 할까요? 일꾼을 모으고 체계를 잡아 나가느라 하루하루가 바빴습니다. 집행부를 늘리며 조직의 구성을 갖추어 가던 중, 교원노조법 개정을 앞두고 빨리 단체교섭을 시작해야 한다는 연맹 위원장님의 충고대로 창립한 지 두 달 만에 덜컥 강원도교육청과의 단체교섭을 시작하게 되었습니다. 강원도는 노조 출신인 민병희 교육감님이 12년째 재임하고 있던 터라, '줄 수 있는 모든 걸 주겠다'는 교육감님의 말을 믿고 희망에 차 실무 교섭에 들어갔지만, 노조 경력 2개월의 집행부는 12년 된 단체교섭의 달인들과의 교섭에서 진땀을 뻘뻘 흘렸답니다.

여덟 차례의 실무 교섭 끝에 총 66조 205개 항의 단체협약이 체결되었지만, 야심 차게 준비한 결정적인 조항 몇 가지가 체결되지 못하거나 노력 조항으로 체결이 되어 아쉬웠습니다.

3차 실무 교섭 날의 웃지 못할 에피소드도 생각이 나네요. 당시 돌봄전담사 파업으로 인한 공백에 교사를 투입하는 것은 노동법 위반이라고 도교육청에 공문을 보냈습니다. 그리고 각 학교로의 이첩을 요구했는데 '도교육청은 강원교사노조가 요구하는 공문을 각 학교로 이첩한다'는 조항이 아직 체결되기 전이라 이첩 거부를 당했습니다. 그래서 하는 수 없이 강원교사노조 집행부 선생님들께서 근무를 마치고 새벽까지 일일이 도내 모든 초등학교와 특수학교에 한 군데씩 학교를 지정하여 공문을 보냈어요. 그런데 우리 노조는 학교로 이런 공문을 보내는 것이 처음이었거든요. 보통은 '이 공문은 도내 모든 학교에 보내는 것'이라는 말을 넣는데 그 문장을 빠뜨린 거예요.

3차 실무 교섭을 위해 원주에서 춘천으로 이동하느라 운전 중이던 그때, 갑자기 전화통에 불이 나기 시작합니다.

"안녕하세요? 강원교사노조인가요? 왜 우리 학교에 이런 공문을 보내셨나요? 누군가가 신고를 했나요?" 하는 내용의 문의들이었습니다.

"교장 선생님, 우리 선생님들 돌봄 공백에 투입하는 거 불법인 건 아시죠? 절대 선생님들께 짐 지우지 마셔요." 하고 부드럽게 웃으며 전화를 받으니 교장, 교감 선생님들도 "당연하죠, 선생님들 투입하지 않습니다." 하고 손사래를 치셨어요.

심지어 제가 근무하는 학교의 교장 선생님께도 "당신네 학교 작달비가 노조 위원장이지? 우리 학교에 공문 왜 보낸 거냐"는 문의 전화가 수십 통 왔대요.

"네, 교장 선생님. 제가 노조 활동이 처음이라 모든 학교에 보내는 것이란 문장을 빼먹었네요."

이렇게 대답하면서 교장 선생님과 저는 얼마나 웃었는지 몰라요. 내비게이션을 보면서 운전을 해야 하는데 쉴 새 없이 전화가 오니 당황스럽고, 아찔했지만 그 와중에도 관리자들의 부담스러움이 느껴지면서 내심 뿌듯했어요.

'학교로 공문 보내니 관리자들이 부담스러워하는구나. 민원 들어오면 공문 보내 드려야겠다'고 생각하면서 짜릿했던 그 순간이 아직도 생생합니다.

바로 이 맛에 노조 하지요!

이렇게 초보 노조인이었던 우리가 2년 뒤, 새롭게 당선된 신경호 교육감과 첫 '정책협의회'를 하게 됩니다. 이번에는 지난번보다 더 만반의 준비를 하고, 근거 자료를 찾고, 논리를 만들어 임했습니다.

그 결과, 사라진 건강검진비 20만 원 부활, 복지 포인트 10만 원 상향(교육청노조가 먼저 요구), 돌봄전담사 부재 시 교사 투입 금지, 돌봄인력풀 구축 노력 조항 등을 체결합니다.

강원도는 건강검진 불용률이 크다며 격년으로 20만 원씩 제공되던 건강검진비를 없애고 매년 10만 원씩 맞춤형 복지 포인트를 올리는 것으로 전환했었는데요. '불용률이 낮은 해는 2021, 2022년으로 이는 코로나19라는 상황 때문이었다', '학교 현장 선생님들의 건강이 걱정'이라며 강력하게 요구한 결과, 폐지되었던 건강검진비를 부활시켰어요.

그리고 공무직 파업 때 도교육청에서 내려온 공문에 담임 교사가 아이들을 방과 후에 돌보는 대안이 포함되어 있어서 노조에서 항의했습니다. 그런데도 그 부분을 삭제하지 않고 답변도 없던 점에 유감을 표하며 더 강력하게 항의하니, 해당 과장이 '죄송하다'고 사과하고 내년부터는 공무직 파업 시 교사 투입하라는 대안을 '절대' 넣지 않기로 약속했습니다.

교사는 수업에 집중, 본연의 업무에 집중할 수 있는 환경을 만들어 달라는 발언으로 마무리하며 세 시간 반 만에 정책협의회를 마치고 도교육청을 나서는데, 어찌나 기쁘고 설레던지요! 집으로 돌아오는 고속도로에서 우리 애들 자장면 시켜 주고 또 노조에 일이 생겨서 통화하면서도 어찌나 흥분되던지요! 현장의 선생님들이 원하는 사항들을 듣고, 제 손으로 만든 안건이 제도로 만들어지는 이 과정이 주는 짜릿함! 선생님들이 느끼실 기쁨을 생각하면 드는 설렘! 노조 하면서 가장 행복했던 순간을 꼽는다면 바로 이날, 이 순간을 꼽겠습니다. 가끔 지인들이 힘든 노조 집행부 생활을 어찌 계속하느냐고 묻습니다. 그분들께 이렇게 답하고 싶어요.

"바로 이 맛에 노조 합니다!"

노조의
선물

작년에 교사노조연맹 사무처장으로 전임자 생활을 하다가, 교실의 학생들이 너무 그리워 현장으로 돌아왔습니다. 올해는 교사노조연맹 미디어국장을 겸하면서 미디어에 우리 교사노조연맹이 한 일을 어떻게 재미있고 알기 쉽게 알릴 수 있을까를 고민했습니다. 그러다가 평소 그림 그리기를 좋아해서 세 아이를 키우면서 느꼈던 것들을 웹툰 형식으로 그려 SNS에 올리고 있었는데, '노조툰'을 그려 봐야겠다는 생각이 떠올랐어요. 노조에서 특별히 알리고 싶은 내용이 있으면 이미지화하여 표현하고, 가능하다면 '감동'을 한 스푼 섞으려 했습니다.

'노조의 선물' 웹툰은 우리 교사노조연맹 산하 26개 노조가 어떤 관계를 맺고 노력하여 조합원 선생님들을 위해 노력하고자 하는지 그 마음을 담아 보았어요. 여러 정책뿐 아니라, '노조' 자체가 선생님들께 드리는 '선물'이라는 걸 이야기하고 싶었어요. 또 열심히 영혼을 넣어 일하고 있는 우리 노조 집행부 선생님들께 위로가 되고 싶은 마음에 그렸답니다. 이 외에도 특별히 알리고 싶은 일, 특별히 선생님들을 응원하고 싶은 일이 있을 때 가끔 노조툰을 그려 알리곤 한답니다.

제게는 함께 일하는 동료들, 함께 응원해 주시는 조합원 선생님들과 모두를 한데 모아 이끌어 주는 교사노조연맹이 바로 '선물'이랍니다. 매일 선물을 받아서 누구보다 행복하고 싶었던 저 작달비는 아주 많이 '행복'합니다. 노조 집행부라서 행복해요!

노조의 선물

모르는 것은 배우고 익히며 성장하고 있습니다.

선생님이 받고 싶으신 선물은 무엇인가요?

교사노조연맹이 매 해 새로운 선물을 준비할게요.

교사노조연맹이 선생님을 위한 선물이 될게요.
선물같은 노조, 교사라면 교사노조.

교사노조연맹
2023 상반기 결산툰

2023년 교사노조연맹의 상반기 활동을 소개합니다.

교사노조연맹 2023 상반기 결산툰

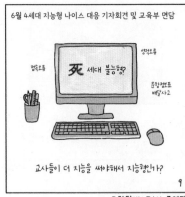

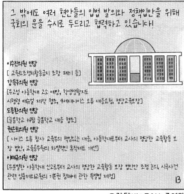

2장

창립 멤버에게 듣는 교사노조

스치듯 지나간 말 한마디

_상큼이

2022년 이후로 우리 딸 엄마로 살고 있어요.

하고 싶은 것이 많아 낮이고 밤이고 혼자 뽈뽈대며 밖으로 다녔는데, 이젠 둘이서 뽈뽈대며 다니고 있습니다.

배 속에 있을 때부터 노조 사무실로 출근하고 모든 회의에 참석한 우리 딸! 앞으로 뭐가 될까요?

언젠가 다시 혼자 뽈뽈대며 다니는 그날이 기대되기도 하고, 한편으로는 아쉽기도 합니다.

둘이 다닐 수 있을 때까지는 열심히 둘이 다녀보려고요!

상큼한 미소도 잊지 않겠습니다~^^

저희도 모두 처음이에요

말 잘 듣는 교사

어느 날, 머리 희끗희끗한 우리 교장 선생님께서 회의 시간에 말씀 하셨습니다.

"선생님들 A 단체든, B 단체든 뭐든 좋으니 교직단체 중 하나라도 가입하세요. 교사의 이익을 대변하는 단체에는 꼭 가입해야 합니다."

교직단체 이야기를 듣자마자 교사가 되기 전, 아빠가 저에게 하셨던 말씀이 떠올랐어요.

"너는 교사 하면서 절대 노조 활동하지 마라."

그때는 노조가 어떤 일을 하는지도 몰랐지만, 아빠가 하지 말라고 하시니 안 해야겠다고 생각하며 지내 왔습니다.

'아빠가 노조는 하지 말라셨지. 그럼 그냥 B 단체 가입해야겠다.'

누가 하라면 하고, 하지 말라면 안 하는 저는 아빠의 말씀도 잘 듣고 교장 선생님의 말씀도 잘 들었습니다. 그렇게 B 단체에 가입했지만, 가입한 것조차 잊은 채로 지냈어요.

2020년, 전 세계를 집어삼킨 코로나19가 등장했습니다.

"개학일을 일주일 미루겠습니다."

처음에는 딱 그 정도일 줄 알았어요. 그런데 상황은 점점 심각해졌 습니다.

"개학일을 이주 뒤로 더 미루겠습니다."

개학일을 미룬다는 저 한 문장에는 아주 많은 일을 변경해야 한다는 뜻이 숨겨져 있습니다. 수업일수 확보를 위해 모든 학사일정이 바뀌고, 그에 따라 학교 교육과정이 모두 바뀌는 거지요. 학교 교육과정이 변경되면, 학년 교육과정도 변경되고, 최종적으로 학급 교육과정도 변경됩니다.

"학년 교육과정 담당 선생님들 모입시다."

"개학일을 3월 9일로 교육과정을 다시 짜야 합니다."

"학년 교육과정 선생님들 모여 주세요."

"방학식은 아직 그대로 진행하고, 겨울방학이 짧아질 거예요. 3월 23일 개학으로 진행하고, 내용 전면 수정해 주세요."

"선생님, 모여 주세요."

"선생님들……."

코로나19 이전부터 학년 교육과정 업무를 맡았지만, 이 업무는 매년 하더라도 약간의 요령만 생길 뿐 절대적인 시간이 최소 일주일은 필요한 업무예요. 아니, 최소 일주일이 뭔가요! 주말 끼고 열흘도 더 필요합니다. 일 년 동안의 모든 교육활동을 계속 변경한다는 것이 쉬운 일은 아니었습니다. 게다가 1학년을 맡아 입학식이라는 큰 행사도 계속 수정되어야 했어요.

"선생님, 언제부터 학교에 갈 수 있나요?"

"입학식에는 학부모가 참석 못 하나요?"

밖으로는 학부모님들과 끊임없이 소통해야 했고, 안으로는 언제 확정될지 모르는 교육과정을 반복하며 수정했어요.

"줌이 뭐야?"

"나는 다른 사람들 소리가 안 들려."

"교과서를 보이게 하려면 어떻게 해야 해?"

교직 경력이 많으신 선배님들과 1학년을 함께하게 되면서 새로운 것을 많이 배우겠다는 부푼 기대에 가득 찼었는데, 그 꿈은 와장창 깨졌습니다. 오히려 전혀 경험하지 못했던 것들을 실시간으로 습득하면서 동시에 선배님들께 설명해 드려야 했습니다. 사실 이 정도는 젊은 세대의 교사가 하기엔 충분하고, 오히려 도움 될 수 있다는 것이 참 좋기만 했습니다.

"우리 이렇게 된 김에 수업 동아리 만들어서 새로운 수업 형태를 만들어 볼까?"

"한 과목 정해서 쭉 수업 자료를 만들어 보는 건 어때?"

"그럼, 수학이 좋겠다. 내가 대략 구상해 볼게!"

"줌으로 만나서 같이 생각해 보자!"

다른 지역의 교사인 친구들과도 코로나19의 기세에 물러서지 않겠다며 학생들과 교사들에게 어떻게 도움이 될 수 있을지 고민하며 지냈습니다. 물론 퇴근 후에요. 학교에서는 그런 걸 생각할 겨를 없이 바쁘게 지나갔습니다.

집행부? 방향이 다르면 나오면 되지!

이러한 우리의 발버둥에 찬물을 끼얹는 교육감과 교육청의 발언들이 이어졌습니다.

"사실 학교에는 '일 안 해도 월급 받는 그룹'이 있습니다."

"열심히 하는 교사들에 묻어가는 무임승차 교사를 막기 위해……."

학교 현장은 시시각각 변하는 상황에 대응하고자 수업 영상 만들랴, 활용 방법 안내하랴 끊임없이 넘쳐나는 밑 작업으로 과포화 상태였습니다. 온라인 수업을 위해 제작하는 영상 속 저작권이나 교사 초

상권 보호에 대한 지침도 없었고, 온라인 개학을 하게 된다면 수업일수를 인정해 줄지에 대한 안내는 어디에도 없었습니다. 낯선 상황에서 죽을힘을 다해 발버둥 치며 대응하고 있는데 '일하지 않고 월급 받는 그룹'으로 취급받다니요. 교육감과 교육청의 태도는 새로운 교육환경 구축에 열정을 발휘한 교사들에게 찬물을 끼얹었습니다.

정말 속상했습니다. 그래서 수업 준비를 위한 교사의 노력, 턱없이 부족한 시간에도 이를 해내기 위해 열정을 불사르는 교사들의 모습을 드러내고 싶었습니다. 곧바로 초등교사 커뮤니티에 설문 조사를 올리고 의견을 물으며 혼자만의 연구를 시작했습니다.

"선생님, 한 차시 수업을 준비하는 데 시간이 어느 정도 소요되나요?"

"선생님들, 수업 준비 및 실제 수업 시간 외에 하는 업무들에는 무엇이 있나요?"

친구들과도 연락하였습니다.

"얘들아, 내가 만든 설문 조사에 참여해 줘. 그리고 지금 시급하게 지원되어야 하는 것들은 뭐라고 생각해?"

"능력 있는 사람들 뽑아서 교사 시켜 놓고 이렇게 인력 활용을 못하는 이유는 대체 뭘까?"

흥분을 멈출 수 없었던 바로 그때.

"나는 그래서 충북교사노조 가입했어. 지금 지역별로 노조들 막 생기고 있던데? 너도 부산에 있나 한번 찾아봐."

"노조? 노조에 가입했다고?"

그간 매달 열심히 회비 내며 가입해 있던 B 단체의 존재는 잊은 채 갑작스러운 친구의 노조 홍보에 부산교사노조를 검색해 가입했습니다. 오로지 교사를 대변하는 단체가 꼭 필요하다는 생각뿐이었습니다. 밴드를 살펴보니 저와 같은 처지, 같은 생각을 하는 사람들이 정말 많았습니다.

"저는 이런 설문 조사를 해 봤어요. 어떻게 생각하시나요?"

그동안 마음속에 품고 있었던 이야기들과 이것저것 고민하던 것들을 밴드에 마구마구 쏟아 냈습니다.

그러던 어느 날, 생각지도 못한 연락을 받았습니다.

"안녕하세요, 선생님. 부산교사노조 위원장입니다. 혹시 같이 집행부로 일하실 생각 없으세요?"

'집행부? 집행부? 집행부로 일한다고?'

어렸을 때부터 단체에 속해 여러 사람과 일하는 걸 좋아했지만 노조의 집행부 제안에는 잠시 망설였습니다. 2020년 3월에 창립한 새 노조. '노조'에 대한 편견과 아쉬움을 해결할 수 있을지 두려움과 기대가 공존했습니다.

노조의 '노' 자도 모르는 상태였지만 어쩌면 저도 모르는 사이 마음은 살며시 기울었는지도 모르겠습니다. 그러니 단칼에 거절하는 대신 주말부부라는 곤란한 상황을 내세웠죠.

"아, 제가 주말부부예요. 주말에는 시간을 못 내요. 그리고 노조를 처음 해서 어떻게 하는 건지도 잘 몰라요."

"괜찮아요. 저희도 모두 처음이에요."

"그런가요?"

"그냥 회의 한 번만 나와 보면 어때요?"

'회의 참여는 조합원도 할 수 있을 테니까.' 알겠다고 대답한 후, 경력이 많으신 동학년 선생님들께 슬쩍 여쭤 보기도 했습니다.

"부산교사노조에서 집행부로 일해 보는 건 어떨까요?"

"쌤이 원하는 방향과 맞으면 한번 해 봐."

"방향이 다르면 나오면 되지!"

무엇을 할 수 있는지, 무엇을 할 수가 있기는 한 건지, 혹시 어떤 의도로 만들어진 단체는 아닌지 많은 의문을 품은 채 첫 회의에 참여했습니다. 그런데, 그런데 웬걸? 번듯할 거라 생각했던 사무실은 ○○아파트 ○○동 ○○호, 노동청이 가까워서 부산교사노조의 첫 사무실로 등록되었던, 위원장님의 댁이었습니다. 그리고 회의 장소는 아이들 천국이었습니다.

"안녕하세요. 연락받고 처음 왔습니다."

"환영해요. 아이들 때문에 조금 정신없죠? 이리 와서 앉아요."

제가 생각했던 단호하고 강한 이미지의 모습은 온데간데없고, 그냥 워킹맘들이 모여서 육아를 함께 하는 모습이었습니다. 회의 참석자가 모두 모이자, 아이들은 잠시 놀이방으로 들여보내고, 서로 소개하며 회의를 시작했습니다.

알고 보니 모두 노조 활동이 전혀 없는 교사들이었고, 게다가 두 번째로 만났던 모임이었습니다. 저처럼 분노에 노조를 창립하고, 아이들을 맡기지 못해 데리고 오면서까지 무언가 바꾸어 보겠다고 모였던 것이었습니다. 그게 제 의욕을 더 자극했을까요? 덥석 보직 제안을 수락했습니다.

"정책국장 맡아 줘요. 설문 조사한 거나 의견 모은 것 보니 정책국장 하면 딱 맞을 것 같아요."

"네, 해 볼게요!"

그렇게 집행부 활동이 시작되었습니다. 집행부 활동을 하며 한동안

은 부모님께 알리지 않았습니다. 당장 뜯어말리러 오실 것 같았거든
요. 집행부 활동을 한 지 1년이 지나고, 집행위원장으로 뉴스 인터뷰
를 한 사진을 캡처해서 가족 단톡방에 보냈습니다.

"짜잔! 나 부산교사노조에서 집행위원장으로 활동하고 있어요. 이
런 인터뷰도 했어요."

"대단하네. 열심히 해 봐."

"에? 아빠, 노조 활동하지 말라고 하셨잖아요!"

"내가? 나는 그런 말 한 적 없는데?"

"아니 아빠가 절대 노조는 하지 말라고 했었어요!"

"그래? 난 기억이 잘 안 난다."

그동안 가슴 졸여 가며 고민한 것들이 무색해진 순간이었습니다.
하지만 오히려 좋았지요. 아빠는 지나치듯 말씀하셨던 것이 제 마음
깊은 곳에 자리 잡아 노조 활동 자체를 심사숙고할 기회를 갖게 했으
니 말입니다. 심사숙고해서 시작하게 된 집행부 활동, 오히려 그 과정
을 거쳤기에 힘든 일도 아주 많지만, 앞으로도 더 열심히 해 보고자
합니다! 파이팅!

잘 버텨 낼 수 있었습니다

보호자와의 소통

코로나19 2년 차, 6학년 담임을 맡았습니다. 코로나19가 한참이라
아이들은 일주일에 한두 번씩 등교하며 석 달을 보냈습니다.

"6월부터는 일주일에 3번 등교합니다."

"오, 예!"

"아, 원격수업 재밌었는데……."

학교 오는 것을 더 좋아하는 학생들과, 원격수업이 줄어들어 아쉬워하는 학생들의 반응이 참 재미있었습니다. 조금씩 학생들과 대면하는 시간이 많아지며 저와 학생들 모두 친밀해져 갔습니다. 그래서였을까요?

"아이들이 각자 잘못을 인정하고 화해했습니다. 가정에서 한 번 더 살펴봐 주세요."

"네, 어머니. 저도 지속적으로 언어 사용에 대해 교육하겠습니다. 가정에서도 바른 말을 사용하도록 한 번 더 지도해 주세요."

학생들은 종종 다투고, 저는 이를 중재하며 보호자들과 소통하는 데 오후 시간을 보내는 일이 늘어났어요.

여느 때처럼 민원을 해결하고 있던 날, 교감 선생님이 저를 부르셨습니다.

"선생님, 교장실로 내려와 주세요. 학부모 민원이 들어왔습니다."

'교장실로 학부모 민원?' 영문도 모르는 채 교장실로 향했습니다.

"교장 선생님. 저 왔습니다."

"네, 고생 많으시죠. 혹시 그 반에 ☆☆이라는 학생 있나요?"

"있어요. ☆☆이에 대한 민원이 들어왔나요?"

"1학년 때부터 ☆☆이가 지속적으로 반 친구들에게 피해를 줬다는데, 더 이상 못 참겠다며 학부모들이 내일 교장실로 오신다네요."

"아, 저에게는 그런 연락이 온 적 없었어요. 무슨 일일까요?"

정말 당황스러웠습니다. 자녀의 학교생활에 대해 저에게 해 주실 말씀이 있으면 언제든 편하게 연락하시라고 안내해 왔습니다. 그런데 이렇게 교장실로 불쑥 연락이 오다니 혹시 그간 모르는 어떤 일이 있었던 건지 아무것도 알 수 없었습니다.

교장, 교감 선생님과 함께 걱정되는 상황에 대한 여러 조치를 마련하고, 다음 날 교장실에서 학부모 두 분과 면담이 진행되었어요.

"☆☆이랑 더 이상 같은 반 못 하겠어요. ☆☆이를 학급 교체하거나 강제 전학 보내 주세요."

"어머니, 말씀드린 다양한 방안으로 조치를 해 보겠습니다."

"아뇨, 기회는 더 이상 없어요."

"혹시 무슨 사건이 있었나요?"

"그냥 그 아이랑 같이 있으면 우리 반 아이들 모두가 스트레스를 받는대요. 1학년 때부터 참아 왔습니다."

'우리 반 아이들 모두가 스트레스를 받는다'는 말에 참 혼란스러웠습니다. 아이들끼리 다툴 때도 있지만 매번 잘 해결하며 원만히 지내고 있다고 생각했기 때문입니다. 몇 명의 학생들이 피해를 보고 있는지 정확히 알 수 없다는 것이 제 마음을 더욱 두렵게 했습니다. 저의 교육적 지도와 교감, 교장 선생님의 여러 방안도 아무 소용이 없었습니다. 학교폭력으로 신고할 사건은 없지만 아이들이 스트레스를 받으니 다른 반으로 교체해 달라는 요구만 되풀이되었습니다.

뒤이어 진행된 동학년 선생님들과의 긴급회의에서도 저와 동학년 선생님들은 같은 생각이었습니다.

"만약 ☆☆이가 다른 학급으로 교체된다면 어느 학급에서 받아 주실 수 있겠습니까?"

"교장 선생님, 학교폭력 처분으로는 받아들일 수 있으나 이러한 단순 민원으로는 절대 받아들일 수 없습니다."

등교하는 날에는 ☆☆이와 다른 아이들의 관계를 끊임없이 살폈고, ☆☆이에 대한 민원들을 처리하며 저는 점점 시들어 갔습니다. 그리고 이 모습을 지켜보시던 교장 선생님이 말씀하셨어요.

"선생님, 병 조퇴 쓰고 정신과 진료받으세요. 그리고 앞으로 학부모 전화는 받지 마세요."

'정신과……?' 생각지도 못했어요. 분명 힘들긴 한데, 어떤 조치를 해야 하는지 판단하기 힘든 상태였습니다. 교장 선생님의 말씀을 듣자마자 정신과로 달려갔고, 노조에도 연락했습니다.

"최근에 학급에 민원으로 힘든 일이 이어지고 있어요. 지금은 정신과 진료받으러 가는 중이에요. 당분간 노조 활동이 힘들어요."

"교원힐링센터에 상담 신청하고 쉬어요. 힘든 일 있으면 연락해요."

그동안 노조에서 조합원들에게 교원힐링센터를 권유했던 건 저였는데, 정작 제가 힘든 일을 겪으니, 생각조차 나지 않더군요. 다행히 정신과 진료도 받고 교원힐링센터에 상담도 요청했습니다. 학부모의 민원은 계속되었어요. 학부모 전화를 받지 말라는 교장 선생님의 말씀을 들었어야 했는데, 끊임없이 울리는 휴대전화를 무시할 수 없었습니다.

"학부모들끼리 서명지를 모으고 있어요. 변호사 면담도 진행했고요. 교육청에도 연락했습니다."

심장이 두근거렸습니다. 제가 무엇을 잘못하고 있었을까요? 곧바로 노조에 연락했습니다.

"위원장님, 학부모들끼리 서명지를 모으고 있대요……. 변호사 면담도……, 교육청에 연락했다는데 제가 뭘 어떻게 해야 할까요? 너무 힘들어요."

"교육청에 연락해 볼게요. 기다려요."

다행히 교육청은 상황을 알고 있었고, 장학사님이 단호하게 학교가 최선을 다하고 있음을 전했다고 했습니다. 그러니 조금, 마음이 놓였습니다.

☆☆이는 가정학습을 선택했고, 민원은 잠시 멈췄습니다. 정신과 진료와 교원힐링센터의 상담을 병행했고, 그간 참석하기 힘들었던 노조 집행부 회의에 오랜만에 참석했어요. 그리고 그곳에서 슬픈 소식을 접했습니다.

"우리 학교 선생님, 학부모 민원 때문에 돌아가셨어요. 그런데 유가족이 원하지 않아서, 학부모들은 선생님이 휴직한 거로 알아요."

"최근 교육청이 교장 선생님들께 힘들어하는 교사들 잘 살피라고 연락했던데……."

"아, 그래서 교장 선생님이 저에게 정신과 진료를 권했을까요?"

정말 슬펐습니다. 돌아가신 분이 누군지는 몰라도, 그분의 마음은 조금 알 것 같았습니다. 유가족이 원치 않았다는 말이 한없이 아프면서도, 그 뜻을 존중해야 한다고 생각했습니다. 마음으로 깊이 애도하며 지냈습니다.

우리의 잘못이 아니었다

얼마 후 방학식이 다가왔어요. 무사히 방학식을 마치고 아이들이 하교한 시각. 교실 전화기가 울렸습니다.

"선생님, 그동안 고생 많으셨어요. 생각해 보니 ☆☆이 엄마에게 1학년 때부터 안 좋은 감정이 있었는데, 그게 선생님께 불똥이 튄 것 같아요. 죄송합니다. 선생님의 교육에 불만은 없었어요. 2학기 때부터는 선생님께서 하라는 대로 잘 따르겠습니다. 방학 잘 보내시고 선생님이 2학기도 꼭 이어서 해 주세요."

목소리를 듣자마자 속이 울렁거렸습니다. '불똥이 튄 것 같다', '교육에 불만은 없었다'라는 말은 지금 다시 생각해도 받아들이기 힘든 말입니다.

서로의 소통이나 교감이 없는 일방적인 이야기를 듣고 수화기를 잡은 채 한동안 멍하니 있었습니다.

'나와 ☆☆이의 잘못이 아니었구나.'

그분의 말 때문이 아니라, 우리 반 아이들을 위해서 2학기를 이어 갔습니다. 아이들을 졸업시킬 때까지도 상담은 이어졌습니다.

새 학년도를 준비하는 해, 노조전임휴직을 신청했습니다. 그동안 힘든 일을 겪으며 도움받았던 경험으로 조합원을 도와야겠다고 생각했습니다. 교권 침해를 받는 여러 선생님의 그 힘든 마음을 같이 나누며 도와 드렸습니다.

2023년 3월, 꼭꼭 숨겨졌던 옆 학교 선생님의 사건이 방송으로 재조명되었어요. 이러한 일은 그 선생님과 저만 겪었던 것이 아니었습니다. 둘만의 이야기가 아닌, 전국의 많은 선생님이 동시에 겪고 있는 아픔이었습니다. 흐르는 눈물을 멈출 수 없었습니다. 제가 그 해를 버틸 수 있었던 건 주변의 많은 사람 덕분임을 깨달았습니다. 그래서 더 많은 선생님께 도움이 되도록 계속 노력하겠다는 다짐을 합니다.

선생님, 지금도 마음 깊이 애도합니다. 그곳에서는 걱정 없이 편안하시길 바랍니다.

너도? 나도!
노조 가입!

교육 현장이 달라지지 않는 이유

노조에 가입하는 이유는 저마다 다를 것입니다. 하지만 그 노조가 조합원의 권익을 보호해 주고, 어려움을 대변하고 해결해 줄 거란 바람을 갖고 가입하지요. 노동자로서의 기본적인 권리를 위해, 최소한의 안전을 보장받기 위해, 탁상행정식의 개선이 아닌 진짜 현장을 위한 개선을 위해 목소리를 전달하는 노조는 꼭 필요합니다.

최근에는 이름만 대면 알 만한 대기업에서도 새로운 노조가 만들어지고 있고요. 이러한 노조에는 상대적으로 노조에 관심 없다고 알려져 있던 젊은 세대의 가입률이 꽤 높다고 합니다.

우리 교사들에게도 마찬가지입니다. 저도 코로나19를 겪고 나서야 노조의 필요성과 중요성을 뼈저리게 느꼈어요. 몇몇 교사들은 동시에 두 개, 세 개의 노조에 가입한다는 것을 의미하는 투 노조, 쓰리 노조 인증 글을 쏙쏙 올리며 가입 붐을 일으켰죠. 붐이라고 이야기하긴 했지만, 아직 전체 교사의 노조 가입률은 30%도 되지 않습니다.

'다른 직업군은 입사했을 때부터 노조에 의무적으로 가입하게 한다던데, 우리도 그렇게 하면 안 되나?'

가입률이 높아야 우리의 이야기가 더 크게 전달되는데, 여전히 낮은 가입률이 참 안타까웠습니다. 게다가 교원노조에 관한 기사마다 빠지지 않고 달리는 댓글도 속상함을 더했어요.

"자기 밥그릇 챙기기네."

"철밥통 지키기."

공무원에 관한 기사들에도 마찬가지입니다. 댓글을 보는 사람들은 교사와 공무원들이 어마어마한 황금 밥통을 가지고 있는 것으로 오해할 수밖에 없어요.

금도 은도 아닌 철밥통. 그 철밥통조차도 사실은 텅텅 비어 있다는 것은 뚜껑을 열어 본 자들만이 압니다.

낮은 월급과 수당, 지나치게 많은 행정업무도 문제지만 사실 최근에는 더 무서운 것이 있습니다. 바로 법적 분쟁입니다.

누구나 노조가 필요해

"안녕하세요. 혹시 상담 가능한가요?"

"어떤 도움이 필요하신가요?"

"제 담당 학급의 학생과 학부모 사이에 아동학대 신고가 이루어졌는데, 제가 담임 교사라 참고인 자격으로 경찰 조사를 받아야 한대요. 무엇을 어떻게 해야 하나요?"

요즘 학교에서는 단지 담임 교사라는 이유만으로 경찰 조사를 받을 일이 많아지고 있습니다. 담임 교사를 아동학대로 신고할 때도 그렇지만, 학부모끼리의 아동학대 신고 사안에 참고인으로 조사받기도 합니다. 그런데 가볍게 사실 전달만 하면 된다고 생각하는 것은 정말 큰 오산입니다. 경찰 조사에서 같은 말이라도 어떻게 전달하느냐에 따라 교사가 순식간에 피의자로 변하기도 하니까요.

"변호사 선임 비용을 위해 최소 이천만 원 정도는 모아 두어야 한대."

"지금 내 월급으로 이천만 원을 모으려니 눈앞이 깜깜해."

경찰 조사에서 더 나아가 법적 분쟁을 당해 보면 말 그대로 심신이 탈탈 털립니다. 왜 이런 대접을 받아야 하는지 이유도 모른 채 마냥 당할 수밖에 없으니, 세상 모두가 무섭습니다. 또, 이런 상황은 교사 개인이 홀로 해결하기가 정말 힘들어요. 그래서 함께 대응할 노조가 필요합니다.

"노조에 가입하면 이천만 원을 지원해 주는 건가요?"

"음, 이천만 원을 내지 않아도 문제가 해결되도록 최대한 도와 드려요."

노조에서는 사안의 심각성에 따라, 법률 자문이나 소송비 지원, 변호사 동행 등을 지원해 드립니다. 그런데 가입 전에 발생한 사건이나 이미 많이 진행된 사건에 대해서는 노조가 실질적인 도움을 드리기에 현실적인 한계가 많습니다. 지역마다 다를 수 있지만, 법률 자문이나 소송비 지원도 노조 가입 후 3개월의 조합비를 낸 조합원을 대상으로 지원되기 때문에 미리 가입하시는 것이 정말 중요합니다.

주변 교사들에게 노조 가입을 권유하고, 여러 커뮤니티에 홍보 글을 올리고, 내부 메일을 활용하여 노조 활동으로 얻은 결과들을 열심히 알리니 조금씩 조합원이 늘고 있습니다.

"담임 수당, 부장 수당 인상에 의견을 내주세요."

"지금 월급이 적은 건 누구도 올려 달라는 말을 하지 않아서입니다."

"교사가 정당한 생활지도를 할 수 있게 힘을 합쳐 주세요!"

"노조 가입률이 높아야 우리의 이야기가 전달됩니다!"

그래도 예전보다는 노조 가입률이 높아져서일까요? 십수 년째 동결이었던 담임 수당에 대해 서울시의 한 의원은 '학급 담당 교원 교육연구비용 지급 조례안'을 발의하였습니다. 정당한 생활지도조차 아동학대로 몰리는 현실에, 법안 제정이 필요하다는 여러 사람의 공감도 많아지고 있고요. 교사들이 노조에 모여 한목소리를 내니 드디어 주변에서도 관심을 두는 것이 느껴졌습니다.

"혹시 누군가의 말에 떠밀려 노조에 억지로 가입해 불편함을 느낀적 있으신가요?"

의무 가입이 아닌 조합원 개인의 필요에 따라 노조에 가입하는 지금의 방식은 조금 더딜 수도 있지만, 조합원을 노조의 진짜 주인으로만듭니다. 자의적으로 직접 찾아 가입한 우리 조합원분들은 노조의활동에 관심도 많고 애정도 큽니다.

힘들고 어려운 일들이 생길 때마다 가입률이 증가하는 모습이 마냥기쁘지만은 않습니다. 학교 현장이 그만큼 무너지고 있고, 이에 따라힘든 사람이 많다는 이야기니까요.

그렇지만 노조가 성장할수록 학교 현장에도 변화가 보이기에 희망을 품어 봅니다. 우리뿐만 아니라 후배들에게 더 나은 교직 환경을 물려주고 싶어요. 교사로서 살아남기 위해서는 힘을 합쳐야 해요. 누구에게라도 자신의 권익을 당연히 지켜 주는 든든한 벽이 있어야 하고요. 교사들에게는 교사노조가 그 역할을 하고 있습니다. 그래서 어제도, 오늘도, 내일도 외쳐 봅니다.

"같이 노조 가입해요!"

조합원을 기쁘게 하라

_옷세벌

주위 사람이나 일어나는 일에 관심이 많습니다. 나부터 바뀌고 행동해야 변화가 생긴다고 생각하는 오지랖 넓은 교사입니다.

입고 꾸미는 일에는 관심도 소질도 없어 '옷세벌'이라는 닉네임으로 활동하고 있습니다.

20대에는 환자 단체를 만들어 수년간 활동했습니다. 30대에는 산타샘 모임을 만들어 전국 천여 명의 교사들과 작은 기부활동을 이어 가고 있습니다.

현장 교사의 목소리를 전달하자며 여교사 커뮤니티에 경기교사노조 창립을 외쳤고, 좋은 동료들을 만난 덕분에 오늘보다 더 나은 내일을 꿈꾸며 지내고 있습니다.

앞으로도 어느 곳에서든 꼭 필요한 오지라퍼로 살아가고 싶습니다.

원칙과 융통성 사이
―나를 지키는 적당한 거리

노조 가입 이전에 발생한 사안은 도와 드릴 수 없습니다

모든 노동조합에는 노동조합만의 규약·규정이 있습니다. 각각의 노조는 기존의 규약·규정에 추가로 필요한 부분이나 불필요한 부분이 생기면 대의원대회 등 절차를 거쳐 이를 수정·보완하고 있습니다. 경기교사노조도 추가로 만들어진 규정이 몇 가지 있는데, 그중 하나가 '조합 가입 이전에 발생한 사안은 소급해서 적용하지 않는다'라는 규정입니다.

주로 사안이 발생 후 가입하는 조합원의 민원은 금방 해결되기 어려운 사안이 많습니다. 소송이나 징계가 얽힌 사안도 있고요.

이러한 분들께 노조의 한정된 인력과 예산을 지원하기에는 기존 조합원과의 형평성에 맞지 않아, 많은 고민 끝에 만들어진 규정입니다.

"선생님, 저희 규정상 노동조합 가입 이전에 발생한 사안은 도와 드릴 수 없습니다."

규정대로 여기서 끝내면 되지만, 안타까운 마음에 한마디를 덧붙여 대화를 이어 가곤 했습니다.

"그런데 어떤 일인가요?"

어떤 일인지를 묻는 순간 빠져나올 수 없습니다.

이야기를 듣다 보면 마음은 흔들리고 각각의 사연에 빠져들어, 노조에서 정해 놓은 규정은 이미 머릿속에서 사라진 지 오래입니다.

"경기도교육청 홈페이지 신고센터에 들어가면 갑질 신고센터가 있어요. 아까 말씀하신 욕설과 폭언은 비인격적 행위로 보이고요, 이는 갑질에 해당합니다. 다만 객관적인 자료가 필요해요. 이러이러한 자료를 모아서 신청해 보시면 좋겠습니다."

"선생님, 교권보호위원회는 이렇게 열 수 있으며, 선생님은 이런저런 지원을 받으실 수 있습니다. 법률적인 부분 등 더 구체적인 내용은 교권보호지원센터 000-0000으로 문의해 주세요."

"선생님, 경기도교육청에는 교원배상책임보험이 있습니다. 이런저런 항목에서 지원을 받으실 수 있고요, 이렇게 신청해 보세요."

"공무상 수행으로 인해 부상이나 질병이 발생하였을 때는 치료비용이나 치료 기간에 대한 비용을 지원받을 수 있습니다. 공무상 요양은 이렇게 신청하시는 게 유리합니다. 특히 초진 기록지가 중요하니 병원에 가서서 당시 상황이 잘 드러나게 구체적으로 진술하시는 것이 유리합니다. 더 궁금하신 내용은 공무원연금관리공단에 문의하시면 답변 받으실 수 있습니다."

상담이 좀 길어질 때도 있지만, 대부분은 10분 내외의 통화로 적절한 수준에서 사안 정리가 되었고 감사 인사로 마무리가 되었기에 큰 문제를 느끼지는 못했습니다. 그런데 이런 제 생각을 바꾸게 된 사건이 발생하였습니다.

"안녕하세요, 경기교사노조입니다."

"선생님, 저 좀 도와주세요. 우리 학급에 학생 한 명이 다치는 사고가 생겨서요. 지금 법정 소송이 진행될 것 같아 상담받으려고 합니다."

"선생님, 많이 걱정되시겠어요, 먼저 조합원 정보 확인부터 하겠습니다. 성함과 학교명을 알려 주세요."

"○○학교 ○○○입니다."

"음, 조합원 정보가 안 나오는데, ○○학교 ○○○ 선생님 맞으세요?"

"네, 저 전화하기 바로 직전에 가입했어요."

"선생님, 규정상 조합 가입 이전에 발생한 사안은 도와 드릴 수 없습니다. 죄송합니다."

"선생님, 제발 좀 도와주세요."

잠시 갈등했지만, 고민은 길지 않습니다.

"음……. 어떤 일인가요?"

선생님의 간절한 목소리에 평소처럼 안타까운 마음이 들어 상담을 시작하였습니다. 이야기를 들을수록 상황이 쉽게 해결될 것 같지 않아 제 표정도 어두워졌습니다.

상담은 퇴근 후와 주말에도 계속 이어졌습니다.

"선생님, 지금 저희 아이가 아파서 병원 진료 대기 중이라 지금은 통화가 어려울 것 같아요."

"잠시만요. 지금 정말 급해서 그래요. 저 하나만 여쭤 볼게요!"

퇴근 후에 게다가 열이 나는 딸아이를 옆에 둔 채 전화 상담을 하는 게 엄마로서 미안했지만, 힘들어하는 선생님을 외면할 수가 없었습니다.

그렇게 꽤 오랜 시간이 지난 어느 날. 매일 전화를 주던 그 선생님으로부터 한참 동안 연락이 오지 않아 저는 걱정되는 마음에 전화를 걸었습니다.

"선생님, 경기교사노조 옷세벌입니다. 혹시 해당 사안 어떻게 진행되고 있으세요?"

"아, 선생님. 잘 마무리되었습니다."

"어머, 선생님. 너무 다행이에요. 그동안 고생 많으셨는데 이제 좀 마음 편히 쉬실 수 있겠어요."

"네, 다행이에요. 그리고 저 이제 노조 탈퇴하고 싶어요. 안 그래도 전화하려고 했는데, 탈퇴는 어떻게 해야 하죠?"

순간적으로 머릿속이 하얗게 변했습니다.

"네? 아, 네……. 지금 바로 탈퇴 처리해 드리겠습니다."

탈퇴신청서를 내셔야 탈퇴 처리가 되니, 메일로 신청서를 제출하시라는 말도 할 수가 없었습니다.

상처받지 않을 적당한 거리

과거 이분과 비슷한 사례의 몇몇 분들이 스치듯 지나가고, 그 이후로 한동안 상담 전화를 받기가 괴로웠습니다. 문제가 생기자 잠시 위기를 모면할 방법으로 가입하는 그분들이 우리 노동조합을 그저 단순한 서비스센터 정도로만 여기는 것 같아 참, 속상했습니다.

그런데 시간이 지나며 곰곰이 생각해 보니, 저의 속상함에는 퇴근 후 시간과 주말까지 너무 많은 마음을 내어준 제 책임도 크다는 것을 깨달았습니다.

더 오래 더 많은 조합원을 돕기 위해서라면, 적당한 거리에서 조금은 사무적인 태도도 필요하지 않을까 싶은 생각이 듭니다.

"선생님, 저희 규정상 조합 가입 이전에 발생한 사안은 도와 드
릴 수 없습니다."

기울어진 운동장,
하나씩 바로 세워 가는 노조

경기도교육청 모든 공무원 대상인데, 교원은 제외라니

저는 경기도교육청 소속 공무원의 복지제도를 심의하는 위원회 11명의 위원 중 한 명으로, 복지 포인트 인상과 상조 용품 지원 등 우리에게 필요한 복지제도 개선을 위해 목소리를 내고 있습니다.

심의위원회 회의가 열리기 이틀 전 회의 자료가 도착했습니다. 주요 안건은 장기재직 지방공무원 연수 운영에 관한 내용으로, 30년 이상 재직한 공무원 200여 명을 뽑아 가족 1인 동반으로 제주도 여행을 보내 주는 계획이었습니다.

"사기업은 10년만 근무해도 해외여행 보내 주더라고요."

"공무원들에게는 이제껏 이런 복지제도가 없었지만, 30년 이상 경력을 가진 공무원 중 아주 적은 인원이라도 선발하여 국내 여행 보내 준다니, 그나마 다행이네요."

"그러게요, 사기 진작 차원에서 좋다고 생각해요. 근데 왜 대상자가 지방공무원이고 교원은 쏙 빠졌을까요?"

"지방공무원에 장학사, 장학관 등 전문직도 포함이죠? 근데 대상에 30년 이상 재직 지방공무원 중 교원으로 재직한 기간은 제외라고 쓰여 있어요."

"와, 이거 그냥 대놓고 교사 출신은 다 빼고 교육청 일반직만 선발하겠다는 거네요?"

해당 안건과 계획을 살펴본 경기교사노조 집행부 선생님들 표정은 점점 심각해졌고, 이에 대응하기 위해 법령과 조례를 뒤지기 시작했습니다.

"공문에 보면, 지방공무원 장기재직 연수 근거를 지방공무원법 제 77조 능률 증진을 위한 사항으로 제시했네요."

"국가공무원법 찾아봐요. 국가공무원법에는 없어요?"

"오! 국가공무원법 52조에도 동일한 내용이 있어요!"

"근데 이게 뭐죠? 경기도교육청 공무원 후생복지에 관한 조례는 경기도교육청 소속 모든 공무원에게 해당하는 내용인데, 장기재직 연수는 지방공무원만 포함이 되어 있네요?"

"이거 무슨, 이런 말도 안 되는 조례가 있나요?"

"조례를 바꾸고 국가공무원 포함해서 다시 안건 심의해야 할 것 같아요."

그로부터 이틀 뒤. 교육청 담당자는 "30년 이상 재직 지방공무원을 대상으로 하는 이번 포상 연수는 후생복지의 체감도를 높이고, 교직원의 만족도를 향상시키는 사업"이라며 회의를 시작했습니다.

"네, 취지가 참 좋네요. 그런데 공무원 후생복지 대상자는 국가공무원, 지방공무원 모두 해당되는데, 이번 안건인 장기재직 연수는 왜 지방공무원만 해당되나요?"

"법률과 조례에 근거해서 그렇습니다."

예상했던 대답입니다.

"다들 아시겠지만, 근거로 넣은 지방공무원법 제77조 능률 증진을 위한 사항은 지방공무원법에만 있는 게 아니에요. 국가공무원법 제52조에도 동일한 내용이 있어요."

"경기도교육청 공무원 후생복지에 관한 조례를 살펴보면, 지방공무원을 대상으로 장기재직 국내외 연수 사업 시행을 할 수 있게 되어 있습니다."

상대도 아주 만만치 않습니다. 하지만 우리도 질 수 없죠?

"아. 그러게요. 이 조례를 보면 전체 공무원 대상 사업들이 쫙 나열되어 있는데, 그중 딱 하나 장기재직 공무원 국내외 연수는 지방공무원만 해당이 되더라고요. 어쩜 이런 조례가 만들어졌나요? 다른 것처럼 공무원이라고 썼으면 교직원이 다 될 텐데 꼭 지방공무원이라고 쓴 이유는 뭐예요?"

저의 계속되는 문제 제기에 누군가가 격양된 목소리로 대답했습니다.

"교육청에서 일부러 그렇게 만든 조례 아니고, 도의회에서 의원님이 만든 조례예요."

우리도 노조 있다

"어머나, 정말 신기하네요. 어떤 의원님이 갑자기, 30년 이상 근무한 공무원들 너무 고생했으니 국내외 여행 보내 줘야겠다. 다만! 국가공무원은 빼고 지방공무원만! 이렇게 생각해서 이 조례 만든 거라고요?

의회에 파견 나가 계신 분들이든 누구든 일반직이 요구했겠죠. 결국 도의회에 교사나 장학사 같은 교육공무원이 한 명도 없고 일반직인 지방공무원만 나가 있으니, 이런 문제가 생기는 거네요. 조례 개정하고 대상자 교원으로 확대하여 이후에 다시 심의해야 해요!"

"조례를 고치고 나중에 다시 심의해서 통과시키면 시간이 너무 오래 걸리게 돼요. 처음 시작인데 올해 사용 못 하면 앞으로 예산 받기 어려우니 이번에 통과시켜야 합니다."

"아뇨. 시작부터 제대로 해야죠. 처음 단추 잘못 끼우면 안 돼요. 반대합니다."

경기교사노조는 적극적으로 끝까지 반대 뜻을 표명했고, 타 교원단체에서도 경기교사노조의 의견에 힘을 실어 주며 반대했습니다. 하지만 위원 대부분은 지방공무원인 교육청 일반직들이었습니다. 결국 그 숫자에 밀려 안건이 통과되었습니다.

정말 속상했습니다.

그래도 얻은 점이 있다면 교육청에 오래 몸담아 법이나 조례를 꿰뚫고 있는 교육청 일반직을 상대로 논리적으로는 잘 대응했고, 상대도 인정했다는 점입니다.

"경기교사노조에서 한 말 맞아요. 그런데 지금은 조례가 이렇게 되어 있고, 올해 예산을 사용해야 다음에도 예산을 받을 수 있으니 이번 안건은 통과시켰으면 합니다. 대신 앞으로 조례 개정에 함께 힘쓸게요."

결과적으로 후생복지심의위원회 위원들 모두 교원들도 포함되도록 조례 개정을 추진하기로 동의했고, 조례 개정이 된다면 이를 근거로 추가 예산도 요구하기로 합의했습니다.

얼마 전, 경기교사노조에서는 그날 회의에 참여했던 도의원에게 조례 개정안을 만들어 보내 놓은 상태입니다. 같이 힘쓰겠다고 했지만, 그 말만 믿고 마냥 기다릴 수만은 없으니까요.

"교육감과 정치인들은 학교 현장의 이야기를 왜 일반직에게 들을까?"

"왜 교사들의 이야기는 늘 가로막히는 걸까?"

"학교 현장을 알지 못하는 이런 조례들은 왜 만들어졌지?"

"줄어드는 업무는 없는데, 교사에게 스리슬쩍 넘어오는 업무는 왜 자꾸만 늘어나지?"

학교 현장에 있을 때는 몰랐는데 노조 일을 하며 교육청이나 의회를 상대하다 보니 그동안 보이지 않던 것들이 조금씩 보입니다. 그동안 우리 교사들의 목소리를 대변해 주는 단체가 없었구나. 목소리를 못 내니 이해 안 되는 일들이 생기는구나 싶었습니다.

기울어진 운동장을 바로 세우기는 쉽지는 않겠죠. 하지만 적어도 이젠, 무엇을 해야 하는지 압니다. 하나씩 바꿔 가기 위해, 우리의 목소리를 전하기 위해 경기교사노조는 오늘도 바쁘게 뜁니다.

몰라서 당하기만 했던 과거는 이제 그만!

우리도 노조 있다!

누구에게나 처음은 있다. 시작하는 집행부를 위해

저는 그냥 박수 치러 왔는데요

언제부터인지 제가 다니는 교사 커뮤니티에는 이런 글이 올라오기 시작했습니다.

교사 대나무숲 커뮤니티

인기 글) 숙제 내줬다고 민원 전화 받았어요. 앞으로 숙제 절대 안 낼 거예요!!

새 글) 우리 목소리 낼 수 있는 단체 어디 없나요?

새 글) 누가 가서 제대로 말 좀 해 봐요! 어느 단체로 전화할까요?

새 글) (예민주의) 학폭 결과가 마음에 안 든다고 학부모가 자꾸 전화해요.

새 글) 악, 교육부!! 교사 분노 유발 육성 부서냐?

안타까운 현실에 여기저기 단체들을 찾아보다가 서울교사노조라는 새로운 교사노조를 발견했습니다. 창립 1년이 된 신생 노조라 규모는 작았지만, 현장에 꼭 필요한 정책을 제안하며 활발하게 활동하고 있었습니다. 경기에도 서울교사노조 같은 교사노조가 생기면 좋겠다고 생각한 3명의 교사가 서울교사노조 사무실을 방문했습니다. 서울교사노조와 교사노조연맹에서는 그런 우리를 무척 반기며 창립을 적극적으로 돕겠다고 말씀해 주셨습니다. 이에 경기교사노조 창립을 결정한 정수경 선생님과 저는 온라인 커뮤니티에 함께할 선생님들을 모집하게 되었습니다.

교사 대나무숲 커뮤니티

제목) 경기교사노조를 준비 중입니다. 경기지역 선생님, 도와주세요

안녕하세요. 선생님! 경기지역에 새로운 노조를 만들려고 하는데, 선생님들의 의견이 필요해요. 잠시 오셔서 고개라도 끄덕여 주시고 박수라도 쳐 주세요.

온라인 게시판에 올라온 이 소심한 부탁 글에 새로운 노조를 응원하고 돕고 싶은 마음을 가진 교사들이 한 분씩 모였습니다.

"안녕하세요, 선생님, 저는 옷세벌입니다. 정말 반가워요!"

"어? 선생님! 이렇게 만나 뵙게 되었네요. 반가워요. 근데 왜 사람이 이렇게 적어요? 다른 분들은 좀 늦으시나 봐요."

"음, 선생님. 저희 지금 이 네 명이 다예요. 그래서 초면에 죄송하지만, 선생님도 준비위원 뭐 하나 맡아 주세요."

"네? 저는 그냥 박수 치러 왔어요. 저는 이런 일 할 사람이 아니에요."

"저희는 그런 사람들 같아 보이나요? 다 똑같아요. 제발 좀 도와주세요."

중등 선생님이 한 분도 안 계셨던 창립준비위원회 마지막 회의에, 기다리던 중등 선생님이 창립 준비를 도와주러 오셨을 때는 이 분위기에 익숙해진 모두 박수로 선생님을 맞이했습니다.

"안녕하세요, 쪽지로 인사드렸던……."

"와! 짝짝짝! 송수연 선생님, 반갑습니다. 경기교사노조에서 중등 대표를 맡게 되셨어요."

"네? 저 창립 준비한다고 해서 스테이플러 찍고 종이 오리러 온 건데요?"

아무 직책도 맡지 않고 창립만 돕겠다는 저도 끝까지 채워지지 않던 집행위원장이라는 직책을 맡게 되었습니다.

그게 무슨 자리인지도 모르고 집에 돌아와 집행위원장을 맡게 되었다는 제 말에 황당해하던 남편의 표정이 잊히지 않습니다.

"왜 하필이면 그 자리야? 집행위원장은 위원장 대신 감옥 가는 자린데……."

이렇게 노조에 대해 알지 못하는 너무나도 평범한 교사 10명이 이런 어둠의 다단계 마케팅 같은 방법으로 모여 경기교사노조를 창립하게 되었습니다.

교사노조연맹에서는 창립을 준비하는 저희에게 규약과 규정은 이렇게 하고, 단체교섭은 저렇게 하면 된다고 말씀해 주셨습니다. 하지만 노조 집행부 경험이 전혀 없는 새내기인 경기교사노조 집행부 귀에는 모두 외계어로 들릴 뿐이었습니다.

우여곡절 끝에 2018년 9월 1일 창립을 했습니다. 조합원이 조금씩 늘어나는 걸 보면서 한편으로는 기뻤지만, 한편으로는 너무 겁이 나고 두려웠습니다.

"이분들은 대체 뭘 믿고 우리 노조를 가입했을까요? 우리 이렇게 허당인데……. 이 정도로 아무것도 모르는 평범한 교사들인 거 모르시겠죠?"

"우리가 마음만 앞서서 너무 큰일을 저질렀나 봐요. 우리 모두 노조 그만두겠다고 하면 어떻게 되나요?"

"뭘 해야 하는지 알아야 배우기라도 하고 노력을 할 텐데, 저는 뭘 해야 하는지 모르는 게 제일 힘들어요."

집행부 선생님들은 모두 비슷한 걱정을 하고 계셨습니다. 저 혼자만의 걱정이 아니었습니다.

아무것도 없는 우리를 믿고 가입한 조합원이 몇백 명. 단체교섭도 해야 하고, 선생님들께 우리 노조 홍보도 해야 하고, 사업도 해야 하는데 새로 시작한 경기교사노조는 사람도 돈도 부족했습니다.

2019년, 저와 정수경 선생님은 육아휴직을 했고, 당시 부위원장을 맡으신 송수연 선생님과 박효천 선생님은 50만 원의 급여를 받고 전임 휴직을 시작했습니다. 나머지 집행부는 학교 일에 노조 일을 겸하며 노조를 꾸려 가기 시작했습니다.

시작하는 집행부를 위해

단체교섭 회의가 있는 날에는 새벽부터 만들어 놓은 자료를 다시 또 살펴보고 부족한 부분이 없는지 살펴보았습니다. 토할 것 같은 압박감에 아침 점심을 굶고 나가기 일쑤였습니다. 평범한 교사가 교육청 과장, 장학관, 사무관을 상대로 무언가를 얻어낸다는 건 너무나도 힘든 일이었습니다.

능력 부족을 느끼며 포기하고 도망가고 싶었습니다. 하지만 휴대전화 비공개. 청소년단체 지역사회 이관 등 단체협약 성과들도 생겨나자 조금은 자신감도 생겼습니다. 응원해 주는 선생님들도 늘어나기 시작했습니다. 그렇게 1년 6개월이 지나고, 신생 노조의 티를 벗어날 때쯤 교사노조연맹에 다른 노조들이 생기기 시작했습니다.

우리와 같은 과정을 거치며 창립을 준비하고 노조를 시작하는 집행부 선생님들을 보며, 1년 전 우리를 보는 것 같아 마음이 아팠습니다.

교사노조연맹에서 처음 집행부를 하는 선생님들을 대상으로 연수를 진행해 달라는 요청이 들어와, 어떤 내용을 선생님께 말씀드리면 좋을까 고민을 하며 창립 초기 제 모습을 기억해 보았습니다.

아무것도 몰라 질문조차 할 수 없었던. 뭘 해야 할지 몰라 힘들어하던 모습의 제가 제일 먼저 떠올랐습니다. 지금 노조를 시작하는 다른 분들도 별반 다르지 않을 것 같았습니다.

그래서 노조에서 어떤 업무를 꼭 해야 하는지, 업무분장은 어떻게 하면 좋을지를 중심으로 강의 내용을 구성했습니다.

[강의 내용] 노조에서 해야 하는 업무에는 무엇이 있을까? 업무분장은 어떻게 해야 할까?

규약은 무엇인지, 규정은 무엇인지. 규약과 규정에 따라 집행부서의 틀 구성을 하고, 어떻게 업무분장을 하면 좋을지 지역노조와 전국노조의 사례를 들어 설명했습니다. 그리고 노조라면 꼭 해야 하는 기본적인 일부터, 여력이 된다면 하면 좋은 활동까지 안내했습니다.

"우리 지역은 조합원이 아직 500명이 안 되는데 뭘 해야 할까요?"

"뱁새가 황새 따라가면 어떻게 되죠? 네. 가랑이 찢어집니다. 노조의 규모나 전임자 수에 따라 상황이 너무 다른데, 다른 노조에서 하는 거 보면서 모두 따라 하다 보면 버틸 수가 없어요."

"전임자도 없이 정말 간신히 운영되는 정도라면 꼭 필요한 것을 중심으로 하면 됩니다. 대의원 구성과 중요 안건에 대한 대의원대회, 중앙집행위원회 의결하기, 회의록 보관은 필수입니다. 물론 조합원 가입 처리부터 회계, 소득공제와 감사 진행, 조합원 상담 및 민원 처리는 기본으로 해야겠죠."

"단체교섭이 중요하다 들었어요."

"아주 기본적인 단계를 벗어나게 되면 교육청과의 단체교섭을 요구하고 시작하세요. 단체교섭은 학교 현장을 바꾸고 선생님들께 도움이 되는, 노조가 할 수 있는 가장 합법적이고 강력한 무기입니다."

하나라도 놓칠세라 화면을 보며 필기하고 질문하며 분주하게 움직이는 선생님들을 보니 하나라도 더 알려 드리고 싶은 마음이 가득했습니다.

[노조 업무] 월별 필수 업무

월	업무(★ 필수 업무)
1~2월	• 조합원 상담 및 민원 처리 ★ • 고용노동부: 노동조합 정기통보서 제출(1월) ★ • 조합비 소득공제(1월) ★ • 일반회계, 기금 등 회계 관리 ★ • 전년도 회계 및 사무 감사 실시 ★ • 집행부 구성 • 1정 연수, 신규 연수에서 노조 홍보 • 전년도 사업 평가 • 사업계획 및 예산안 수립(대의원대회 의결 필요) ★ • 중앙집행위원회에서 대의원대회 안건 심의 ★ • 대의원대회 개최 공고 ★ • 대의원대회 실시 및 회의록 작성 ★ • 전입전출 교원 및 휴직자 엔콤 시스템 수정 등록

"선생님, 이 표에는 1~2월에 해야 하는 업무를 정리해 놓았는데요. 특히 별표가 있는 업무는 꼭 해야 하는 업무이니 놓치지 마세요. 선생님들은 별표 업무 중 어떤 게 가장 중요하다고 생각하세요?"

"회계감사요!"

"대의원대회요!"

각자 중요하다고 생각하는 업무들을 이야기합니다.

"여기서 중요하지 않은 건 하나도 없어요. 다만 초록색 별표 업무를 소홀히 하면 법적으로 문제가 생길 수 있고요. 회색 별표 업무를 소홀히 하면 조합원들이 멀어지게 되더라고요.

저는 개인적으로 이 업무 중 조합원 상담 업무를 가장 우선으로 합니다. 누구나 자기 손톱 밑 가시가 가장 아픈 법이잖아요. 개개인의 어려움을 노조에서 같이 고민하고 해결법도 같이 찾아보는 게 중요하다고 생각합니다. 그리고 조합원 민원에 대응하다 보면, 지금 당장 현장에서 가장 문제가 되는 정책이나 필요한 정책을 빠르게 파악할 수 있다는 장점도 있습니다. 이같이 조합원 상담 및 민원 처리는 조합원과 소통하고 현장의 문제점을 파악하며 대안을 마련하기 위해 기민하게 움직일 수 있는 원동력이 되더라고요."

선생님들과 이야기를 주고받으며 연수를 진행하다 보니 예정된 시간을 훌쩍 넘기게 되었습니다.

노조 일을 시작한 지 5년. 처음 시작했을 때와 지금의 저는 달라졌을지도 모르겠습니다. 하지만 가끔, 아무것도 없던 경기교사노조를 믿고 가입해 주신 400명의 선생님을 생각하면 다시금 새로운 열정이 솟아납니다. 제가 듣고 감동했던, 모두와 함께 나누고 싶었던 말씀을 전하며 신규 집행부 연수를 마무리했습니다.

"서로 다른 이들이 하나의 목표를 위해 함께한다는 것은 쉽지 않은 일입니다. 그 과정에서 의견이 맞지 않아 갈등과 대립을 할 수도 있고 상처와 아픔도 있을 수 있습니다. 그러나 그 과정이 사람이 항상 우선이고, 중심이라는 생각을 잃지 않는다면 슬기롭게 이겨 내리라 생각합니다. 우리가 노조 활동을 하는 것이 권력이나 명예가 아닌 조합원을 대신한다는 초심을 잃지 않도록 서로 서로가 격려하고 다독이면서 함께하길 바랍니다."

조합원을 기쁘게 하라!
(feat. 스승의 날 노조 선물)

조합원을 기쁘게 하기 위한, 치열한 고민의 현장

조합원 상담, 교육청 상대 등 노조의 일상 업무가 꾸준히 이어지는 가운데, 3월 말이 되면 전임자들의 마음속에 더는 결정을 미룰 수 없는 고민 한 가지가 떠오릅니다.

'올해 스승의 날 선물은 무엇을 해야 할까?'

평소 집행부 회의는 늘 치열하지만, 스승의 날 선물을 정하는 시기에는 더욱 그렇습니다.

"허리 쿠션 어때요? 학교에서 업무 하다 보면 허리 아프잖아요."

"윽, 허리 쿠션이라니. 너무 어르신 취향이에요."

"냄비나 멀티 팬 같은 실용적인 걸로 해요, 쓸데없는 거 하지 말고요. 환경 오염, 쓰레기 된다니깐요!"

"실용적인 건 그냥 사서 쓰면 되죠. 무슨 스승의 날 선물로 집에서 쓰는 냄비를 줘요?"

"노조 선물이니 학교에서 홍보도 될 수 있는 예쁜 걸로 해요! 블루투스 스피커 요즘 많이 쓰던데, 예쁜 스피커 어때요?"

"전자기기는 고장이 잦아 선물로 드리기에는 별로인 것 같은데요?"

"젊은 사람들은 기프티콘 제일 좋아하니 트렌드에 맞게 그냥 기프티콘 해요. 준비도 제일 간단하고요!"

각자 적극적인 의견을 피력하고, 결국 올해도 선물은 세 가지로 압축되었습니다.

짜잔~

간식이든 생필품이든 내 맘대로, 어디서나 쉽게 쓸 수 있는 편의점 쿠폰!

비가 올 때도 쨍쨍할 때도 사용할 수 있는 실용성을 강조한 양우산!

예쁜 디자인에 경기교사노조 홍보도 겸할 수 있는 스마트한 독서대!

선물 공지가 나가고 신청 링크를 발송하면 각각의 선물을 추천한 집행부는 두근두근 설레는 마음으로 결과를 지켜봅니다.

"올해는 어떤 선물이 선생님들의 마음을 사로잡을까?"

두근두근.

조합원 선생님들께 스승의 날 선물 신청 링크 발송 후 한 시간이면 결과는 나타납니다.

"앗싸! 양우산이 독서대 이겼어요!"

"어? 진짜 선물로 양우산을 신청하는 사람들이 있네요. 이럴 수가! 생각도 못 했어요. 너무 의외다."

"하하하, 그래도 근소한 차이로 기프티콘이 1등이에요. 제 말이 맞죠?"

"음, 속단하긴 일러요. 독서대가 곧 양우산을 추월할 것 같은데요. 검색해 보면 독서대가 단가가 제일 높거든요."

사무실에서는 조합원 선생님들의 선택을 지켜보며 웃고 놀라고 아쉬워합니다. 뒤집힐 가능성은 거의 없습니다. 한 시간 동안 신청한 선물 비율이 마감까지 거의 비슷한 비율로 이어지기 때문입니다. 선거 후 출구조사가 정확한 이유가 있었다며 선생님들은 또 웃습니다.

조합원을 기쁘게 하기 위한 멀고도 험한 길

선물 신청이 끝나면 다음 단계는 명단 정리입니다.

"이분은 선물을 왜 세 번이나 신청하셨을까요?"

"신청했는지 기억을 못 해서 아닐까요?"

"어? 본인 이름 쓰는 곳에 학교 이름을 쓰셨는데요?"

"학교 이름 쓰는 곳에 본인 이름 쓰셨으면 되죠."

"전화번호 뒷자리가 0136인데, 0139로 쓰셨네요."

"저도 나이 드니깐 손가락이 점점 두꺼워져서."

"이분은 우리 조합원이 아닌데요? 조합원 아닌 분들은 어찌 알고 선물을 신청하실까요?"

"음, 제가 아까 통화해 봤는데, 우리 조합원 샘들이 친구분들께도 신청 링크를 보내셨대요."

"찐친이시군요!!"

"아직 신청 안 하신 분들 문자 세 번 보냈는데 더 보내야 할까요?"

"마음에 드는 선물이 없으실까요?"

"혹시, 우리 노조 문자 스팸 처리된 건 아닐까요?"

눈이 뱅글뱅글. 2만여 명의 선물 신청자를 정리하고 업체로 명단을 넘기고 한숨 돌립니다. 이제 스승의 날 선물 업무는 마지막 한고비만 남겨 놓고 있습니다.

마지막 관문!

선물 발송입니다.

선물 발송과 함께 사무실은 택배사 고객센터가 됩니다.

따르릉~ 따르릉~

"카톡 선물함에 기프티콘이 없어요. 왜 안 오나요?"

"선생님은 독서대를 주문하셨어요."

"저는 선물이 왜 안 오나요?"

"신청을 안 하셨어요."

"경기초로 선물이 안 왔어요!"

"선생님께서는 받는 주소를 경인초로 작성하셨는데요?"

"아, 제가 작년 학교로 썼네요."

"같은 학교 선생님들 다 선물 받았는데, 저만 선물 못 받았어요."

"선생님은 선물을 어제 신청하셨어요."

"저 한참 전에 선물 신청했는데 선물이 안 와요."

"선생님은 저희 조합원이 아니세요. 선물 신청 링크를 어디서 받으셨을까요?"

"친구가 전해 줬는데, 스승의 날 선물은 조합원만 주는 건가요?"

"양우산은 받았는데, 독서대는 도착을 안 해요."

"선생님, 스승의 날 선물은 한 개입니다."

조금 전 일도 기억이 안 나는데, 일 많은 우리 선생님들이 한 달 전에 신청한 선물을 기억 못 하는 게 당연하지, 싶다가도 한 번만 더 확인하고 전화 주시면 조금은 일이 수월해질 것 같다는 생각도 듭니다.

"독서대로 책 읽으니, 중학생 딸아이가 탐내요. 이건 엄마 거니 절대 넘보지 말라고 했어요!"

"비 올 때는 우산으로, 뜨거울 때는 양산으로. 이 아이템 정말 좋네요!"

"힘들었던 하루, 경기교사노조에서 받은 편의점 기프티콘으로 맥주 네 캔 사서 들어갑니다. 고맙습니다!"

폭풍 같은 선물 배송이 마무리되자, 이제는 칭찬 후기가 쏟아집니다. 그럼 힘들었던 기억은 모두 잊고, 우리는 다시 또 고민을 시작합니다.

"내년에는 어떤 선물을 해야 선생님들 마음에 쏙 들까?"

'어쩌다'
노조 전임자 시작한 이야기
_BAAANG_*

28년째 H.O.T.를 좋아합니다. 지금도 콘서트를 쫓아다닐 만큼, 한번 마음을 쏟으면 변하지 않습니다.

주기적으로 떠나야 합니다. 일하다 미칠 것 같을 때, 감당할 수 없는 우울감이 몰려올 때 일단 떠나야 하고 바다를 꼭 봐야 합니다.

싫은 소리를 잘 못 하고, 겉으로는 사람 좋다는 소리를 흔히 듣지만, 실제로는 극한의 이성주의인 '엄격한 관리자'입니다.

마음에 안 맞는 일, 옳지 않은 일을 하는 것을 누구보다 못 견딥니다. 덕분에 휴직하는 동안 노조, 고양이, 음악 세 가지 외에는 아무 일도 하지 않습니다.

열정적으로 노조에 몸담고 있지만 언제든 남아 있는 조합비를 훌훌 털어 버리고 떠날 준비가 되어 있습니다. 우리가 노조를 가질 자격이 있는 사람들이라면, 누군가 나타나겠지요. 그때 나타나는 새로운 사람 역시 처음의 제가 그랬듯 순수한 열정이기를 바랍니다.

무늬만
수석부위원장

새로운 단체와의 만남

2020년 언제쯤 경기도에 근무 중인 동기를 오랜만에 만났습니다. '교사노조'라는 게 있는데 수도권에서는 선풍적이라고 했습니다. '오, 교사노조?' 듣던 중 반가운 소리였습니다. 왜냐하면 저에게는 오래전 이런 경험이 있었기 때문이죠.

> 남친 "지금 있는 교직단체들은 다 없어져야 해."
> 나 "오빠 맘에 안 든다고 없어지면 그 역할은 누가 해? 일단 있기는
>   있어야지."
> 남친 "그러니까 새로운 교사만을 위한 단체가 만들어져야지."
> 나 "에효, 말 같은 소리를 해. 몇십 년 안에는 안 만들어져."

네, 저는 새로운 교사단체는 나오지 않으리라 확신하던 사람이었습니다. 그런 제가 '교사노조'라는 이야기를 들었으니 신기하고 반가웠을 수밖에요.

교사노조가 뭔지는 잘 모르겠지만 우선 친구 따라 강남 가는 것처럼, 별 고민도 없이 가입했습니다. 그때까지는 경북교사노조가 이미 수천 수백 명의 조합원이 있고, 조직도 탄탄하게 꾸려져 있을 거라는 근거 없는(?) 믿음이 있었습니다.

제가 할게요

조합원이 되어 밴드에도 가입한 후, 무임승차하는 성격이 못 되는 저는 응원이라도 열심히 해야지 싶어 여기저기 게시물에 댓글을 달았습니다. 그러던 어느 날, 모르는 번호로 온 한 통의 전화를 받았습니다.

"안녕하세요, 방 선생님. 경북교사노조 위원장이에요."

두둥! 위원장님이 나한테 전화를 할 일이 무엇일까? 위원장님은 저에게 집행부가 되어 같이 일을 해 보자고 했고, 이것은 마치 학교에서 일 좀 열심히 했더니 "자네 부장 해 볼 생각 없는가?"하는 것 같았습니다.

한 시간이 넘는 통화 끝에 저는 집행부는 아니지만, 단체교섭에서 교육청과의 연결고리를 하는 간사의 역할을 맡기로 했습니다. 이때만 해도 단체교섭이 끝나면 저의 역할도 끝날 줄 알았지요.

이후 단체교섭 개회식에서 위원장님이 써 주신 글을 뭔지도 모르고 줄줄 읽었습니다. 마치고 나니 식사 자리가 있다고 했고 복어집으로 향했습니다. 꽤 비싼 복어 코스 요리를 시켰던 것으로 기억하는데 결론적으로 거의 먹지를 못했습니다.

식사 중 '앞으로 경북교사노조는 누가, 어떻게 이끌어 갈 것인가'에 대한 이야기가 시작되었고, 위원장님 포함 몇 분은 막막함과 미안함에 대성통곡까지…….

무슨 생각이었는지 지금도 모르겠지만, 수석부위원장만 있으면 유지는 된다는 말에 덜컥 "제가 할게요"라고 말해 버렸습니다. 그리고 '아무것도 안 하고 숨만 쉬어야지, 정말 유지만 해야지.' 생각하는 '무늬만 수석부위원장' 생활이 시작되었습니다.

'어쩌다' 좀 더 열심히
일하게 된 이야기

아무것도 몰라요

교사 집단의 특성 중 장점이면서도 단점인 것, 그건 바로 '일단 시키면 열심히 한다'가 아닐까요. 저 역시 얼떨결에 맡게 된 수석부위원장직에 점점 최선을 다하기 시작했고, 그즈음 당장이라도 떠나고 싶은 학교에 있었기에 전임휴직도 하게 되었습니다.

막상 시작은 했지만 당연하게도 힘든 점이 많았는데, 몇 가지 에피소드를 떠올려 봅니다.

초창기 가장 어렵고 불편했던 것은 경북교사노조의 입장을 묻는 것이었습니다. 정치의 ㅈ도, 법안의 ㅂ도 모르는 저에게 집행부라는 이유만으로 경북교사노조의 공식 입장이 무엇인지에 대한 질문들이 던져졌고, 한국노총 가입 여부를 결정할 때는 더 이상 답변이 어려울 지경이 되었습니다.

당시 월 100만 원의 급여를 받으며 전임자 생활을 시작했는데, 급여가 100만 원인 것보다 공식 입장 질문받는 것이 더 싫을 정도였습니다.

결국 저는 '경북교사노조의 환경은 매우 열악하다. 나 역시 조합원들의 질문에 다 답하기에는 부족한 사람이다'라는 내용의 글을 올렸고, 이후부터는 불쌍해서인지 기대를 안 해서인지 몰라도 노조의 입장을 묻는 글이 확 줄어들었던 기억이 있습니다.

개회식을 했으니 단체교섭도 시작되었습니다. 수백 개의 안건 사이에서 어디로 가야 할지 모르는 정신줄을 바짝 붙잡고, 온라인 회의도 수도 없이 하고 전화 통화도 엄청나게 했습니다. 아무것도 모른 채로 후다닥 준비해서 그런지, 지금 돌아보면 무엇을 어떤 순서로 했는지조차 생각이 나지 않지만, 첫 실무 교섭일의 떨림은 생생합니다.

학교에 있을 때는 곧바로 전화 걸기도 어려웠던 도교육청 장학사, 그리고 그보다 더 높은 장학관, 과장, 국장. 직책이 높은 것도 두려웠지만, 이 사람들이 365일 담당 업무로 하는 일을 저보다 잘 모를 리가 없다는 생각에 극도의 염려와 긴장감이 몰려왔습니다.

첫 안건에 대해서 발언할 때, 볼펜을 들고 있는 손이 달달 떨렸습니다. 보여 주면 안 되겠다는 생각에 얼른 손을 책상 아래로 집어넣고 발언을 이어 갔습니다.

첫 실무 교섭이 끝나고 가슴을 쓸어내리며 안도의 한숨을 쉬던 저에게, 같이 갔던 선생님들은 "방샘, 완전 교섭이 체질이네. 어떻게 그렇게 하나도 안 떨고 말해?"라고 했습니다.

'맙소사!'

이분들은 지금도 제 곁에 소중한 집행부로 계시지만, 여전히 제가 손을 떨었다는 사실을 믿지 않으십니다.

같은 편이 여기 있다

멋모르고 시작된 노조 전임자 생활은 공부의 연속이었습니다. 교섭이나 정책협의회 자리에서 틀리게 말해서 교육청 사람들에게 얕보이지 않으려면, 그리고 경북교사노조를 믿고 있는 조합원들에게 옳은 답변을 해 주려면, 법령부터 공문까지 끊임없이 파고들어 공부해야만 했습니다.

법 조항에 판례까지 찾아가며 '이럴 거면 변호사를 했어야지.' 하는 생각을 몇 번이나 했는지 모릅니다. 실제로 로스쿨 입학 절차를 찾아봤던 기억도 있네요.

성취감을 느끼는 일도 있었습니다. 그간 학교생활을 하면서 불합리하다고 생각했던 일들을 노조를 등에 업고 처리했습니다. 어쩌면 조합원의 생각이기도 하지만 동시에 나의 생각이기도 한 일들이 해결될 때는 쾌감을 느꼈습니다. 확실했습니다. 주변 사람들에게도 "원래 내가 생각하던 바와 방향성이 일치하는 일을 하니까 좋아"라고 자신 있게 이야기했습니다.

이름도 얼굴도 모르는 저에게 "여보세요." 네 글자를 채 말하지도 못한 채 엉엉 울면서 상담하던 신규 선생님, 어디에도 이야기할 수 없는 성 관련 사안을 고백하며 힘들어하던 선생님을 생각하면 지금도 오만 가지 생각이 떠오릅니다.

얼마나 힘들면 누군지도 모르는 사람에게 '노조'라는 이유만으로 그랬을까요. 얼마나 털어놓을 곳이 없으면 '노조'밖에 생각나지 않았다며 전화를 주실까요.

이런 전화들은 밤이고 새벽이고, 두 시간이고 세 시간이고 가리지 않고 받았고, 덕분에 극단의 T 성향인 저는 가까운 친구들에게 "밖에서만은 따뜻한 사람"이라는 칭호도 얻었습니다.

올해 초 고교학점제 관련 조합원 민원이 들어왔습니다. 이 사안은 특히나 오랜 기간이 걸렸습니다. 고교학점제 본래 취지와는 다르게 교육과정이 끝난 이후에도, 학생들을 모두 하교하지 못하도록 학교에서 잡아 두고 있다는 겁니다.

사안 확인을 위해 고등학교 선생님께 수업 시간표를 받았는데, '확통? 진영? 화작? 진직?' 과목 이름조차 알아보지 못하는 상태에서 대응을 시작했습니다.

대체 고교학점제가 무엇인지 파고 또 팠지만, 도저히 알 수가 없어서 교사노조연맹 정책처와 전국중등교사노조 집행부 선생님을 들들 볶았습니다. 질문하고 또 질문하고, 다시 수정하고 확인하면서 하나하나 대응할 수 있었습니다. 중등 노조에서 실시한 전국의 설문 조사 결과와 다른 지역 교육청은 '학생들을 하교 조치할 수 있도록 재안내가 나갔다'라는 정보는 대응의 주요한 근거가 되어 주었습니다. 경북교육청에 전화와 공문으로 항의했습니다. 끈질기게 대응한 덕분인지 4개월이라는 긴 시간이 걸렸지만 '학생들을 하교 조치할 수 있다'라는 교육부와 교육청의 답변을 받아냈습니다.

끝까지 포기하지 않는 조합원 선생님, 언제든 물어보라며 피곤한 내색 없이 답변해 주는 동료 집행부 선생님. 아무것도 모르던 그때의 제가 일을 계속 진행할 수 있었던 원동력이 바로 이분들이라고 생각합니다.

한동안 눈코 뜰 새 없는 나날을 보냈습니다. 막막함과 답답함 가운데서 저를 힘낼 수 있게 해 주는 것은 종종 만나게 되는 조합원 선생님들이었습니다.

"저 교권보호위원회 하면서 도움 많이 받았어요."
"이번에 강제적 일직성 근무 싹 없어졌어요. 선생님 덕분에."
"그때 정말 힘들었는데 제 얘기 들어주는 건 노조밖에 없었어요."

노조 전임자는 이름으로만 조합원들을 만납니다. 어느 학교 누구라고 하면 바로 기억나지만 얼굴은 몰랐던, 전화기 속에서 목소리로만 수도 없이 뵈었던 조합원 선생님들을 실제로 만날 때마다 참으로 반가웠습니다.

어색하게 있다가도 노조에서 어떤 도움을 받았다며 인사만 해 주시면 "아, ○○여고 ○○○선생님이시죠~" 하고 컴퓨터에 저장해 놓은 것처럼 기억이 떠올랐습니다.

월급 받고 하는 일이지만 가끔은 서운할 때가 있습니다. 열심히 알아보고 보내 드린 자료에 소위 말하는 '읽씹'이 돌아올 때도 흔합니다. 그래서 가끔 '현타'가 오는 시점들이 있었는데, 그런 기억들이 말 그대로 눈 녹듯 사라졌습니다. 같은 편이 여기 있다는 것을 몸소 느꼈습니다.

조합원이 되어 주신 선생님들께

같이 뛰는 '우리'가 되길

글을 쓰기 위해 그동안의 행적을 뒤돌아보니 다행히도 해 놓은 일들이 없지는 않습니다. 수업지원교사 제도를 마련했고, 보결수당도 올렸습니다. 정당한 사유 없이 조퇴를 제한하는 학교는 일일이 시정 조치를 하고 확인차 연락도 드렸습니다.

전국에서 유일하게 경북교육청에서 늘봄학교 부장을 만들 때는 눈이 뒤집혀서 교육청을 쫓아다니기도 했고, 평생 해 볼 일 없었던 1인

시위도 인사혁신처 앞에서 했습니다.

이 외에도 3년째 노조 전임자를 하면서 '어쩌다'가 아니라 죽어라 노력해서 이뤄 낸 많은 일들이 있습니다. 그것이 설령 학교 현장에 계신 조합원 선생님들께 팍팍 와닿지 않는다고 해도 말입니다.

그런데 요즘의 저는, 그저 울고만 싶습니다. 이럭저럭 잘해 오고 있다고 생각했는데, 이제는 노조를 향한 이야기들이 너무나 많아지고, 내가 잘하고 있다고 생각했던 방향이 틀릴 수도 있다는 생각이 듭니다.

막상 노조에서 일해 보면 학교 현장에서 생각해 오던 것과는 너무나 다른 현실에 부딪히게 됩니다. 이건 상위법에 어긋나서 안 되고, 저건 교육청 권한 밖이라서 안 되고.

학교에 계신 선생님들께서 이런 부분을 다 알기 어렵다는 점을 잘 알고 있기에, 원하고 바라는 것이 왜 노조를 통해 실현되지 않는지 물어봐 주시면 참 좋을 텐데, 종종 비판의 화살이 먼저 날아오는 것을 보면 사람 마음이 다 똑같지는 않은가 봅니다.

의견을 내는 사람은 많지만 참여하는 사람은 적은 상황에 좌절하고 무너질 때도 많습니다. 인터뷰 한 번만, 협의회 참석 한 번만, 토론 참관 한 번만 해 주시면 좋겠는데, 사람 구하기가 하늘의 별 따기 같습니다.

'본인의 자리에서 할 수 있는 일을 해 달라'고 지겹도록 조합원 선생님들께 말씀드립니다. 저 역시 특별한 사람이 아니라 교육청과 싸우는 것이 두렵고, 각 학교에 전화할 때는 목소리가 달달 떨리고, 결국 교실로 돌아가야 할 한 사람의 평범한 교사라는 것을 알아주셨으면 하는 작은 바람이 있습니다.

그래서 다른 선생님들도 조금씩 용기를 내셔서, 우리의 목소리를 내는 것이 더 이상 특별하거나 눈에 띄는 행동이 아닌 시기가 오기를 간절히 바랍니다.

전임자도 평범한 교사입니다

경북교사노조 사무실의 나 홀로 전임자이기에, 동학년이 없는 대신 저의 하소연을 들어주는 동기들이 말합니다. "조합원 여러분, 카톡 뒤에, 문자 뒤에, 전화 뒤에 내 친구 있어요. AI 아니에요, 콜센터 아니에요"라고.

교사노조도 똑같은 교사입니다. 노조를 타자로 여기는 것이 느껴질 때 문득 서러워지기도 합니다.

다소 서글퍼지는 마음을 뒤로하고 저는, 그리고 경북교사노조는 계속 달려야 합니다. 모레까지는 늘봄학교 토론회 원고를 써야 하고, 이번 주에는 일꾼 연수에 참석합니다. 다음 주에는 라디오 대담과 정책 협의회가 있습니다. 아, 그리고 연말에는 일 년 더 노조 전임자를 하겠다는 딸을 걱정스럽게 바라보는 부모님도 설득해야 합니다.

활짝 웃을 수 없는, 부채감을 드리는 마무리라 죄송합니다. 하지만 한 가지 확실한 것은 있습니다.

누구나 '어쩌다' 노조 전임자 할 수 있습니다.

"야, 너도 노조 전임자 할 수 있어!"

전에 없던
새로운 노조를 만들 겁니다

_teacher쏭

완벽보다는 완성에 가까워지고 싶은 사람.

최선, 온 정성과 힘. 제가 가장 좋아하는 단어입니다. 가장 좋고 훌륭하다는 다른 뜻보다 온 정성과 힘을 다하는 최선을 사랑합니다. 잘하지 못하고 완벽하지 않아도 늘 헤매면서도 최선을 다해 봅니다.

자신감으로 가득해 보일 때가 많지만 불현듯 불안에 휩싸여 같은 내용도 몇 번을 다시 확인하는 습관이 있습니다. 하루하루를 해야 할 일이 빽빽이 적힌 스케줄러 속에서 살아가고 있지만 정작 삶 속에서는 매번 계획과는 다른 변수를 만나고 있습니다. 대표적으로는 교사가 된 것, 그것도 노조 하는 교사가 된 것이 있습니다. 하지만 그런 불완전한 제 모습들까지 온 힘을 다해 사랑합니다.

초등교사들만을 위한
노동조합

첫 번째 댓글의 주인공

2020년 3월, 코로나19가 우리의 삶을 순식간에 바꿔 버렸던 그때였습니다. 불과 3년 전, 온 국민이 마스크를 쓰고 살았고, 아이들은 학교에 나오지 못했습니다. 아무도 어디로 가는지 몰랐고, 무엇을 해야 할지 몰랐습니다. 한마디로 초비상 상황이었죠. 교사들에게는 더욱 힘든 상황이었습니다. 새로운 공문이 내려왔고, 매일 새로운 학습기기를 익히기 바빴습니다. 교육부나 교육청의 공문보다 기사로 발표되는 내용이 더 빨라 교사들 사이에서는 '네이버 공문'이라는 말이 유행하는 슬픈 상황이 발생하기도 했습니다.

당시 온 국민이 그랬던 것과 같이 불안한 마음이 커 갔습니다. 저는 발령 이후 3년 차, 담임으로서는 겨우 두 번째 아이들을 맞이할 준비를 하고 있던 말 그대로 새내기 교사였기 때문입니다.

－학교에는 일하지 않고 월급을 받는 사람이 있다－

어느 날, 기사 하나가 제 눈에 들어왔습니다. A 지역 교육감의 발언이었습니다. 그 짧은 한마디에 처음 느껴 보는 분노를 느꼈습니다. 당장이라도 이 감정을 함께 나눌 사람들이 필요했고 본능적으로 교사들이 이용하는 인터넷 커뮤니티에 접속했습니다. 아니나 다를까 같은 감정, '화'를 공유할 선생님들의 글이 쏟아져 나왔습니다.

"다른 지역 교사지만, 너무 화가 나요."

"국민신문고에 사과 청원을 올렸어요."

"졸지에 놀고먹는 집단이 되었네요."

당시 해당 교육감은 재택근무가 불가능한 직종에 대한 처우도 고려해야 한다는 의미로 발언한 것이었죠. 전례 없는 감염병 상황을 지나면서 발생한 여러 문제 중 하나였습니다. 머리로는 아주 살짝 이해합니다. 그러나 그 말이 약 3년이 흐른 지금도 가슴으로는 전혀 이해되지 않습니다. 꼭 그때, 저 말을 해야만 했던 것일까? 꼭 교사와 비교해야만 했을까? 글로 당시 상황을 돌아보니 저를 포함한 전국의 교사들이 느꼈을 허탈함과 분노가 다시 한번 생생히 되살아나는 느낌입니다. 저 발언은 몇 년이 지난 지금까지도 교사들 사이에서 공공연히 회자가 되고 있기까지 하죠.

갑자기 시작된 코로나19, 모두에게 처음 겪어 보는 상황이었습니다. 누구 하나 해답을 찾을 수 없는 상태로 컨트롤 타워의 부재하에 고군분투하고 있었기에 더욱 속상한 마음이 컸던 것 같습니다. 학교라는 공간에 출근하지 않고 교실에서 아이들을 만나지 않고 있다 하여 교사들의 노동이 멈췄던 것은 아니니까요. 비슷한 감정을 공유하는 선생님들의 글을 하나하나 읽으며 고개를 무한히 끄덕이고 있던 찰나, 한 글의 제목이 눈에 들어왔습니다.

"6년 차 교사입니다. 초등교사들을 위한 노동조합을 만들려 합니다."

그때만 해도 그 글을 쓴 그가 초등교사노동조합의 위원장이, 제가 수석부위원장이 될 줄은 몰랐지만요.

홀리듯 클릭한 그 글에 수많은 응원의 댓글이 달리기 시작했습니다. 자연스레 저에게도 그저 응원하고 싶은 마음이 샘솟았어요. 그러나 많은 이들이 응원의 댓글을 쏟아 내고 있는 것에 비해 진짜 노동조합 창립에 뛰어들 사람은 많지 않았습니다. 아무래도 우리 사회에서 노조가 가지는 부정적인 이미지, 희생해야 할 것만 같은 부담 등이 모두 작용한 결과이지 않을까 싶습니다. 저도 같은 이유로 망설였으니까요. 그러다 왜 갑자기 그런 용기가 솟았는지, 분노에 이성이 가려졌던 것인지 '이 단체가, 초등교사들을 위한 새로운 노동조합이 만들어져야 한다는, 만들어지는 것을 보고야 말겠다'는 생각에 사로잡혔어요. 단체 결성에 함께할 사람들을 구하는 글에 아무도 댓글을 달지 않는 것을 약 한 시간가량 지켜본 끝에 결국 제 손으로 첫 번째 댓글을 달았어요.

"홍보나 글 쓰는 일을 도울 수 있을 것 같아요."

하나둘 모이는 교사들

다행히도 하나, 둘, 댓글이 더 달리기 시작했어요. 이 단체가 꼭 창립되는 것은 보고야 말겠다는 같은 마음이 우리를 자석처럼 끌어당긴 것 같다는 생각을 합니다. 그러나 노조를 만들겠다고 하시니 일단 따라는 왔는데 도대체 무엇을 해야 할지는 모르는 상태였습니다. 우리를 한곳에 모이게 한 장본인, 정온 선생님은 본인이 그려 둔 비전을 하나씩 꺼내 놓기 시작하셨어요. 그저 홧김에 노조를 만들겠다는 글을 쓴 것은 아니었던 것이죠. 딴 세상 이야기만 같던 노조의 세계에 본격적으로 발을 디뎠다는 것이 실감이 났습니다.

서울 지역의 교사였음에도 2016년 창립한, 심지어 지금은 임원으로 활동하고 있는 서울교사노조는 존재하는지도 몰랐습니다. 한마디로, 노동조합에 대해 전혀 아는 것이 없는 '노조 초짜' 그 이상도 이하도 아니었던 거죠. 제가 아는 지식의 대부분은 그 짧은 며칠 사이 습득한 것이 전부였습니다. 하지만 티를 낼 수는 없었어요. 이미 엎질러진 물이기에, 이 단체의 탄생을 기대하고 있는 선생님들, 뜻을 함께 모은 집행부 선생님들과 함께라면 할 수 있다는 믿음으로 나아가 보자, 결심했습니다.

매일같이 온라인으로 회의를 이어 가며 소통했고 점점 단체 결성이 현실로 다가오게 되었습니다. 비록 손목 보호대 없이는 일상생활이 어려울 정도로 혹사하는 일정이 이어졌지만요. 결국 우리의 목적, 오직 교사들만을 위한 노조의 길을 걷기 위해는 지금 소속되어 있는 교사노동조합연맹에 가맹하는 것이 합리적이라는 결론을 도출하게 되었습니다. 책임과 업무가 더해져 갔지만, 싫거나 부담된다는 생각보다 우선은 해내야 한다는 생각이 더 컸던 것 같습니다. 그때처럼 열정이 솟아났던 때가 있을까, 인생에 다시는 오지 않을 그 순간에 저의 온 에너지를 쏟아 내었습니다.

2020년 3월 20일, 저의 마음에 불을 지핀 그 글이 올라온 지 겨우 나흘이 흐른 후였습니다. 당시 교사노동조합연맹의 사무실이 있던 사당역 앞 스타벅스에서 온라인으로만 소통하던 정온 선생님을 처음 만났습니다. 머지않은 미래에 초등교사노동조합의 위원장이 될 그를 말이죠. 그날은 초등교사노조 창립 및 교사노동조합연맹 가입 여부를 타진하기 위한 만남이 예정되어 있었습니다. 초조하게 약속 시간을 기다리던 그때 저와 아주 비슷한 젊은 여성이 제 눈앞에 나타났을 때, 솔직하게 믿음보다는 두려움이 더 커졌습니다. 다행히도 온라인으로 근무 시간을 제외한 모든 눈 뜬 시간을 소통하며 보낸 터라 어색함은 전혀 없었습니다. 왜 초등교사들만을 위한 노동조합이 필요한지 우리들의 이야기를 전할 준비도 충분히 되어 있었죠. 며칠 새 수천 명이 모인 이 현상을 당시 교사노동조합연맹의 임원들도 그냥 지나칠 수 없을 것이라는 확신도 있었습니다. 그럼에도 불구하고, '우리가 정말 노조 창립이라는 것을 해낼 수 있을까?' 떨려오는 마음을 숨길 길도 없었습니다.

당시 교사노동조합연맹 임원분들에게는 그런 저희가 젊은 치기를 부린다고 보였을지도 모르겠어요. 노동조합 활동에 잔뼈가 굵은 어른들이 보기에 철없는 20대 여자 교사 둘이 찾아와서 노조를 설립하겠다고 하니 당연한 반응이었을지도 모르죠.

"아직 젊은데 너무 힘든 일에 뛰어드는 건 아닐까요? 정말 하고 싶은 일인지 생각해 봐요."

사실 맞는 말이죠. 지금은 도리어 왜 그때 저 말을 듣지 않았을까 후회가 될 정도입니다. 그러나 그때는 역시나 또 화가 났어요. 젊은 우리가 리더가 되면 안 된다고 이야기하고 싶은 걸까, 반발심이 커졌습니다. '할 수 있다고, 하고 싶다고!' 이런 생각만 가득했습니다. 그리고 잘할 수 있다고 스스로 최면을 걸고 당당하게 대답했습니다.

"저희가 새로운 시선에서 전에 없던 새로운 노조를 만들 겁니다."

돌이켜 보면, 어떻게 했는지 모를 정도로 시간이 빠르게 지나갔습니다. 막상 가입과 창립이 결정된 이후에는 창립총회 준비부터 노조 설립까지 노동조합 선배 교사들의 도움이 엄청난 역할을 해 주셨어요. 정말 많은 것을 모르면서 맨땅에 헤딩하고 있다는 사실이 실감이 났습니다. 우여곡절 끝에 창립을 선언한 뒤 일주일 만에 설립 신고를 마쳤어요.

마침내 3월 25일, 초등교사노동조합이 세상에 나왔고 저는 노동조합 활동을 시작하게 되었습니다. 위원장님을 필두로, 부위원장님, 정책실장님, 집행위원장님, 홍보실 선생님들까지 한 명 한 명, 모두 언급하고 싶은 마음은 가득하나 너무 길어져 여기서 생략하지만, 초등교사 노조의 첫걸음을 함께해 준 그들에게 항상 고마운 마음을 가지고 있습니다. 그러나 무엇보다 이 노동조합이 탄생하기를 간절히 바랐던 전국의 초등교사들이 있었기 때문에 가능했던 일이라는 것을 누구보다 잘 알고 있습니다. 그렇기에 노동조합의 길에 서 있는 동안 우리가 함께, 그저 흘러가는 푸념 글로 그칠 수 있던 내용을 현실로 만들었음을 잊지 않겠습니다. 창립선언문 가장 마지막 문단을 옮겨 봅니다.

"우리는 '초등교사노동조합'이라는 이름 아래 초등교사들의 이해와 요구를 바탕으로 잘못된 교육정책을 바로잡는 데 앞장설 것이다. 우리는 함께 행동하고 함께 쟁취할 것이며, 우리의 행보는 진정한 교육 전문가로서 초등교사의 자리를 찾을 때까지 멈추지 않을 것이다."

선한 영향력, 과연 내가?

의외로 교사가 천직

오롯이 부모님의 권유로 교대에 입학했습니다. 소위 말하는 '점수 맞춰' 교대에 입학한 학생이라고도 할 수 있습니다. 학창 시절에는 제가 아이들과 상극이라고만 생각했기에 교사를 직업으로 삼을 생각을 한 적이 없었죠. 만에 하나 가르치는 일을 하더라도 중학교나 고등학교, 또는 학원 강사가 어울릴 거라고만 막연하게 생각했습니다. 초등학교 교사는 제 인생의 선택지에는 전혀 없던 새로운 길이었습니다.

"선생님, 오늘 꼭 여왕 같아요."

"커서 선생님과 결혼할래요."

교생실습을 나갔을 때였습니다. 지금은 저의 이름도 얼굴도 기억하지 못할 아이들이 매일 속삭이던 말들이 마음속에 날아와 따뜻하게 앉았습니다. 제가 하나를 주면 둘 이상으로 돌려주는 순수한 아이들을 보며 점점 더 이 길이 제 길일 수도 있겠다 생각하게 되었죠. 흔히 따뜻하고 친절한 모습이 그려지는 초등학교 교사와 제가 정말 안 어울릴 것 같았지만, 생각보다 잘 맞는 조합이 완성되었습니다. 특히 어려서부터 말하는 것 하나는 정말 좋아했던 터라 가르친다는 이 직업의 핵심이 저의 적성과 꼭 맞는다는 생각이 들었습니다.

발령 초에 교사는 잘 가르쳐야 한다는 생각으로 가득해 수업에 대한 열정이 불타올랐습니다. 수업 준비에 누구보다 진심이 되었어요. 그렇게 만들어 낸 수업 자료를 한 번만 사용하고 다시 수납해야 한다는 사실이 아깝다는 생각이 많이 들었습니다. 자연스럽게 더 잘 만들어서 '자료를 공유하는 교사가 되고 싶다'는 생각으로 뻗어 나갔죠. 그렇게 영어와 과학, 음악 수업 자료를 인디스쿨에 나눔 하기 시작했습니다. 인디스쿨은 초등교사들이 모여 수업 자료와 서로의 생각을 공유하는 커뮤니티로, 인디스쿨의 운영진 선생님들은 초등교사들이 함께 어울릴 '광장'을 열었다고 표현하시더라고요. 반응이 미지근했던 영어와 음악 자료와는 달리 과학 자료의 인기가 조금씩 생기기 시작했어요. 지금 열어 보니 그저 부끄러운 마음만 올라오는 부족한 수준의 자료지만 당시 교육과정이 바뀌어 고군분투해야 했던 전국의 초등학교 3학년 선생님들에게 아주 조금 도움이 되었던 것 같아요. 그렇게 시간이 얼마간 지나고 나니 'teacher쏭'이라는 저의 아이디를 아는 사람들이 생겨났어요. 초등교사라면 이름만 들으면 무릎을 '탁' 하고 칠 정도로 유명한 선생님들만큼은 아니어도 인정받고 있다는 생각에 뿌듯했죠. '이쪽으로 전문성을 신장해 더 유명해질 수도 있지 않을까' 행복한 상상의 나래를 펼치기도 했어요.

노동조합을 시작하고는 선생님들 사이에 아주 조금이지만 아이디가 알려진 사람이라는 사실에 도움을 꽤 받았습니다. 의외의 순간에서 빛을 발한 셈인데요. 프로필에 표시된 황금색 테두리 덕을 조금은 본 것이죠. 인디스쿨에서는 자료를 공유한 횟수나 올린 자료에 받은 댓글 수 등에 따라 프로필 색깔이 달라지거든요. 반대로, 노조 활동을 시작하고 저를 알아보는 분들이 역으로 더 많이 생기기도 했죠. 그렇게 제가 굉장히 의미 있는 일을 하고, 노동조합에도 도움이 된다는 사실이 엄청난 기쁨과 보람으로 다가왔습니다. 더 열심히 달리는 촉매제가 되어 주었어요.

선한 영향력

어느 날, 한번은 이런 댓글을 받았어요.

-선생님의 선한 영향력 때문에 노조에 가입했어요-

'선한 영향력'이라는 단어가 저에게 날아와 꽂혔어요. '나에게 정말 그런 것이 있을까?' 그렇다면 나는 앞으로 어떻게 해야 할까? 수업 자료에 대한 고마움을 표시하는 댓글들 사이 감사하게도 노조 활동도 지켜보고 있다는 종류의 응원 댓글은 종종 받아 왔어요. 그중에서도 저 댓글의 한마디가 '둥' 하고 큰 울림으로 다가왔습니다. 좋은 방향으로도, 나쁜 방향으로도 말이죠. 우선은 너무 행복하고 마냥 좋았어요. 영향력이 있는 사람이 된다는 기분, 저에게 엄청난 보상으로 다가왔습니다.

하지만 시간이 지나면서 더 좋은 활동으로 보답해야 한다는 압박이, 더 좋은 수업 자료를 공유해야 한다는 부담이 더 커졌습니다. 인디스쿨은 분명 익명 커뮤니티지만 자유롭게 제 의견을 쓸 수 없었어요. 자칫, 제가 노조에서 활동한다는 이유로, 제 말 한마디가 노조에 피해를 줄 수도 있다는 불안감 때문이었죠. 다른 선생님들이 편하게 자신의 속 얘기를 터놓고 답을 듣는 것을 지켜보며 발령 초 적었던 동료 교사와의 갈등에 관한 게시글을 조용히 삭제했어요. 혹시라도 동료에 대해 험담하는 나의 모습이 노조에 해가 될지도 모르겠다 싶은 우려 때문이었습니다. 늘 그렇게 제 마음속에서 뿌듯함과 걱정이라는 양가감정이 마치 천사와 악마의 싸움처럼 팽팽한 줄다리기를 이어 갔습니다. 그러다 시간은 금세 지나 2년의 수석부위원장 임기가 끝나 가고 있었죠.

여러 고민 끝에 2021년 11월, 다음 선거에 출마하지 않기로 마음을 정하였습니다. 더 해 보고 싶은 마음도 있었지만 지친 마음도 컸었고 무엇보다 위원장님의 건강에 적신호가 울리는 큰 문제가 있었어요. 바로 그날, 제 전화벨이 울렸어요. 교사노조연맹 위원장님의 전화였습니다.

"내년에 전임자로 활동해 주었으면 해요. 초등교육 정책과 총무 업무를 부탁하려 합니다."

시원섭섭, 후련한 마음으로 노동조합 활동을 나름대로 마무리하고 있던 찰나 전화를 받았고 고민이 시작되었습니다. 약 한 달여의 고민 끝에 제안을 수락하고 학교에 휴직계를 제출했습니다. 초등교사다 보니 초등과 관련된 업무를 주로 맡을 테지만 상급단체에서 일을 한다는 것은 연맹에 속해 있는 27개의 노조를 모두 아울러야 한다는 부담이 있었어요. 무엇보다 휴직해야 한다는 사실이 큰 고민이었습니다. 그전까지는 가족들에게 제가 노조 활동을 한다는 사실이 비밀이었기 때문이에요. 휴직하는 상황에서 숨기는 것은 뻔히 드러날 거짓말을 하는 것이었기에 결단을 내려야만 했죠. 고심 끝에 떨리는 목소리로 휴직하겠다는 이야기를 꺼냈습니다.

"교사노동조합연맹에서 전임휴직 제안이 왔어요. 휴직하고 노동조합 활동을 해 보려고 해요……."

부모님 세대에서는 노조는 정치적이고 과격하다는 이미지가 일반적이다 보니 "어디 TV 나오고 시위하다 경찰에 잡혀가는 건 아니지?"부터 "합법적인 일은 맞지?" 같은 질문이 이어졌습니다. 그러나 결정적으로 점점 심해지던 코로나19 덕분에 역설적으로 부모님께 허락을 받을 수 있었습니다. 코로나19 상황에서 학교에서 근무하는 것이 너무 힘들어 보였다는 것이 이유였다는 게 다시 생각해 보니 조금 슬프기도 한 것 같지만요.

그렇게 2022년, 휴직을 하고 교사노동조합연맹에서 전임자로 활동을 하게 되었습니다. 전임자로 활동하며 국회, 교육부, 교육청을 수시로 드나들었습니다. 평범한 교사였다면 겪기 어려웠을 경험이었죠. 단체교섭의 위원으로 전국의 교사들을 대변하고 공청회에 나가 발표를 할 때도 있었습니다. 그러나 점점 더 스스로가 검열하는 사람이 되어 간다는 생각이 이전보다도 더 들었습니다. 말 한마디, 글 한 문장 하나하나를 누군가가 보고 듣고 읽는다는 생각에 고치고 또 고치고 쓰고 또 쓰고 지웠죠. 나름 공적인 자리를 차지하고 있으니 당연한 책무이고 모든 교사노조 임원들이 함께 나누어 지고 있는 무게임을 알지만, 유달리 그 무게가 무겁게 느껴질 때가 있었습니다.

물론 잘 알고 있습니다. 단체가 곧 제가 아니라는 것을, 제가 생각하는 것보다 제가 이 단체에 미치는 영향이 그리 크지 않을 수 있다는 것을 말이죠. 그리고 무엇보다 누가 시켜서가 아니라 내가 스스로 이 길 위에 서 있다는 것을, 결국 선택은 제가 했다는 것을 알고 있습니다. 누가 노조 하라고 등 떠밀지도, 협박한 것도 아니죠. 그렇기에 부담도, 책임도 제 몫이고 동시에 보람과 뿌듯함 역시 제 몫이에요. 자기검열에 힘들었던 이야기도 많이 썼지만 분명, 응원해 주는 분들 덕분에 행복한 시간이 더 많습니다.

한번은 너무 지쳐 마음이 지칠 때 어떻게 극복하면 좋을지 지혜를 구하는 글을 쓴 적이 있었는데요. 맛있는 음식, 꿀잠, 짧은 여행과 같은 각각의 조언들 사이에서도 또 저를 알아보시고 더 많은 위로와 응원을 보내 주시는 분들이 계셨어요. 특히 "선생님 수업 자료에 제가 항상 힐링 받아요"라는 댓글이 기억에 선명히 남아 있습니다. 댓글도 남겼지만, 다시 한번 감사합니다.

2023년에도 저는 여전히 노동조합의 임원을 하고 있습니다. 서울교사노동조합의 부대변인으로요. 서울교사노조 활동을 시작하고 처음으로 맡은 업무는 노조에서 매해 2월 진행하는 '새학년 새마음 연수' 강사였어요. 새 학기가 시작되기 전에 마음을 다지는 목적으로 노조에서 조합원들을 대상으로 무료로 진행하는 연수예요. 저는 교육활동 보호 제도를 중심으로, 새로운 학급을 맞이하는 마인드 세팅을 주제로 하는 강의를 준비해 선보였어요.

오프라인으로 다수의 조합원 선생님들을 대면하는 것은 노조를 시작하고 처음이었는데요. 뭉클하기도 했고 무엇보다 정말 즐거웠어요. 실제로 교감하고 소통하는 것이 정말 중요하다는 것을 깨달은 순간이기도 합니다. 또, '여전히 내가 노조에서 할 역할이 남아 있구나.' 깨닫기도 했죠.

나름 3년간 노조에 대해 많이 배웠다고 생각했는데 서울교사노조라는 새 둥지에서 또 새로운 것들을 배워 나가고 있습니다. 엄청나게 꼼꼼한 사무처장님의 업무 처리 방식과 정책실의 탄탄한 보고서들을 보며 감탄을 연발하고 있죠. 교권국 선생님들의 공부량은 전임휴직까지 했던 제가 부끄러워지게 만드는 수준이라 상담해 주시는 내용을 보며 도리어 제가 더 배우고 있습니다. 초반에는 낯설기도 하고 서울교사노조에서는 어떤 역할을 할 수 있을까 고민이 많았는데요. 우선은 닥치는 대로 열심히 해 보기 전법을 적극적으로 사용하고 있어요.

그리고 이전보다는 한결 가벼운 마음으로 노조 활동을 이어 나가고 있습니다. 마치 노조에 처음 발을 디딘 것 같은 마음으로요. 그래서일까요? 노조 활동을 하는 것이 힘들지만 그만큼 보람차다는 생각을 요즘 들어 더 많이 합니다. 학교로 돌아오고 나니 시행되는 공문이나 정책들을 보며 노조가 필요하다는, 노조가 도움이 되고 있다는 사실을 더 피부로 느끼기도 하고요. 그렇기에 제가 걸어가고 있는 이 길을 보

며 혹시라도 노동조합 활동에 조금이라도 관심 있는 누군가가 '나도 할 수 있다!' 용기를 얻기를 늘 희망합니다.

빛이 나는
우리

단체교섭이라는 큰 산을 오르며

2020년, 어렵사리 단체를 결성한 직후 저는 단체교섭이라는 큰 산을 바로 마주하게 되었습니다. 조합원 경력도 없는 주제에 덜컥 노동조합을 만들어 임원을 맡았기에 단체교섭을 잘해 내리란 보장이 없었죠. 그러나 해야 했습니다. 이제야 몇 년의 경험을 통해, 그리고 공부를 통해 '단체교섭은 이렇게 하는 거야.' 하면서 노동조합의 길을 걷는 후배 선생님들에게 풀어낼 이야기보따리가 한가득하지만, 3년 전에는 정말 앞이 깜깜했어요. 하지만 잘 모른다고 아쉬운 소리를 하고 싶지는 않았어요. 이제는 벌써 그리운 20대의 패기였을지도 모르겠습니다. 10명 남짓한 집행부 선생님들이 매일같이 온라인으로 회의를 하며 겨우 단체교섭안이라는 것을 완성했어요. 나름의 논리와 증거도 철저하게 준비했죠. 요구하고 싶은 것은 많았지만 추리고 추리는 과정을 반복했습니다.

드디어 교육부-교사노동조합연맹의 제6차 실무 교섭 날이 다가왔습니다. 코로나19 상황을 이유로 교육부 측(사측) 교섭위원들과 온라인 화상회의로 만나게 되었어요. 다행히 교섭을 여러 번 겪어 본 경험 있는 임원들과 함께여서 든든한 마음 조금, 여전히 두려운 마음 조금,

잘해 낼 것이라는 이상한 기대 한 스푼 정도를 안고 교섭장에 위원으로 앉았습니다.

그러나 협상이 원만하지만은 않았고 교섭 상황에서는 자주 고성이 오갔습니다. 뉴스에서 국정감사 때 고함을 지르는 국회의원들을 보며 혀를 끌끌 찼던 것이 엊그제 같은데 아마 저 역시 누군가가 보기에는 비슷해 보이지 않았을까 싶어요. 우선 교섭 전부터 교섭위원들의 참석 공문 처리가 늦어지는 불상사가 발생해 이에 대해 항의해야 했기 때문이에요.

'근무 시간 중에 교섭을 한다면 복무는 어떻게 하지?'

온라인 회의로 진행된다고 했지만 교섭은 근무 중인 상황에서 진행할 수 없었기 때문에 노조에서는 교육부에 학교로 출장을 요청하는 공문을 보낼 것을 요구했어요. 게다가 교사노조 사무실에 화상회의 공간이 갖춰져 있기에 출장 공문을 통해 학교를 나설 수 있었죠. 그런데 교육부는 저를 포함한 학교에 근무 중인 두 교섭위원에 대한 참석 공문 발송을 차일피일 미루다 교섭 전날 거의 퇴청 직전에야 공문을 발송했어요. 게다가 그때까지 파견 근무 중인 위원에게는 공문 발송도 되지 않았죠. 해당 위원은 불가피하게 개인 연가를 사용하여 교섭에 참석하는 상황이 발생했어요. 교육부 측에서는 온라인 회의로 진행하니 교실이나 근무지에서 접속하면 되지 않느냐라는 주장을 너무나도 당당하게 해 왔죠.

공문 처리 문제는 시작일 뿐이었습니다. 교섭 과정에서 계속해서 제 분노는 사그라질 줄 몰랐어요. 나름 철저하게 준비한 안건 대부분에 교육부는 수용 불가라는 의견을 내놓았고 그들대로의 반격을 많이 준비해 오기도 했습니다.

그중 제가 집중적으로 맡았던 안건은 '초등학교의 숙박형 체험학습을 폐지하라'는 안건이었는데요. 체험학습에서 발생하는 안전사고에 대한 과도한 책임의 부당함과 업무 과중 등을 이유로 제안했습니다. 불과 얼마 전 인천 지역에서 동급생의 장난감 화살에 맞아 실명한 학생이 발생했고 이로 인해 교사가 안전사고의 책임 소재로 문책당하는 사건이 발생하기도 했었습니다. 또한 이제 세월이 흘러 숙박형 체험학습 외에도 비숙박형 체험이 다양해진 점, 가족 단위 여행이 보편화된 점 등을 덧붙였습니다. 충분히 설득되었을 것이라고 자신하고 있던 순간 돌아온 대답은 이랬어요.

"숙박형 체험학습은 교육부 소관이 아니라 수용 불가합니다."

충격적이었습니다. 저 한마디로 수십 개의 안건을 방어해 내는 교육부를 보며 경이롭다는 생각마저 들었어요. 교육청으로 이관된 사업이라는 것, 그런데 지역교사노조의 업무를 하다 보면 교육청에서는 반대로 '교육부 소관' 또는 '교육부 지시사항'이라 어렵다는 답변을 내놓아요. 책임 넘기기로는 양쪽 모두 우열을 가리기 힘든 상황인 거죠.

이어지는 안건에서는 더욱 심각했습니다. 교육계의 뜨거운 감자 '방과후와 돌봄' 관련 안건이었어요. 당연히 저희는 방과후 교육활동은 학교 운영과 별개이며 관련된 행정업무를 교사가 하지 않도록 이관해 달라는 주장을 했습니다.

"최근 들어 가르치는 것 외에는 교사 업무가 아니라고 배척하고 있는 것이 문제입니다."

"방과후 학교 업무와 관련하여 업무를 하는 어떤 교사는 불호할지 모르나 누군가는 보람될 수 있지 않을까요?"

다시 곱씹어 봐도 '충격'이라는 단어 외에는 당시의 감정을 설명할 길이 없는 것 같아요. 한편으로는 저렇게 학교와 교사를 보고 있기에 교육부가 항상 교사들에게 교육이 아닌 행정업무라는 짐을 쉽게 지웠구나, 이해가 되기도 했죠.

"「초·중등교육법」에 근거하여 교사의 업무는 학생을 교육하는 것이며 방과후 학교 행정업무가 교사 본질의 업무를 방해하고 있습니다. 지금 교육부는 업무의 곤란도와 근무환경에 관한 논지를 흐리고 마치 개인의 호불호와 책임감에 달린 것처럼 이야기하고 있습니다."

나름 매섭게 쏘아붙였지만 큰 효과가 있었던 것 같지 않아요. 지속해서 방과후 관련 업무도 학교와 관련된 사무이기에 교사가 할 수 있다는 답변만 돌아왔거든요. 서로 날 선 핑퐁을 주고받다 결국 또, 그 주장이 등장했습니다. 학교의 방과후 학교를 지원하는 것은 교육감, 교육부는 총괄 업무만 진행하므로 권한이 없다는 것이죠.

흔히 단체교섭은 힘 관계를 반영한다고 합니다. 단체협약의 질은 집단으로 뭉친 노동자와 사측 중에서 누가 힘이 더 센가에 따라 결정된다는 것이에요. 교육 현장에서는 슬프게도 아직 사측, 즉 교육 당국의 힘이 우리들의 힘보다 훨씬 센 것 같아요. 교사노조의 규모가 커지고 선생님들이 단체 아래 모이기 시작하면서 많은 변화를 이끌어 내기도 했지만, 여전히 부족하다는 생각이 많이 듭니다(우리들 말고 우리들의 힘이요).

떼를 지어 함께 움직일 때

이제 와 생각해 보니, 제가 계속해서 노동조합의 길을 떠나지 못하고 선택하는 이유는 여러 어려움에도 불구하고 제가 해 온 이 일이 의미 있다는 확신이 있기 때문입니다. 교사는 비록 제 인생의 꿈이 아니었지만 저는 지금의 제가 교사라는 자부심이 있습니다. 저에게 엄청난 사명감이 있거나 제가 희생정신이 뛰어나서 노동조합 활동을 하는 것이 아닙니다. 교사들에게 지워지는 책임과 의무에 반해 나날이 근무환경은 열악해져 가는 문제를 누군가는 나서서 바로잡을 필요가 있다고 생각하기 때문입니다. 그래서 노동조합 활동이, 제가 선택한 이 길이 전국에 있는 교사들에게 아주 조금이더라도 좋은 영향을 줄 수 있다는 믿음을 가지고 나아가기로 했습니다. 제가 교사라는 자부심을 잃지 않기 위해서이기도 하고요.

부끄럽게도 코로나19 발생 전까지는, 노동조합 활동을 시작하기 전까지는, 제가 너무너무 좋은 교사이고 훌륭한 교사라고 자만하며 살았어요. 교직이 힘들다는 사람들은 그들의 '노력'과 '능력'이 부족하기 때문이라고 생각했죠. 그러나 그런 오만은 2020년 3월, 산산이 부서져 내렸습니다. 코로나19 사태를 겪으며 내 힘으로 모든 것을 극복하고 해결할 수 없다는 깨달음을 얻었습니다. 노동조합 활동을 하면서 온갖 사연들을 접하며, '정말 나는 그냥 운이 좋았구나'라는 생각을 매일 되새기곤 했습니다. 그리고 교사들이, 서로를 지켜 주어야 한다 생각하게 되었죠.

"저 역시 어젯밤 혼자 집에서 분노해도 바뀌는 것은 없다는 것을 깨닫고 노조준비위 가입과 활동을 결심했습니다. 여러분도 함께 행동해 주시면 감사하겠습니다."

2020년 3월 16일, 노조 창립을 준비하며 쓴 글이에요. 그리고 이 생각에는 여전히 변함이 없습니다. 혼자 하는 분노는 힘이 없지만 여럿이 함께하는 분노에는 힘이 있습니다. 실제로 노동자의 권리는 '단체'에서 나온다고 해요. 사용하는 단어마저 단체결성, 단체협약, 단체행동이죠. 영어로는 'collective'라는 표현을 씁니다. 집단을 이룬다는 의미로 '떼를 짓는다'라고도 할 수 있겠네요. 혼자 있을 때는 '떼쓰는' 것으로 그칠 일들이 떼를 지어 움직일 때는 힘 있는 하나의 목소리가 될 수 있습니다. 그렇기에 아직 갈 길이 멀어 보이는 이 길에 저는 희망을 걸고 싶습니다.

"함께하는 우리는 빛이 날 것이라는 희망."

3장

교사노조 정책실장입니다

서로에게 꼭 맞는 퍼즐 조각

_가오리

학교로 향하는 출근길이 가장 행복합니다. 교실 문을 여는 순간은 여전히 설렙니다.

'틀려도 괜찮아. 열심히 해 보자!'

이 마음으로 살았습니다. 그리고 그 마음을 가르치고 싶어 선생님이 되었습니다. 아이들을 사랑하고, 사랑받으며 오래도록 교실에서 함께하는 게 제 소원입니다. 그러고 싶어 노조 일을 시작했습니다.

바닷속 가오리를 보면 바다가 아니라 우주를 유영하는 것 같은 착각이 듭니다. 존재만으로 바다를 우주로 만들어 버리는 능력이 부럽습니다. 그 정도까지는 바라지 않습니다.

다만 저의 쓸모가 있길 바랍니다. 녹슬기보다 닳아 없어지길 소망합니다.

서로에게 꼭 맞는 퍼즐 조각

내가 할 수 있을까

"교사노조를 만들려면 최소 세 분의 선생님이 필요합니다. 선생님께서 도와주실 수 있나요?"

"네, 그러겠습니다."

이 대화가 우리의 시작이었던 것 같습니다. 당황했지만 고민 없이 답했습니다. 대전에도 교사노조가 생겼으면 좋겠다는 바람이 있었기 때문입니다. 하지만 노조에 대해 아는 것은 없었습니다. 심지어 가입해 본 적도 없었습니다. 무식하면 용감하다고 했나요? 아니면 모르는 게 약이라고 했나요? 그것도 아니면 운명이었을까요?

그날 전화를 받은 사람은 저뿐만이 아니었습니다. 그 당시 경기와 서울에서는 이미 교사노조가 조직되어 운영 중이었습니다. 경기와 서울 외 다른 지역 선생님들은 서울교사노조와 경기교사노조의 조합원이 될 수 없었습니다. 대신 후원회원이 되어 응원해 주고 있었습니다. 저 역시 그중 한 사람이었는데 그때 후원을 했던 사람들이 전화를 받았던 것이었습니다.

덜컥 하겠다고 대답은 했지만, 고민이 많이 되었습니다. 고민할 수밖에 없었습니다. 첫 번째 이유는 노조에 대해 문외한이라는 것, 두 번째는 내리 6년을 휴직하고 이제 막 복직한 헌내기 교사라는 것, 세 번째는 주말부부와 육아독립군을 콤보로 짊어지고 있는 처지라는 것 때문이었습니다. 노조에 도움이 되기는커녕 폐만 끼치는 건 아닌지, 과연 노조 활동을 할 수 있는 시간이나 있을지 싶은 마음에 며칠 동안 잠이 오지 않았습니다.

겨울의 끝자락에 그날 전화를 받았던 선생님들과 마주하게 되었습니다. 낯설었지만 반가웠습니다. 세 명인 줄 알았는데 다섯 명인 것이 든든했습니다.

'나 말고도 있었어. 함께하면 할 수 있을 거야. 서로를 믿고 내가 할 수 있는 일을 해 보자.'

그렇게 대전교사노조 창립위원이 모두 모였습니다. 다행이었습니다. 전국에 교사노조가 생길 때 '대전'만 빠지는 불행은 막은 것 같았습니다.

대전교사노조 창립준비위원회를 꾸린 우리는 봄바람이 얼굴을 들이미는 어느 날 또 마주했습니다. 그날은 첫 만남 때보다 좀 더 많은 사람이 모였습니다. 신기했습니다.

'나 혼자만의 바람이 아니었구나.'

처음 만난 날 위원장 자리를 자처해 준 사람은 이윤경 위원장이었습니다. 두 번째 만난 날 이 위원장은 대전교사노조가 운영되려면 집행부가 있어야 하는데 오늘 이 자리에서 각자의 직책을 정하자고 했습니다. 말속에 강단이 느껴졌습니다. 처음 봤을 때부터 똑똑하고 야무진 사람이라고 생각했는데 제 생각이 맞았습니다.

'역시 위원장은 아무나 하는 게 아니야. 저렇게 나서 주니 고맙고 대단하다.' 감탄이 절로 나왔습니다.

직책을 나눠 맡아야 한다고 하니 하기는 해야겠는데 고민이 되었습니다.

'창립식 할 때 감사위원장 하겠다고 했는데, 또 직책을 맡아야 하는

건가?'

선뜻 나설 용기가 나지 않았습니다. 고민하는 척 비겁한 시간 끌기를 했습니다. 다른 사람들이 직책들을 다 맡고 남은 자리가 없길 바랐습니다. 그러는 사이 선생님들은 각자 알아서 필요한 직책에 자신의 이름을 적었습니다.

'저 선생님들은 직책이 하는 일이 뭔지 알고 있는 건가? 왜 나는 하나도 모르겠지?'

자문하는 사이에 아직 아무 곳에도 이름을 쓰지 않은 저에게 야무지고 강단 있는 위원장이 말했습니다.

"선생님, 정책실장 자리가 비었습니다. 선생님께서 맡아 주시면 감사하겠습니다."

정책실장이 무얼 하는 자리인지 정말 궁금했습니다. 하지만 비겁한 시간 끌기를 했다는 '민망함'과 다들 알아서 지원했는데 나만 멀뚱하게 있었다는 '부끄러움'에 더 묻지도 따지지도 못하고 그러겠다고 답했습니다. 집에 돌아오는 길에 걱정이 스멀스멀 올라왔지만, 할 만할 거라고 저를 다독였습니다. 이번에도 며칠 동안 잠이 오지 않았습니다.

그렇게 저는 정책실장이 되었습니다. 누군가는 초등 부위원장이 되었고, 또 다른 누군가는 중등 부위원장이 되었습니다. 흩어져 있던 우리가, 서로의 존재조차 몰랐던 우리가 사이좋게 직함을 나누었고, 대전교사노조 창립 멤버가 되었습니다.

"그때 어떤 기분이었어요?"

나중에 다른 분들에게 물어보았습니다.

"심란했죠. 걱정 반 기대 반이었어요."

들어 보니 다들 저와 크게 다르지 않았습니다. 그리고 위원장을 제외한 나머지 집행부는 '위원장 아닌 것이 어디냐' 싶었다고 입을 모아 말했습니다. 정말 한참을 웃었습니다.

그게 끝인 줄 알았습니다. 노동부에 설립 신고도 했고, 직책을 맡을 사람도 얼추 꾸렸으니 또 다른 사람들이 집행부를 지원해 줄 때까지 기다렸다가 그 자리를 물려주고, 응원하면 되는 줄 알았습니다. 어쨌 든 대전교사노조 깃발은 꽂은 거니까요. 이런 제 생각은 반은 맞았고, 반은 틀렸습니다. 앞부분은 맞았는데 뒷부분은 완벽히 틀렸습니다. 아! 틀렸다기보다 중요한 게 빠졌습니다. '노조 일을 열심히 하다가' 지 원자가 나타나면 물려주는 것이었습니다.

직책 옆에 쓴 제 이름의 잉크가 마르기도 전에 우리는 단체교섭을 해야 했고, 교육청 보조금 사업을 진행해야 했습니다. 조합원 관리와 민원 처리, 그리고 사무실 마련까지 생전 처음 해 보는 일들을 위해 수많은 밤과 주말을 바쳐야 했습니다. 그 험난한 과정을 고작 한 단락 으로 정리하는 것이 마뜩잖지만 이렇게 하지 않으면 저 혼자 책 한 권 을 다 쓸 것 같아 우선 맺어 둡니다. 그래도 그 험난한 과정을 저 혼 자 겪은 것이 아니기 때문에 지금까지 올 수 있었다는 것은 여기에 써 두고 싶습니다.

서로를 채워 주는 존재가 되다

우리 노조가 성장하는 동안 집행부 선생님들에게 감탄했던 적이 한두 번이 아닙니다. 처음 봤을 때부터 야무졌던 위원장은 단체교섭을 준비할 때도 야무졌습니다. 저에게 어울리는 속담이 '모르는 게 약, 무 식하면 용감하다'라면 위원장에게 어울리는 속담은 '하나를 가르치면 열을 안다', '쑥떡같이 말해도 찰떡같이 알아듣는다'입니다. 위원장은 어려운 문제에 부딪혔을 때 다른 노조에서 해 주는 조언을 찰떡같이 알아듣고, 우리에게 설명해 주었습니다. 분명 본인도 처음이었을 텐데 양치기가 양을 몰듯, 자꾸만 헤매는 우리 집행부가 길을 잃지 않도록 세세하게 안내해 주었습니다.

"위원장님은 원래 똑똑하신 거 같아요."

"아니에요. 사실 저도 정말 하나도 모르겠어서 밤을 새워 가며 읽고 또 읽었어요."

"아, 그러셨구나. 그것도 모르고."

단지 똑똑한 사람으로 매듭짓고 그간의 노고를 가벼이 여겼던 것이 미안했습니다.

위원장뿐인가요? 단체교섭을 하려면 근거 자료가 필요한데, 그 자료를 찾기 위해 보내는 시간과 노력이 어마어마합니다. 그럴 때마다 구원의 손길을 내밀어 주시는 노조의 위키 백과, 수석 부위원장(수부)도 있습니다.

"수부님, 교육청 예결산 자료는 어디서 찾나요?"

"수부님, 청소년 단체랑 관련된 공문이 온 적 있나요?"

"수부님, 초과근무 수당은 어떤 기준에 의한 것인가요?"

묻기만 하면 원했던 답을 척척 알려 주십니다. 세상에 이런 사이다가 없습니다. 노조 위키 백과 수부님이 아니었다면 지새웠을 밤이 더 많았을 겁니다.

단체교섭을 했다고 노조가 할 일이 끝난 것이 아니었습니다. 옛날 우리 부모님 시대에는 결혼할 때 숟가락, 젓가락 한 세트씩만 가지고 시작했다고 들었습니다. 가난했고, 갖출 여력이 없었다는 뜻이겠지요. 옛날 얘긴 줄만 알았는데 우리 노조도 거의 그 꼴이었습니다. 사람만 있었지 모일 장소도, 앉아 있을 책상도, 차 한잔 마실 비용도 아무것도 없었습니다. 처음에는 카페에서 모였습니다. 그런데 오래 앉아 있기가 영 눈치가 보였습니다. 커피값도 너무 비쌌습니다.

그래서 찾은 곳이 스터디 카페. 여기는 시험 기간이 되면 예약하기가 하늘의 별 따기였습니다. 회의는 해야 하는데 장소도 없고, 돈도 없고, 정말 길거리에 나앉을 판이었습니다. 고민이 깊어질 무렵 우리를 지켜 준 건 바로 중등부위원장(중등부위)!

사업을 하고 계신 동생에게 어렵게 부탁해서 사무실 한편을 임시 사무실로 이용할 수 있게 해 주셨습니다. 지금 생각해도 진짜 여기 아니었으면 어쩔 뻔했나 싶습니다. 이 기회를 빌려 중등부위의 동생분에게도 고마운 마음을 전합니다.

이뿐이 아닙니다. 우리 중등부위님 별명은 대전 마당발입니다. 사무실을 해결하고 나니 좀 더 많은 일을 할 수 있는 여력이 생겼습니다. 기사를 통해 우리의 입장을 알려야 했고, 시의원을 만나 도움 요청도 해야 했습니다. 교육청의 정책에 대응하기 위해서는 각 분야의 베테랑 선생님들도 알아야 했습니다.

'기자', '시의원', '국회의원' 이런 외부 인사들을 어떻게 만나야 하는지, 만나는 게 가능하기는 한가 싶었습니다. 그럴 때마다 우리 중등부위님은 언제나 연줄을 대주시고, 사람을 구해다 주셨습니다.

"중등부위님, 아시는 시의원 있으세요?"라고 여쭈면, "기다려 봐!" 하고 전화번호가 올라옵니다.

"중등부위님, 교권 상담해 줄 상담 선생님이 필요해요"라고 하면 "알았어." 하고 바로 상담팀장 자리를 메워 주십니다.

단체교섭도 하고 사무실도 꾸렸으니 가장 중요한, 조합원 모집이 남았습니다. 그동안은 교사 커뮤니티를 통해 홍보했지만, 우리 노조가 어떤 일을 하고 있고, 해냈는지를 그때그때 알릴 필요가 있었습니다. 이를 위해선 눈길을 사로잡는 웹자보를 제작해야 했습니다.

금손 유아부위원장(유아부위)!

각종 기념일엔 스쳐 봐도 의미를 알 수 있는 웹자보를, 노조의 전투력을 보여 줘야 할 땐 강렬하지만 거부감이 들지 않는 웹자보를 제작해 주셨습니다. 언제나 센스 있고 의미 있는 웹자보가 유아부위님 손에서 뚝딱 만들어져 나왔습니다. 그 덕에 조합원이 배로 늘지 않았나 싶습니다.

처음 우리 노조는 약 200명의 조합원으로 시작했습니다. 지금은 그 10배인 2,000명의 조합원이 함께해 주십니다. 조합원이 느는 것만큼 환영할 일이 또 있겠나 싶습니다. 하지만 마냥 좋아만 하실 수 없는 분이 계십니다. 바로 조직국장!

신규 조합원 확인, 조합비 납부 확인, 인적 사항 확인 등등 오늘도 댁에서 깨알 같은 글씨와 씨름하고 계실 겁니다. 그런 와중에도 노조에 도움의 손길이 필요하면 '짠' 하고 나타나 주시니 조직국장님을 사랑하지 않을 수 없습니다.

여기에 다 적지 못했지만, 맡은 자리에서 고군분투하고 계신 우리 집행부 국장님, 팀장님들! 노조를 설립하기 전에는 존재조차 알지 못했던 우리였습니다. 그런데 어떤 우연이 우리를 만나게 하고, 그보다 더한 우연이 각자에게 딱 맞는 역할을 부여했을까요? 이런 걸 운명이라고 하는 거죠?

봄바람이 얼굴을 들이밀던 날, 직책 옆에 자신의 이름을 쓸 때 감히 짐작이나 했을까요? 그 자리가 자신에게 딱 맡는 자리였다는 것을요.

흩어져 있을 땐 몰랐지만 모이고 나니 우린 서로에게 필요한, 꼭 맞는 퍼즐 조각이었습니다. 그 퍼즐 조각이 모여 대전교사노조의 밑그림을 그렸고, 조합원이라는 조각들이 모여 우리 노조를 꽉 차게 만들어 주고 있습니다. 얼마나 더 많은 조각이 남았을지는 모르지만, 한 가지는 알고 있습니다. 완성된 그림은 그 어떤 그림보다 단단하고, 견고하며, 생기발랄할 것을 말입니다.

아! 정책실장! 저는 어떤 조각이냐고요?

저에게 어울리는 속담은 '모르는 게 약, 무식하면 용감'이라고 하지 않았습니까? 모르는 게 너무 많은 덕분에 두려움도 덜합니다. 그래서 생전 처음 보는 사람 앞에 서도, 많은 사람 앞에 서도 크게 떨지 않습니다. 덕분에 어떤 자리든 제가 하고 싶은 이야기를 잘하는 편입니다. 그래서 장학사, 장학관, 시의원을 만나는 자리나 백여 명의 신규 선생님을 모아 놓고 하는 노조 홍보에 저의 쓸모가 있습니다. 가끔 허튼소리를 해서 이불킥을 할 때도 있지만 말입니다.

앞으로 대전 선생님들과 함께 완성해 나갈 대전교사노조는 어떤 모습일지 떨리면서도 기대됩니다.

그해 봄을 기억합니다

믿을 수 없는 참사

그해 봄은 우울했습니다. 뉴스를 보고 그렇게 울었던 적이 없습니다. 뉴스를 볼 때만 눈물이 나온 게 아니었습니다. 밥을 하다가도 울컥

했고, 자는 딸아이를 보다가도 울컥했습니다. 300명이 넘는 학생들이 바다에 빠졌고, 나오지 못했습니다. 같은 배에 탔던 더 어린아이들, 그 가족들 그리고 선생님들까지 정말 많은 사람이 바다에 빠졌지만, 생존 소식은 기대하기 어려웠습니다. 밥맛도 없었습니다. 병이 났고, 결국 다른 지역에 사시던 엄마가 올라오셨습니다.

"운다고 해결될 일도 아닌데 왜 자꾸 우니?"

"엄마, 학생들이 너무 불쌍해. 그리고 학생들을 구하려다 빠져나오지 못한 선생님들도 너무 불쌍해. 마치 내가 바다에 빠진 기분이야. 내가 저기 있었으면 나는 살 수 있었을까?"

그런 생각에 시도 때도 없이 눈물이 났습니다. 내 울음 하나 보탠다고 달라지는 게 없다는 걸 알지만 눈앞에 두고도 구하지 못한 것에 화가 났습니다. 사고가 일어난 지 이미 많은 시간이 흘렀다는 것에 낙담했습니다. 그러다 다시 분노했습니다. 이러기를 반복하는 동안 제가 사랑하는 봄이 지나가 버렸습니다. 아마 그해 우리나라 국민은 모두 그러했을 겁니다. 학교 현장에 계시는 선생님들은 더했겠지요.

그렇게 봄이 지나고 여름이 되었습니다. 여느 때와 마찬가지로 딸아이를 유모차에 태우고 집 근처를 산책했습니다. 그 당시 아파트에 살았는데 대단지 아파트가 밀집했던 터라 주변에 학교가 많았습니다. 하교하는 학생들, 언제나 그 자리에 걸린 플래카드, 누가 읽는지는 모르겠지만 비슷한 듯 다른 학교 공고물들은 여전했습니다.

'언제쯤 휴직을 마치고 학교로 돌아갈 수 있을까?' 답 없는 생각을 하며 학교 앞을 지나가는데 눈에 걸리는 단어가 있었습니다.

'안전', '안전교육'.

학교 정문에는 '안전한 학교, 교육을 통한 안전'이라는 플래카드가

떡하니 걸려 있었습니다.

'안전교육? 늘 하던 것인데 저렇게 홍보할 필요가 있나? 예산 낭비야. 낭비!' 하면서 가던 길을 걸었습니다. 그런데 그 근처 또 다른 학교에도 비슷한 내용의 플래카드가 보였습니다. 집 근처에 다섯 곳의 초·중·고 학교가 있었는데 일제히 '안전교육을 더 열심히 하겠다. 그래서 학생들을 지켜내겠다'는 의지가 가득 담긴 플래카드를 걸어 놓았습니다.

'이번 달이 안전교육의 달인가?'

호국보훈의 달, 과학의 달은 있었지만 안전의 달은 제 기억엔 없었습니다. 그때 제 머리를 스치는 단어가 있었습니다.

세월호, 수학여행, 학생 그리고 참사!

설마 세월호 참사와 관련이 있을까? 가슴이 덜컥 내려앉았습니다.

기승전 학교 탓

세월호 참사 이후 뉴스를 끊고 살았습니다. 하지만 참사의 원인을 엉뚱한 곳에서 찾고, 급하게 매듭지으려 한다는 것은 알고 있었습니다. 산책을 더 하자고 조르는 딸아이의 목소리를 뒤로하고 허겁지겁 집으로 돌아왔습니다. 휴직 중이라 학교가 어떻게 돌아가고 있는지 몰랐던 저는 친구에게 전화를 걸었습니다.

"종희야, 글쎄 우리 집 근처 학교에 안전교육을 더 열심히 해서 학생들을 지키겠다는 플래카드가 죄다 걸렸어. 너희 학교도 그래?"

"어, 우리 학교에도 걸렸어. 여기 다 그래. 세월호 참사 나고, 진상 규명을 하느니 마느니 하더니 화살이 학교로 오더라. 안전교육 더 열심히 하래."

"그게 말이 돼?"

"그뿐인 줄 알아? 이제 학교에서 수영 교육도 하겠대."

말문이 막혔습니다.

"다시는 이런 참사가 벌어지지 않도록 학교에서 안전교육을 제대로 하래. 그리고 물에 빠져도 살 수 있도록 수영 교육을 해야 한다는 거야."

이렇게 덧붙여 이야기해 주었습니다.

세월호 참사 재발 방지 대책을 학교 안전교육으로 마무리 짓다니 도무지 이해할 수 없었습니다. 수영장이 있는 학교는 눈 씻고 찾아봐도 없는데 수영 교육이라니 뭘 알고 저러는지 답답했습니다.

세월호 참사의 원인은 배를 불법 증축하고 안전관리를 소홀히 했기 때문입니다. 또 화물을 과적하고 관리를 부실하게 했기 때문입니다. 그리고 사고 후 구조 활동이 제대로 되지 않았기 때문입니다. 그 어디에도 학교에서 안전교육을 소홀히 했다는 이유는 없습니다. 그런데 세월호 참사 재발 방지가 학교 안전교육 강화라니! 학교에서의 수영 교육(지금의 생존 수영 교육)이라니!

'지금 이렇게 덮어 버리는 거야? 학교 책임으로!'

애써 눌렀던 분노가 다시 뿜어져 올라왔습니다.

처음에는 정부의 태도에 화가 났습니다. 그다음에는 교육부와 교육청에 화가 났습니다. 마지막으로 학교 관리자와 선생님들에게까지 화가 났습니다.

'교육부는 어쩌자고 학교 안전교육 강화를 받아들인 거지?'

'학교 관리자는 무슨 생각으로 저 플래카드를 달았지?'

'선생님들은 왜 가만히 있는 거야! 다들 동의하는 거야?'

정말 몇 날 며칠을 씩씩거렸습니다. 할 수 있는 게 아무것도 없다는 게 더 화가 났습니다.

평생 간직할 아픔, 그리고 불편함

그것도 잠시, 육아의 고됨을 핑계 삼아 일상으로 돌아왔습니다. 하지만 아이와 산책할 때마다 보이는 학교 플래카드는 항상 마음 한구석을 아프고 불편하게 했습니다. 그렇게 시간이 흐르고 아픔이 무뎌지고 불편함이 익숙해질 무렵 문득 이런 생각이 들었습니다.

'내가 휴직하지 않고 학교에 있었다면 저 플래카드가 걸리는 걸 막을 수 있었을까?'

'글쎄, 아닐걸?'

'이제 막 걸음마를 시작한 내 아이와 앞으로 학교에서 만날 내 학생들을 위해 난 무엇을 할 수 있을까?'

'딱 꼬집어 말할 순 없지만 지금처럼 슬퍼하고 분노하는 것으로 끝나면 안 되지 않을까?'

'맞아. 이렇게 어처구니없는 해결책이 또 나오지 말라는 법은 없지. 뭐라도 해야겠다!'

저는 정해진 규칙에 굉장히 순응적인 사람입니다. 불합리한 일에 흐린 눈으로 사는 게 속 편한 사람입니다. 그런 제가 어쩌다 정책을 바꿔 보겠다고 애쓰고, 교육청에 민원을 제기하고 있는지 자문할 때가 있습니다. 한동안 답을 찾지 못했는데 문득 아이를 유모차에 태우고 산책하던 그날이 떠올랐습니다.

'세월호, 참사, 플래카드, 안전교육.'

앞뒤가 맞지 않는 현실 속에 제가 해야 할 일을 고민했던 그때 말입니다. 그때 저는 복직하게 되면 누군가는 해야 할 불편한 이야기, 예를 들어 '그 플래카드를 거는 것에 반대합니다'와 같은 이야기를 할 수 있는 사람이 되어야겠다고 결심했습니다. 물론 알고 있습니다. 누구도 그 플래카드가 걸리는 것을 막을 수 없었을 겁니다. 그런데 이것도 압니다. 그 당시 학교와 교육 현장을 대변해 줄 제대로 된 조직이 없었습니다. 그나마 목소리를 내주던 전교조도 법외노조라 활동에 제약이 많았습니다. 그래서 가장 만만한 학교가 여론을 잠재우는 용도로 사용되었다는 것입니다.

세월호 참사가 있었던 이후로도 꽤 오래 휴직했기 때문에 그 다짐을 잊고 살았고, 진짜 잊은 줄 알았는데 사람 일은 모르는 법이지요. 그 당시 느꼈던 아픔, 분노와 다짐은 노조 집행부가 되는 자양분이 되었습니다. 후회? 물론 합니다. 저에게 맡겨진 역할이 버겁게 느껴질 때, 노조 일 한다고 딸아이를 챙기지 못했을 때, 앞장서서 이야기하느라 관계가 불편해질 때는 후회합니다. 그래도 그날의 고민과 결심을 후회하지 않습니다. 오히려 가끔은 그러한 마음을 품었던 과거의 저와 실행으로 옮긴 현재의 제가 기특할 때도 있습니다. 누구나 아프고, 불편했던 경험이 있습니다. 관리자 때문인 경우도 있고, 아이들을 가르치면서 겪었을 수도 있습니다. 아픔은 애써 모른 척하고, 불편함은 익숙함으로 착각하며 지낼 수도 있습니다. 그렇지만 이러한 아픔과 불편함을 좀 더 나은 방향으로 나아가는 데 밑거름으로 쓴다면 조금은 더 나은 내가, 조금은 더 나은 우리가 될 수 있지 않을까 생각합니다. 저는 내일도 아프고, 불편할 예정입니다. 하지만 이제 아파하지만은 않으려 합니다. 불편함을 간직하지 않고 불편하다고 말할 생각입니다. 저는 그해 봄을 오래오래 간직하겠습니다.

설레며
기다리겠습니다

행복합니다

누구나 가슴속에 사진처럼 박혀 오래오래 간직된 소중한 기억이 있습니다. 산타 할아버지에게 선물을 받았던 기억, 첫사랑 아이에게 고백받던 순간, 나를 가만히 내려다보며 웃는 딸아이의 얼굴처럼 말입니다. 저 역시 그런 장면이 하나 있습니다.

신규 발령을 받고 몇 해 지나지 않았던 때입니다. 1층 교무실에 들렀다가 5층 교실로 올라가던 계단 어디쯤이었던 것 같습니다. 계단과 계단 사이에 있는 커다란 창에서 햇빛이 부서져 들어왔습니다. 뽀얀 먼지가 섞여 있는 햇빛을 받으며 계단을 오르는 그 순간이 마치 영화의 한 장면처럼 느껴졌습니다. 학창 시절 수없이 오르내리던 학교 계단을 '선생님'이 되어 걷고 있는 그 순간이 벅찼고, 설렜습니다. 그 순간은 한 장의 사진이 되어 제 뇌리에 박혀 있고, 떠올릴 때마다 여전히 제 가슴을 뛰게 만듭니다.

물론 행복했던 순간만 기억 속에 남아 있는 것은 아닙니다. 아끼던 학생이 저에게 대들었던 기억도 있고, 아무도 없는 교실에서 펑펑 울었던 기억도 있습니다. 그래도 이런 장면들은 이미 빛이 바래고, 색이 빠져서 그다지 저를 힘들게 하지 않습니다. 그럴 수 있게 된 건 뭐니 뭐니 해도 저를 울고 웃게 만들어 준 학생들 덕분이겠지요.

"하루 중 언제가 가장 행복하세요?"라고 물으면 "출근길이요"라고 주저 없이 대답합니다.

물론 지금은 전임휴직 중이니, 대답이 조금 달라져야 하지만 학교로 출근할 땐 언제나 그랬습니다.

단정히 차려입고, 우리 반 학생들을 만나러 가는 길이 그렇게 좋을 수가 없습니다. 실내화로 갈아 신고, 교실로 가기 위해 계단을 오르는 순간은 교직 경력 20년이 되어 가는 지금도 여전히 꿈처럼 느껴집니다. 교실에 도착하면 싱그러운 인사로 맞이해 주는 학생들이 있다는 사실에 교실 문을 열기 전엔 떨리기까지 합니다. 때론 교실 문을 열자마자 이미 난장판인 교실에 당황할 때도 있지만 말입니다. 학교에 가면 제가 사랑하는 학생들이 있고, 저를 사랑해 주는 학생들이 있어 매일의 출근길이 설레고 반갑고 그렇습니다.

제가 6학년 때의 일입니다. 자려고 누웠는데 '나중에 커서 무얼 하고 살아야 하나?' 하는 고민이 떠올랐습니다. 사춘기의 시작이었던 것 같습니다. 평범하기 이를 데 없는 제가 할 수 있는 것이 과연 무엇일까를 정말 밤새 생각해 보았습니다. 국어도 수학도 딱 평균이었습니다. 사회, 과학, 미술, 체육, 음악까지 꼼꼼히 따져 보니 매우 뛰어난 것은 아니었지만 그렇다고 못하지도 않았습니다. 특출나지는 않지만, 다양한 분야를 골고루 할 수 있는 직업은 무엇일까를 생각해 봤습니다. 결론은 '선생님'이었습니다.

게다가 저는 아이들을 참 좋아했습니다. 동네 아이들과도 잘 놀아 주는 착한 동네 언니였지요. 그렇게 생각하고 나니 아귀가 탁탁 들어맞았고, 그 이후 다른 것은 꿈꾸지 않았습니다.

오로지 선.생.님!

감사합니다

그렇게 꿈을 꿨고 여러 관문을 거쳐 꿈을 이뤘으니 어찌 행복하지 않을 수 있을까요? 그런데 이 모든 것을 내 힘만으로 이룬 것일까? 이런 의문이 들었습니다. '운7 기3'이라는 말처럼 노력보다 운이 좋았다 싶었습니다. '운'이란 곧 '복'이니 제가 받은 복을 다른 사람에게도 나누어 주어야겠다고 생각했습니다.

여러 가지 방법이 있었겠지만 앞으로 학교 현장을 지키고 학생을 이끌 후배 선생님에게 제가 누린 복을 갚아야겠다고 생각했습니다. 누가 되었든 저처럼 행복하고 설레는 교직 생활을 할 수 있었으면 하고 바랐습니다. 제가 할 수 있는 일은 학교 현장을 지키는 것, 교육활동을 할 수 있도록 든든한 울타리를 만들어 주는 것입니다. 그렇게 된다면 '모두의 출근길이 설레고 행복할 수 있지 않을까?' 하는 어찌 보면 단순하고, 어찌 보면 대책 없는 또 하나의 꿈이 생겼습니다.

그래서 오늘도 제가 사랑하는 교실 대신 노조 사무실로 출근합니다. 출근길의 즐거움은 예전만 못합니다. 출근길에 있는, 작년까지 근무했던 학교에 자꾸 눈길이 가고 우리 반 아이들이 있을 교실을 눈으로 더듬습니다. 벌써 학교가 그립습니다. 가끔은 제가 맡은 일이 버겁고 막막해 놓아 버리고 싶을 때도 있지만, 이 모든 걸 이겨 낼 수 있는 건 지금 걷고 있는 저의 발걸음을 후회하지 않을 자신이 있기 때문입니다.

기다리겠습니다

선생님과 학생이 눈을 맞추고, 연필 잡은 손을 붙들어 주며, 내일은 무엇을 가르칠까에 온전히 집중하는 것이 당연해져야 합니다. 언젠가 그렇게 되리라 믿습니다. 그 과정에 교사노조의 쓸모가 있다고 생각합니다. 쉽지 않겠지요. 쉬운 일이었으면 노조도 필요 없었을 겁니다. 그리고 그 과정에 저의 쓸모도 있다고 생각합니다. 부족하지만 제가 할 수 있는 몫을 찾아 열심히 하려고 합니다. 대단한 일이 아닙니다. 약간의 용기에 '빡침'을 더한다면 누구나 할 수 있는 일입니다. 주말부부에 육아독립군인 저도 했고, 하고 있습니다. 아무것도 몰랐고, 여전히 모르는 게 많지만, 함께하는 우리가 있기에 할 수 있습니다. 흩어져 있을 땐 몰랐지만 우리는 서로에게 필요한 퍼즐 조각이었습니다. 어깨를 맞대어 준다면 분명 멋진 작품이 완성될 겁니다.

대전교사노조 집행부를 비롯한 우리 교사노조 연맹 산하 집행부 모두 같은 마음일 것입니다. 그래서 모두가 존경스럽고, 고마운 마음입니다. 또 뒤에서 묵묵히 응원해 주는 조합원이 계시기 때문에 더디지만 나아갈 수 있다고 생각합니다. 함께하면 더 든든해진다는 것을 알고 있습니다.

설레며 기다리겠습니다. 사진처럼 오래오래 간직할, 우리가 만날 그 순간을 말입니다.

서울교사노조에서 새로운 '나'를 만나다

_산길

서울교사노조 2년 차 조합원이자, 집행부도 2년 차이다. 이제 조금씩 노조 활동에 대해 알아 가고 있다.

우연한 계기로 노조 집행부를 시작하게 되었다. 집행부에서 하는 일 하나하나가 조합원 선생님들에게 영향을 줄 수 있다는 생각에 부담스럽기도 하지만, 도움이 되는 일을 할 수 있다는 생각에 보람을 느낀다.

집행부 일을 하면서 그동안 조용하게 살아왔던 교직 생활에서 새로운 도전을 하는 중이다. 쉽지는 않지만 오늘도 배우고, 고민한다.

그렇게 노조 활동을 통해 성장해 가는 중이다.

서울교사노조
정책실장입니다

활동하는 조합원이 되다

2년 전, 서울교사노조에 가입하면서 정책국장을 맡게 되었습니다. 올해는 정책실장을 맡아서 일하고 있습니다. 조합원이 되기 전에는 밖에서 서울교사노조를 관심 있게 지켜보았습니다. 코로나19 팬데믹으로 원격수업이 이어질 때 서울교사노조에서 패들렛 계정을 지원해 주는 것을 보고 신선하다고 생각했습니다. 선생님들에게 필요한 게 무엇인지 알고 지원해 주는 노조가 있다는 게 반가웠습니다. 마음으로 응원을 보내면서 '나중에 가입할 수도 있겠다'라는 생각이 들었지만 집행부에 들어가서 일하게 될 줄은 몰랐습니다. 서울교사노조 조합원 행사에 선배의 부탁을 받고 진행 보조로 참여해서 기념품으로 받은 다용도 충전 케이블을 잘 쓰고 있었지만, '선생님의 벗'이라는 그 문구가 내 삶에 깊이 들어올지는 전혀 생각하지 못했습니다.

뜻하지 않게 인생에서 삶의 방향이 바뀌는 순간이 있기 마련입니다. 저에게는 가족들과 속초로 여행을 가 있을 때 받았던 전화 한 통이 그렇습니다. 휴대전화에서 지금은 서울교사노조에서 수석부위원장을 맡고 있는 선배의 이름이 환하게 울렸습니다. 평소처럼 술 마시러 나오라고 하거나 혹은 같이 술자리를 하고 있는 사람들에게 안부를 묻는 전화려니 생각했습니다. 그런데 뜻밖의 얘기를 꺼냈습니다.

"노조에 와서 일해 볼래?"

저는 돌다리도 두드려 보고 건너는 걸 넘어서 정말 이 다리가 튼튼

한지 한참을 들여다보고 나서야 살짝 움직이는, 좋게 보면 조심스럽고 나쁘게 말하면 소심한 성격입니다. 그런데 그날은 웬일인지 선뜻 그러겠다고 했습니다. 그때를 돌이켜 보면 '조금은 신중해야 했나?'라는 생각도 듭니다. 막상 집행부에서 일해 보니 보람 있는 때가 많지만 힘들기도 합니다. 그렇지만 다시 그때로 돌아간다고 해도 같은 대답을 할 것 같습니다.

중요한 건 후회하지 않는 마음

그 당시에 저는 다른 노조에 소리 없는 조합원으로 매달 회비만 꼬박꼬박 내고 있었습니다. 별다른 역할을 하지 않으면서 노조나 단체에서 앞서서 행동하고 노력하는 분들에게 고맙기도 하고 미안한 마음을 갖고 있었습니다. 가끔은 저도 책 모임에 들어가 보고, 인문 사회와 관련한 연수를 찾아다니기도 했지만, 앞에 나서서 일해 본 경험은 없었습니다. 한 번쯤 일을 함께하자는 제안을 받기도 했지만 새로운 환경에 나설 용기가 나지 않아서 거절했습니다. 그게 늘 마음 한편에 미안함으로 남아 있었습니다.

한 해, 한 해 교직 경력이 쌓이면서 학교 돌아가는 일에도 익숙해지고 이제는 '다른 선생님들에게 도움이 되는 일을 해야 하지 않을까'라는 생각도 조금씩 하게 되었습니다. 내가 할 수 있는 일이 생긴다면 '뭐든지 해 보자'라는 마음의 준비를 어느 정도 했었던 것 같기도 합니다.

제가 집행부를 하게 된 데에는 혁신학교에서 열심히 하는 선생님들과 그때 만난 선배의 영향이 컸습니다. 교대에서는 재학생과 복학생으로 같이 학교를 다녔고, 졸업 후에는 우연히 같은 혁신학교를 지원해서 다시 만나게 되었습니다. 도원결의처럼 뜻밖의 만남을 기념하면서 어느 국수 가게에서 청하 7~8병을 나누어 마셨던 일은 부끄럽지만 그만큼 반가웠던 기억으로 남아 있습니다.

같은 학년을 맡으면서 함께 프로젝트 수업을 하고, 일 년 동안 아이들과 보낸 경험을 책으로 써 보기도 했습니다. 각자 다른 학교로 온 이후에도 학교에서 문제가 생기면 먼저 물어보고, 조언을 구했습니다. 그런 선배가 노조에서 하는 역할이나 열정이 학교에 변화를 가져오는 모습을 보면서 내가 할 수 있는 역할에 대해서도 자연스럽게 고민하기 시작했습니다. 그 고민이 이어지면서 이렇게 노조 집행부에 참여하게 되었습니다.

집행부 일을 하면서 가끔은 그날의 전화를 돌이켜 봅니다.

"제가 노조에 들어가면 어떤 일을 하면 되나요?"

"그래서 제가 할 일이 뭐예요?"

그 정도는 물어봤었어야 했다는 생각이 스치듯 지나갑니다. 정책실에서 하는 일은 내가 그동안 교사로서는 겪어 보지 못한 일들의 연속이었습니다. 때로는 잘하고 있는 건지 걱정되고, 어떻게 해야 할지 고민이 들 때도 많았습니다. 하지만 '내가 이런 것도 할 수 있구나'라며 제 새로운 모습을 보면서 놀라고, 중요한 행사를 마칠 때면 보람을 느낄 때도 많았습니다. 좌충우돌하면서 조금씩 성장해 온 서울교사노조 조합원이자 집행부 2년의 시간이 지나가고 있습니다.

좌충우돌
적응기

국장과 실장 사이

처음 집행부에 들어가서 정책국장을 맡았습니다. 사무처에서 명함도 만들어 주었습니다. 교직 생활 20년이 넘으면서 처음 가져 보는 명함이었습니다. 우리 집 아이들도 명함이 무척 신기했던가 봅니다. 막내딸은 명함을 몇 장씩 들고 다니면서 '서울교사노조 정책국장님'이라고 불러서 민망했습니다. 저 스스로도 항상 '선생님'으로 불리다가 '정책국장'이라고 불리면 어색하게 느껴졌습니다. 학교에서는 '부장님' 아니면 '선생님'이었는데 새로운 직책이 익숙하지 않아서 처음에는 내가 '정책국장'인지 '정책실장'인지 헷갈리기도 하고, 국장과 실장 중에 누가 더 높은 건지 서열 정리도 잘 안 됐습니다(굳이 변명하자면 아이들과 자주 보는 〈런닝맨〉에도 국장은 높은 사람으로 나오는데 실장은 보이지도 않습니다).

하지만 시간이 지나면서 처음 만나는 사람과 명함을 주고 받는 일에도 익숙해지고, 무엇보다 '국장'과 '실장'의 서열 정리가 분명해지면서 제가 하는 일에도 조금씩 적응이 되었습니다.

정책실에서 하는 중요한 일은 노조의 한 해 살이를 정리하고, 새해의 계획을 세우는 일, 그리고 정책협의회를 준비, 운영하는 일입니다. 서울교사노조와 서울시교육청은 2022년까지 분기마다 정책협의회를 진행했습니다. 일 년에 네 번의 정책협의회를 했는데, 그중 한 번은 교육감과의 간담회로 진행했습니다.

정책협의회를 준비할 때 가장 중요한 것은 학교 현장에 도움이 될 수 있는 좋은 안건을 가지고 협의하는 것입니다. 집행부 선생님들 중에서 안건을 내기도 하지만 학교 현장의 목소리를 잘 담아내기 위해서 현장의 조합원 선생님들에게도 안건을 받고 있습니다. 안건 제출 형식은 이전 정책실장님이 잘 만들어서 지금까지 써 오고 있었는데, 제목, 제출 이유, 현황 및 문제점, 근거 자료 등을 적게 되어 있습니다.

처음 정책협의회에 참석했을 때는 뭘 해야 하는지 전혀 모르는 상태였기 때문에 작은 일들을 하면서 감을 익혔습니다. 주로 정책협의회 일정을 조합원 밴드에 공지하고, 안건을 모아서 정리했습니다.

얼굴 한번 본 적 없는 선생님들이 학교에서 겪었던 불편함이나 개선되기를 바라는 점들을 정리해서 메일로 보내 주셨습니다. 안건 하나하나에는 학교에서 겪는 어려움을 조금이나마 해결하고, 학교와 교육이 좀 더 나아지기를 바라는 마음이 담겨 있어서 안건을 정리하는 일은 소홀히 할 수 없습니다.

이렇게 모인 안건을 그대로 교육청에 보낼 수는 없으니, 집행부 회의에서 안건을 검토하면서 교육청에 제출할 안건을 선정합니다. 다양한 이해관계가 엇갈리고, 정책협의회에서 논의하더라도 받아들여지기 힘든 안건은 어쩔 수 없이 우선순위가 뒤로 밀릴 수밖에 없습니다. 안건 중에서 교육청으로 보내지 못한 안건이 있으면 다시 선생님께 미안한 마음을 담아 알려 드려야 했습니다. 어떤 안건에서는 선생님의 절박한 마음이 그대로 느껴졌는데, 그 마음을 충분히 이해하면서도 안건으로 다루지 못한다는 답장을 보낼 때면 마음이 무거울 수밖에 없습니다.

교육청으로 보낼 안건이 정리된다고 끝이 아닙니다. 안건에 대해 교육청과의 의견 조율에 또 시간이 필요합니다. 노조에서 협의를 요구하는 안건을 교육청으로 보내면 교육청에서 안건에 대한 부서별 의견을 보내옵니다. 대부분 '수용이 어렵다', '할 수 없다'는 의견일 때가 많습니다. 그러면 다시 집행부 회의를 통해 교육청의 의견을 수용할지, 아니면 정책협의회 안건으로 제출해서 협의를 할지 정하게 됩니다.

전에는 이렇게 안건을 보내고, 교육청에서 받은 의견에 대해서 노조에서 검토하는 과정을 두 번을 거쳤습니다. 노조의 검토 의견을 다시 교육청으로 보내고, 최종적으로 돌아온 교육청 의견에 대해 수용할지, 안건을 제출할지를 결정해서 정책협의회를 했습니다.

글로 쓰면서 돌아봐도 '아이고' 소리가 나올 정도로 고민, 고민하면서 안건을 다듬었던 집행부 선생님들의 노고가 느껴집니다. 다만, 교육청에서 이런 과정이 부담된다고 해서 2023년부터는 검토 과정을 한 번으로 줄였습니다. 지금은 노조에서 제출한 안건에 교육청에서 의견을 보내오면 이를 검토해서 수용할 안건과 협의할 안건으로 정하고 있습니다.

어렵고 긴 조율 과정을 거쳐서 안건을 교육청에 보낸 후에는 정해진 일정에 따라 정책협의회를 합니다. 처음에는 정책협의회에 배석하면서 진행이 어떻게 되는지 살펴볼 수 있었습니다. 20년 넘게 학교에 있으면서도 직접 교육감을 볼 기회가 없었는데, 이렇게 가깝게 더구나 상대편으로 앉아 있는 모습은 신기하기도 했습니다.

정책협의회를 진행하다

정책국장으로 정책실에서 돌아가는 일을 배우고 2023년부터는 정책실장이 되어서 전반적인 정책실 업무를 맡게 되었습니다. 정책실장으로서 준비하는 정책협의회는 또 다른 세상이었습니다. 지금까지 한

발짝 떨어져서 바라본 정책협의회는 아주 작은 부분에 불과했음을 알
게 되었습니다. 이전에는 물 위에 떠 있는 오리만 봤구나 싶었습니다.
물 밑에서 얼마나 열심히 발을 저어야 앞으로 나아갈 수 있는지 미처
생각하지 못했습니다.

먼저, 교육청 노사협력과라는 계속 연락을 주고받는 부서가 생겼습
니다. 정책협의회 한 번을 진행할 때도 교육청 담당자와 맞추어야 하
는 일이 하나둘이 아니었습니다.

올해부터는 정책협의회를 일 년에 두 번으로 줄이게 되었습니다. 간
담회까지 하면 이전에는 일 년에 네 번 하던 것을 세 번으로 줄인 것
입니다. 정책협의회나 안건 검토 횟수가 줄었기 때문에 그만큼 안건을
검토하는 데 더 신중하고, 고민하게 됩니다.

어렵게 정리한 안건을 교육청 노사협력과로 보내면 각 과의 의견을
받아서 우리에게 다시 보냅니다. 정책실장은 교육청 의견 가운데 궁금
한 것이나 반박할 내용에 대해서 직접 해당 부서 담당자와 통화를 할
때가 있습니다. 귀가 얇은 DNA를 타고난 저로서는 이 과정이 쉽지 않
습니다. 우리가 써서 보낸 의견도 하나같이 필요하고 맞는 말인데, 교
육청에서 보낸 의견도 읽어 보면 또한 그럴듯합니다. 슬쩍 봐서는 더
물어볼 것도, 반박할 것도 없어 보입니다. 그럴 때면 훌륭한 선임이 필
요한 법입니다.

"이 의견은 무슨 뜻이야?"
"글쎄요."
"확인은 해 봤어?"
"어, 아니요. 뭘 확인할까요?"

"우리가 보낸 안건의 근거에 대해서는 답변이 없는데?"

"아……. 그러네요."

경력자의 훈수를 들으면서 차근차근 길을 찾아 나갑니다. '서당 개 삼 년이면 풍월이라도 읊을 수 있다'며 스스로에게 작은 다짐이자 위로를 합니다. 그래도 가끔은 옆에서 보고 배운 게 나타나면서 '나에게 이런 면이 있었나' 싶을 때도 있습니다. 정책협의회 교섭위원으로 나가서 강하게 주장을 펼치기도 합니다. 노조 행사에서 사회를 볼 때 어설픈 유머를 섞어 보기도 합니다. 이렇게 조금씩 배우고 성장하는 중입니다.

힘들어도 한 걸음씩

정책협의회를 한다고 모든 안건이 술술 해결되지는 않습니다. 서울의 초등학교에서는 현장학습 사전답사를 갈 때 교사 두 명에게만 출장비를 지급하는 이상하고도 이해할 수 없는 관행이 있습니다. 동학년이 네 명, 여섯 명, 심지어는 아홉 명인데도 학교 관리자는 두 명만 출장비를 받고, 나머지 교사는 여비부지급으로 출장을 가라고 합니다. 심지어는 개인 조퇴를 쓰고 가라는 관리자도 있다고 합니다.

제가 2022년에 정책실에 들어가서 일을 배울 때 당시 노조에서 요구했던 안건이 '현장학습 사전답사를 가는 모든 교사에게 출장비를 지급하라'는 것이었습니다. 어찌 보면 이런 걸 왜 요구해야 하는지조차 알 수 없는 내용이었죠. 현장학습을 가기 전에 동선을 확인하고, 주변 상황이 어떤지, 어떤 프로그램을 이용할 수 있는지 살펴보는 건 내실 있는 현장학습은 물론 안전 지도를 위해서도 절대 빼놓을 수 없는 부분입니다.

"그러니까……. 현장학습 사전답사를 가는데, 출장비를 두 명한테만 준다는 건가요? 왜 그렇죠?"

교육청 담당자도 처음 이 안건 설명을 듣고 황당하다는 반응이었습니다. 그러면서도 예산 편성은 학교장 권한이라 학교에 출장비를 지급하라는 공문을 보낼 수는 없다고 했습니다. 교육청에서 현장학습을 안내하면서 '현장학습 사전답사 출장교사 전체 출장비 지급 가능'이라고 하면, 학교에서 잘 알아서 개선할 것이라고 했습니다.

정책협의회 이후에 모든 교사에게 정상대로 출장비를 지급하는 학교가 늘고 있지만, 일부 학교에서는 여전히 두 명에게만 출장비를 지급하고 있다는 문의가 들어왔습니다. 결국 교육감 간담회와 정책협의회에서 연이어 이 문제를 안건으로 올려서 문제를 제기했습니다. 하지만 교육청은 '아이들 안전과 직결되기 때문에 교장, 교감, 행정실장 연수에서 확실하게 안내하겠다'면서도 '지급 가능' 문구를 바꿀 수는 없다고 합니다. 이럴 때면 문구 하나 바꾸는 게 얼마나 어려운지 답답해집니다.

보결수당 문제도 그렇습니다. 2023년 현재 서울시교육청 보결수당 지침은 시간당 1만 2,000원 내외에서 학교가 결정하게 되어 있습니다. 2023년 2분기 정책협의회에서 우리 노조는 1만 5,000원 이상으로 보결수당 인상을 요구했습니다. 공무원 수당이 어쩌고, 학교 자율성이 어쩌고 긴 대화가 이어진 끝에 설문 조사를 통해서 전체 학교의 의견 수렴을 거쳐 동의율이 높은 쪽을 반영하는 것으로 논의를 마무리 지었습니다.

요즘 물가로 커피값도 안 되는 삼천 원 가지고 밀고 당기기를 해야 하는지 교사로서는 무척 아쉽게 느껴집니다. 게다가 '내외'라는 두 글자를 '이상'으로 고치는 게 세상 이렇게 어려운 일이었음을 노조 집행부를 맡고 나서 알게 되었습니다.

무엇 하나 바꾸기가 쉽지 않지만 그래도 이렇게 계속해서 말하고, 문제를 제기해야 물방울이 모여 바위를 깨뜨리듯 우리 현실을 바꾸어 나갈 수 있다고 믿습니다.

이렇게 노조에서 요구한 결과 학교폭력 책임교사에게 수업 시수 경감 예산이 생겼고, 수학능력시험 감독관에게 의자가 준비되었습니다. 저도 정책협의회를 맡으면서 학교에서 무엇을 바꾸면 좋을지, 다른 시선으로 주위를 보게 되었습니다. 3, 4학년 생존 수영 교육을 준비하며 수영장을 예약하지 못해서 난처해하는 선생님을 보면서 '생존 수영은 교육청에서 일괄 계약을 하면 어떨까?'라는 생각을 하고, 어떻게 안건으로 낼 수 있을지를 고민하게 됩니다. 교사로서 새로운 눈이나 감각을 갖게 되었다고 할까요. 그렇게 노조를 통해서 새롭게 배워 가는 중입니다.

교육감님, 답변 시간은 3분입니다

정책협의회가 정기적인 행사라면 교육감과의 간담회는 일 년에 한 번 하는 특별한 이벤트라고 할 수 있습니다. 정책실장으로 처음 맡게 된 행사가 2023년 3월, 교육감과의 간담회였습니다. 교육감과의 간담회는 사전에 질의 순서 및 내용을 정하기도 하고, 참석자만 정한 상태에서 자유롭게 질의, 응답이 오가는 방식으로 진행하기도 합니다.

집행부 회의에서 올해는 자유롭게 진행해 보기로 했습니다. 우리 노조의 교육감과의 간담회 콘셉트는 '허심탄회'입니다. 간담회에 참석하는 조합원들이 속마음을 '거리낌 없고 솔직하게' 말하는 자리가 되기를 바라는 마음이 담겨 있습니다. 참석하는 분들에게는 편하고 자유로운 분위기가 될지 모르겠지만, 교육청에서 하는 행사를 처음 진행해야 하는 저로서는 편한 자리가 아닐 게 분명했습니다.

밴드를 통해 공지하고 학교급별이나 비교과 등을 고려해서 참가자를 모집했습니다. 간담회 며칠 전부터 진행 시나리오를 써 보았지만 준비한 대로 흘러갈지 의문이었습니다. 게다가 행사 당일 노사과에서 시나리오라고 보내 주었는데, 국민의례나 참석자 소개 등은 생각하지 못한 것이었습니다. 제가 계획했던 시나리오와 교육청에서 보내온 시나리오, 이렇게 두 개의 시나리오가 머릿속에서 떠다녔습니다. 학교 수업을 마치고 교육청으로 가는 지하철 안에서 두 개를 합친 시나리오를 읽고 또 읽었습니다.

교육청에 도착하자 미리 와 있던 전임 정책실장님이 다시 한번 주의할 점을 알려 주었습니다.

"제일 중요한 건 시간 배분이야. 교육감님한테도 꼭 얘기해야 해."

"교육감님이 시간을 잘 지켜 주실까요?"

"아니!"

교육감님에게 어떤 멘트를 해야 할지 더 복잡해졌습니다. 시나리오와 진행 멘트가 계속 떠다니는 상태에서 학교급별, 비교과가 골고루 질의할 수 있게 잘 체크하기, 질의와 답변이 길어지지 않도록 시간 체크하기 등 생각할 것이 많았습니다. 초조한 마음을 숨기고 싶었지만 아마 티가 많이 났을 것입니다.

"교육감님 오십니다."

입구에서 시작 사인이 전해졌습니다. 그렇게 교육감과의 간담회가 시작되었습니다.

전임 정책실장님의 경험이 담긴 우려대로 시간 배분은 정말 어려웠습니다. 질문하는 분에게 그만하라고 얘기하기도 어렵고, 교육청에서 나온 분들은 아예 시간은 생각하지 않고 얘기하는 것 같았습니다. 간담회 시간은 끝나 가는데 아직 질문하지 못한 분도 있었습니다. 노사과에서는 그만 끝내 달라고 표정, 문자 그 작은 공간에서 티 나지 않게 할 수 있는 방법을 다 동원해서 압박해 왔습니다. 더는 안 되겠다 싶어 마무리하고 끝내려는데 이번에는 반대쪽에서 앉아 있는 위원장님과 수석부위원장님이 더 해야 한다는 격한 몸짓을 보내왔습니다. 그렇게 있는 시간, 없는 시간 다 끌어내었지만 결국 조합원 선생님 한 분께는 질의 기회를 드리지 못하고 간담회가 마무리되었습니다.

간담회가 끝나고 질문을 못 하신 선생님께 죄송하다고 거듭 말씀드렸습니다. 얘기하고 싶은 게 있어서 힘들게 오셨을 텐데 기회를 드리지 못해 너무 죄송했습니다. 처음 하는 진행이라 마이크 에코 효과가 생기듯이 떨리고, 자주 말을 더듬기도 했습니다. 하지만 교육감과의 간담회라는 중요한 자리에서 시작부터 끝맺음까지 할 수 있었던 것은 저에게는 아주 큰 경험이 되었습니다. 잘하고 못하고를 떠나서 소중하면서도 또 한 뼘 성장하는 시간이 되었습니다.

나와 너,
우리의 꿈을 키우는 노조가 되었으면

서울교사노조 집행부에 들어간 지 2년이 되어 갑니다. 하나씩 사업을 진행하면서 때로는 정신없이 바쁘고, 힘에 부치기도 합니다. 저는 강의실에서도 뒷자리가 편한 조용하고 소심한 성격입니다. 학교 다모임에서도 열 마디가 넘어가면 할 말이 꼬이면서 조금씩 얼굴이 벌게지다 결국 마무리는 흐지부지되는 일이 많습니다. 그런데 노조 정책실에서는 교육청에 전화해서 따지거나 여러 사람 앞에서 말해야 하는 상황이 꽤 자주 생깁니다. 이런 일에는 아직도 적응하기가 쉽지 않습니다.

하지만 반복되는 교직 생활 안에만 있던 저에게 노조 일은 새로운 도전입니다. 제가 노조에서 하는 일이 미약하지만 학교를 변화시킬 수 있고, 선생님들의 삶에 조금이나마 도움이 될 수 있다는 생각도 하게 됩니다. 수많은 조합원을 대신해서 일한다는 부담도 있지만 그만큼 도움을 줄 수 있다고 생각하면 책임감이 생기고 보람도 느낍니다. 나이 마흔을 넘기고 이제 교직 경력도 있으니 가만히만 있지 말자는 처음의 마음을 떠올리면 노조에서 일하기를 잘했다는 생각이 듭니다.

사업을 진행하고 나서 얼굴도 모르는 선생님에게 '고맙다'는 문자를 받으면 힘이 납니다. 그 힘이 더 열심히 말하고, 공부하고, 움직이게 합니다. 교육청에 가서 정책협의회를 하고, 문구 하나를 가지고 끈질기게 요구하고, 다양한 사업을 이끌어 가는 것도 조합원이 있기에 가능합니다.

"선생님은 목표가 뭐예요?"

후배 선생님들과 얘기를 나누다 갑자기 훅 들어온 질문에 멍해진 적이 있습니다. 그때 머릿속에 떠오른 생각이 있었는데, 쉽게 말하지는 못했습니다. 제가 교직 생활을 시작했을 때부터 마음속에 늘 지니고 있는 생각입니다.

'저는 제가 계획한 수업에서 아이들이 즐거워하고, 함께 웃을 수 있는 행복한 교실을 만들고 싶어요.'

하지만 현실에서는 학교폭력 담당 교사로서 학생과 학부모 상담을 하고, 보고서를 쓰다 보면 학급의 아이들을 여유 있게 바라보지 못하고 하루하루 힘겹게 교실을 꾸려 나간다는 생각에 좌절감을 느끼기도 합니다.

그렇지만 노조에서 일하면서 제가 가진 꿈을 선생님들과 나눌 수 있겠다는 생각을 하곤 합니다. 각자의 꿈이나 바람이 다를지라도 선생님들이 학교에서 아이들과 더욱더 행복할 수 있도록 노조가 도움이 되었으면 좋겠습니다. 내가 꾸는 꿈은 나 하나의 꿈이지만 노조를 통해서 수많은 선생님이 가진 꿈을 키워 가는 학교를 만들고 싶습니다.

아직 서툴고 모르는 게 많지만 이제 시작입니다. 하나씩 배우면서 고민하고, 선생님의 목소리를 전하면서 저와 많은 선생님의 꿈을 키워 가는 데 작은 힘을 보탤 수 있었으면 좋겠습니다.

선생님은 선생님이 살립니다

_뇨뇨카

밖에서 보는 저는 현실과 투쟁하는 삶입니다. 친구들과 동료들은 말합니다. 우리 친구로만 만나지 적으로는 만나지 말자고 합니다.

사나워 보이지만 순전한 오해입니다. 내면은 누구보다도 평화로운 사람입니다. 사소함과 소박함에서 즐거움을 찾는 것이 행복의 디폴트 값인 사람입니다.

필명이 뇨뇨카인 이유는요, 아기스타 노노카쨩 노래를 따라 부르며 춤추고 놀다 보니 그렇게 되었습니다. 소소하고 재미있게 살고 있습니다.

그렇게 밖에서는 '투쟁하는 사자'로 집에서는 '노래 부르는 아기 양'과 같은 삶을 살고 있습니다.

저 보수라서
노조 안 해요

노조는 무슨 노조야

교직 생활 5년 즈음 되면 많은 교사가 이런 고민을 합니다. 전문성을 쌓기 위해 대학원을 가서 석·박사의 길을 걸을지, 학교생활에 지치는 날에는 교직이 아닌 다른 길을 가 볼까 생각하기도 하지요. 저 역시 비슷한 고민을 하며 생각에 잠겨 있던 어느 여름날이었습니다. 무척이나 무료하고 짜증이 났던 날로 기억합니다. 딱히 끌리는 전공도 없어서 대학원은 가기 싫고, 슬슬 연차가 높아지며 부장을 해야 할 것만 같은 상황은 다가오는데 맞는 역할을 찾지 못하고 막막한 마음으로 방황하던 때였습니다. 오랜만에 예전에 알던 선생님으로부터 전화가 왔습니다.

"선생님, 잘 지내시죠? 오랜만이에요. 저 루비(가명)예요."

평소 이분과 전화를 주고받는 사이는 아니었습니다. 예전 독서 모임에서 알게 된 선생님이었고, 군대에 가기 전에 독서 토론을 몇 번 했었죠. 이제 군대를 전역했으니, 좋은 분이라도 소개해 주려나 하는 기대에 반갑게 전화를 받았습니다.

"아, 저야 잘 지내죠! 선생님 무슨 일이세요?"

"선생님께 꼭 드리고 싶은 말이 있는데, 시간 나시면 오늘 바로 만날 수 있을까 싶어서 연락드렸어요."

너무 뜻밖이었습니다. 그런데 돌다리도 두들겨 봐야 하지 않을까 하는 생각과 의심이 동시에 들었습니다. 용건 없이 만날 정도로 그렇게 친한 사이는 아니었으니까요.

"아, 선생님. 혹시 어떤 일인가요? 만나기 전에 전화로 설명을 들을 수 있을까요?"

"이번에 저희가 세종지역 교사를 위한 노동조합을 만들었는데 한번 들어 보시고 역할을 맡아 주실 수 있을까 해서요."

'노조는 무슨 노조야. 아, 나는 노조 싫어하는데, 뭐 이상한 사람들 모여서 시위니 폭력이니 쓰는 그런 집단 아닌가? 나보고 노조를 가입하라고?'

저의 기대는 무너졌고 이내 냉소로 바뀌었습니다. 대뇌의 필터링도 없이 척추에서 나간 그 한마디,

"저 보수예요. 노조 같은 거 안 해요."

"거절하실 줄 알아서 만나서 말씀드리려고 했어요. 한번 나와서 시간이라도 내주시면 감사하겠습니다. 선생님 기다릴게요. 장소와 시간은 문자로 보내겠습니다. 그럼 기다릴게요."

아, 이게 무슨 일이람. '황당함 반 궁금함 반'이었습니다. '한번 이야기나 들어 볼까' 싶어 약속 시각과 장소를 확인했습니다. 네이버 지도를 확인하니 20분 거리의 가까운 카페였습니다. 멀지도 않고, 사람 성의가 있는데 기다리게 하는 건 예의가 아니니까 나가 보기로 했지요. 그렇게 저의 교직 생활을 바꾸는 운명적인 하루가 시작되었습니다.

예정된 시간에 늦지 않도록 급히 차를 몰고 약속 장소에 도착했습니다. 사람보다는 텅 빈 자리가 더 많은 넓은 카페에 선생님으로 보이는 여자 네 분이 앉아 계셨지요.

'아, 혼자라며……. 저분들은 뭐지? 노조가 맞을까? 포교하러 나온 종교단체인가?'

의심하는 태도는 숨기고, 사회인의 교양, 예의라는 탈을 쓰고 반갑게 인사를 했습니다.

"안녕하세요. 교사 뇨뇨카입니다. 선생님, 여기 맞죠?"

"오셨네요. 선생님, 고마워요. 오셔야 할 수 있는 이야기라서 무례하다고 느끼셨을 수도 있을 텐데, 연락드렸어요. 감사해요."

"그럼 이야기를 들어 볼 수 있을까요?"

노조를 만든 이유

이 만남이 저와 우리 세종교사노동조합의 노조위원장, 수석부위원장, 집행위원장님과의 첫 만남이었습니다. 코로나19 상황에서 교직의 위기를 느꼈고 이대로는 도저히 안 되겠다, 위기감을 느꼈다고 합니다. 전국적인 규모의 노조를 만드는 움직임이 있었고 세종 지역에 교사를 위한 노조를 이미 만들었다고 하시더라고요. 본격적으로 일하기 위한 집행부 구성을 위해 추천을 받아 뜻을 함께할 선생님들을 모으고 있는데 루비 선생님이 저를 추천해 주셨던 것이었습니다. 자기소개를 하고 나서 저는 조금 충격이었습니다. 모두 가정이 있으셨고 아이들이 어렸습니다. 학교 일과 육아를 병행하시면서도 현실에 분노하여 노동조합을 꾸려 나가기로 했답니다. 심지어 한 분은 임산부셨습니다. 저는 궁금했습니다. 무엇이 이분들을 화나게 하고 이렇게까지 만들었을까요? 물론 저도 당연히 그런 상황에 화가 났지만, 딱히 사람들을 조직하고 행동할 생각까지 하지는 못했습니다. 물어보지 않을 수가 없었습니다.

"그렇다고 해서 노조까지 만들 정도는 아닌 것 같은데, 또 다른 이유가 있을까요?"

"교육 당국에 교육활동가가 아닌 진짜 현장에서 일하는 교사의 목소리를 생생하게 전하고 싶어서요. 그 외에 다른 이유는 없습니다."

그랬습니다. 정부 당국은 우리 교사를 너무 무시했습니다. 아니요. 딱히 우리를 무시했다기보다는 우리의 목소리가 전달되는 창구가 없었다는 것이 더 맞겠지요. 신문과 방송에서 들려오는 교사의 목소리는 나의 목소리가 아니었습니다. 또한 나의 동료의 목소리도 아니었습니다. 평범한 교사들이 아닌 사람들의 목소리가 우리의 의견이 되고 있었습니다. 학교와 교실이 아닌 학교 밖의 목소리들이 우리를 대변하고 있었습니다. 저는 우리의 목소리를 전하고 싶다는 이 말을 듣는 순간 가슴속의 불꽃이 튀었습니다. 저도 무엇인가 하고 싶었습니다. 무턱대고 의심을 한 것이 너무나도 미안했습니다. 부채 의식을 가득 느끼면서 이야기를 하다 보니 저도 모르게 자연스럽게 자리가 편해졌습니다.

"그래서 선생님께서 저희와 함께 일해 주시면 좋겠어요."

"하지만 제가 잘 모르는데요. 저 같은 사람도 할 수 있을까요?"

"뭐 어때요. 같이 하면서 배우면 되죠. 저희도 마찬가지인걸요."

그렇게 집행부가 되었습니다. 아, 걱정했던 정치적인 것은 어떻게 되었냐고요? 선생님들이 우리의 목소리를 내고 싶어 세웠다는데 교실에 정치가 어디 있나요. 지금 생각하면 저의 선입견이었고 편견이었지요. 진짜로 선생님들을 위해서 아무도 하지 않아 내가 세운 그런 단체였습니다. 방향은 뚜렷해졌습니다. 우리의 마음은 하나였지요. 우리의 모임과 활동은 오로지 우리 선생님들을 위한 것이어야 한다는 점이요. 이렇게 생긴 '선생님들을 위한'이라는 그 정신은 우리 세종교사노조의 제1원칙이자 우리의 원동력입니다. 항상 그 목적을 생각하며 판단하고 노조를 운영하고 있습니다.

아, 그래서 저는 어떤 직책을 맡게 되었을까요? 디자인 능력이 부족해서 홍보팀은 못 하고, 집안 재산도 관리를 잘하지 못해서 총무팀도 못 할 거 같았습니다. 그러니 한 자리 남더라고요.

"저 그러면 정책실장 할래요. 뉴스 많이 보거든요."

그렇게 2021년 세종교사노동조합의 정책실장 겸 교권 팀장을 맡게 되었습니다.

우리의 목소리를 내다

노조만의 특별한 권리

정책실장은 과연 어떤 일을 하는 자리일까요? 하는 일은 무척이나 다양합니다. 교육청과의 단체교섭과 정책협의, 시시각각으로 일어나는 현안 대응, 조합원 고충 처리, 시의회와의 소통 등 나열하자면 끝이 없습니다. 가장 어려운 것은 무엇보다도 누구 하나 가르쳐 주는 사람이 없고 혼자서 이리저리 부딪치며 경험으로 배워야 한다는 점입니다.

가장 중요한 단체교섭부터 알아봅시다. 노동조합과 교원단체의 차이는 무엇일까요? '단체협약을 체결할 권리'입니다. 우리 교원노동조합은 교원의 「노동조합 설립 및 운영 등에 관한 법률」 제6조에 의해 교섭 및 체결 권한을 보장받고 있습니다. 우리 교사들은 노동조합을 통해 조합원의 임금, 근무 조건, 후생복지 등 경제적·사회적 지위 향상에 관하여 교육부 장관이나 시·도 교육감에게 단체교섭을 요구할 권한을 법으로 보장받고 있습니다.

세종교사노조의 단체협약을 예로 들어 보겠습니다. 이전에는 순회 교사의 경우 순회 교사의 의견 반영 없이 학교장의 의견만으로 근무 지가 정해졌습니다. 이에 세종교사노조는 세종시교육청과의 단체교섭을 통해 당사자인 순회 교사의 의견을 반영하여 순회지를 배정하도록 단체협약을 체결하였습니다.

단체협약을 지키지 않는 경우 해당 협약에 대한 중재재정을 요구할 수 있으며 중재재정의 확정 결과를 지키지 않는 관계 당사자의 대표는 '2년 이하의 징역 또는 2,000만 원 이하의 벌금'에 처해지는 강제성이 있습니다.

또 교육부 장관이나 시·도 교육감은 체결된 단체협약의 내용 중 법령·조례 및 예산에 의하여 규정되는 내용과 법령 또는 조례에 의하여 위임받아 규정되는 내용을 제외하고는 그 내용이 이행될 수 있도록 성실하게 노력하여야 합니다. 이행하지 않으면 처벌을 받을 수도 있으므로 사용자는 성실히 이행하여야 합니다.

그러나 교원단체에는 다른 법이 적용됩니다. 교원단체는 「교원의 지위 향상 및 교육활동 보호를 위한 특별법」 제11조인 '교원의 지위 향상을 위한 교섭·협의'에 의해 권한을 가집니다. 다만 불이행할 때 조정 절차가 없습니다. 합의된 사항을 시행하기 위하여 노력하여야 한다는 조항만 있을 뿐입니다. 이것이 노동조합과 교원단체의 가장 큰 법적 근거에 의한 차이입니다. 우리 교사들은 공무원 신분이라 단체행동권이 법으로 제약되니 노동조합만이 가진 단체교섭의 중요성은 이루 말할 수가 없습니다.

다음으로는 정책협의입니다. 정책협의는 단체교섭의 조항에 근거하여 교육청과 하나의 혹은 소규모 안건으로 정책을 건의 또는 제안하는 형식입니다. 단체교섭은 준비하는 기간도 오래 걸리고 (최소 1년 이상) 긴급한 사항의 경우 단체교섭으로는 대응할 수 없기 때문입니다. 실제로 최근에 우리 노조는 교육청에 악성 민원과 학부모의 폭언으로부터 교사를 보호하기 위해서 교원 보호 안내 문구 삽입과 녹음 가능한 업무용 전화기 구매를 안건으로 요청했습니다. 관련 내용을 공문으로 보내면 교육청에서는 이를 검토하여 노조와 정책협의를 합니다.

정책협의회에는 보통 관련 과의 과장, 업무 담당자, 노동조합 담당 장학사와 우리 노조의 간부들이 동수를 맞추어 만납니다. 교육 현장의 현황에 대한 의견과 필요성에 관해 이야기를 나누고, 법적인 문제가 없는지 검토하고, 관련 정책이 시행될 수 있도록 제도적, 예산 지원을 요구합니다. 이런 과정이 있고 나서 교육청에서는 개별 학교의 수요를 통해 요구액을 산정하고 정책을 수립하고 시행이 됩니다. 사안마다 조금씩 형태가 다르긴 하지만 주로 이런 과정으로 정책협의 내용이 학교 현장의 요구 실현으로 이어집니다.

각종 위원회나 TF 참여도 정책실장이 가장 많이 하는 일입니다. 요구하기 위해서는 다양한 주체들의 의견을 알아야 하고, 현황을 정확하게 파악해야 합니다. 편협한 노조라는 소리를 듣지 않기 위해서 요구되는 것보다 더 많은 자리에 참여하고 있습니다. 선생님들의 의견, 관리자의 의견, 비노조원의 의견, 교육청의 의견 그리고 교육 현장이 아닌 곳의 의견 등 다양한 주체의 의견을 들어야 제한된 정보에 의한 편협한 판단이 아닌 종합적인 판단이 가능하기 때문입니다.

해당 안건에 관심 있는 노조원들을 추천하여 인사 TF, 승진 가산점 TF 등에 참여하도록 합니다. 이를 통해 다양한 의견이 반영될 수 있도록 노력하고 있습니다.

노동조합 활동을 하며 제가 꼭 지키는 원칙이 있습니다. 단체교섭 조항에 근거하여 노조원의 위임을 받아 우리 노조 대표로 가는 자리인 만큼 개인의 의견이 아닌 조합원의 의견을 전달합니다. 현장의 의견을 노조 대표로 전달하고 학교의 현실을 말하고 공감을 얻어내고 정책이 목표로 한 것과 현실의 괴리를 조정하며 개선을 요구합니다. 조합원분들의 의견이 많을수록 우리 노조에서 다양한 목소리를 전달할 수 있습니다. 가끔은 저의 생각과 노조원의 생각이 다른 때도 있습니다. 그렇다 하더라도 무조건 조합원의 목소리를 전달합니다. 이것이 우리 노조가 가장 신경 쓰고 있는 부분입니다. 교육 현장에는 특정한 누구의 목소리가 아닌 실제 현장에서 고군분투하는 선생님들의 목소리가 전달되어야 하니까요. 우리의 목소리는 조합원의 목소리에서 나옵니다.

선생님은 선생님이 살립니다

혼자 힘들어하지 마세요, 힘들면 참지 마세요

부끄러운 부분을 스스로 다른 사람 앞에 고백하기는 쉽지 않습니다. 특히나 불특정 다수가 보는 글로는 더 어렵습니다. 그러니 먼저 고

해성사부터 하고 글을 시작하려 합니다.

저는 오만하고 시건방진 교사였습니다. 뒤에 서술하겠지만 교권 침해를 당하거나 정상적 교육활동이 어려워서 두려워서 출근을 못 한 교사들의 교실을 다니면서도 '교사 개인'의 문제라고 생각했습니다. 저는 교권 침해를 당한 적도 없습니다. 글을 쓰는 지금까지도 말입니다. 교직 경험 10년 동안 예쁜 제자들을 만났고, 훌륭한 관리자들을 만나서 배우고, 존경하는 선배님들 그리고 동료 교사를 만나서 많이 바뀌었습니다. 그리고 학부모님들도 교사를 존중하는 분들을 만났고 문제가 생겨도 이성적인 대화가 되는 분들이었습니다.

이런 생각이 바뀌기 시작했습니다. 저는 신규 교사로 세종시에 임용되고 학교에서 몇 년을 일하고 군대에 갔습니다. 하지만 본의 아닌 사고로 훈련소에서 크게 다쳐 얼마 되지 않아 회복할 때까지 다시 복직하게 되었습니다. 그런데 휴직 처리가 되고 후임자가 발령이 나서 이전 학교에 제 자리가 없었습니다. 그래서 임시로 교육청 인사과의 순회 교사로 배치가 되었습니다. 그때의 경험을 되살려 이야기해 보려합니다.

지금 생각해 보아도 특별한 경험이다. 나는 세종시 학교에서 정규 교사로 근무하다가 우연한 사고로 임용 전 배치되는 순회 교사를 하게 되었다.

지금은 체계화되어 시스템이 다르다고 알고 있지만, 당시 순회 교사는 긴급하게 교사가 필요한 경우 파견을 나가서 문제가 해결될 때까지 학교의 임시 담임을 맡게 되는 자리였다. 보통은 결혼으로 인한 특별휴가, 교통사고로 인한 병가, 출장으로 인한 경우로 보통의 교실에 필요로 하는 기간만큼 단기로 담임이나 전담 교사로 잠시 근무하는 일이었다.

임시 담임으로 갈 때는 선생님들이 만들어 놓으신 교실의 분위기와 문화를 경험할 수 있어서 좋았다. 지금도 생각해 보면 좋은 경험이고 많이 배운 것 같다. 그중에서도 가장 좋았던 것은 각 학교의 다양한 급식을 맛볼 수 있어서이다. 나만의 급식 지도를 만들면서 다음에 발령이 나면 저 학교로 가야지 생각할 정도로 밥이 맛있는 학교도 있었다.

이런 소소한 즐거움을 느끼며 순회 교사 생활을 하던 어느 날이었다. 선생님이 무단으로 결근을 하여 사라지셨다고 한다. 갑자기 인력이 필요하게 되었고 그 교실로 내가 가게 되었다. 교실의 상태는 심각했다. 몇몇 사례가 있었지만 한 사례를 소개하려고 한다. 선생님이 사라졌다. 말 그대로 '실종'이 되었다. 힘든 나머지 잠적해서 어디론가 사라져서 연락이 되지 않는 상태 말이다.

사라졌다는 A 선생님이 맡은 교실은 솔직하게 엉망이었다. 교사의 권위는 완전히 사라지고 무질서만 남아 있었다. 어제 온 나도 잘못한 게 없는데 첫날 얼굴도 모르는 학부모가 전화로 다짜고짜 욕을 하기도 하고, 심지어 다음 날 찾아와서 관련도 없는 다른 선생님 멱살을 잡기도 하였다. 그리고 다른 아이들에게 피해를 주는 그 학부모의 아이는 반성은커녕 아이들을 괴롭혀도 어떠한 제재 수단도 없었다. 다른 아이들의 학부모들이 단체로 그 부모와 학교에 항의해도 도울 방법이 없었다. 한 아이가 다른 아이들을 계속 괴롭히고 다치게 해서 피해 학생들이 전학을 가 버리는 상황이었다. 이런 경험은 처음이라 학교의 교감, 부장 선생님께 이야기를 들어도 답이 없었다. 이뿐만이 아니었다. 누구와도 이런 분위기면 '쉽지 않겠구나'라는 생각이 드는 교실이 많았다. 해결 과정은 다이내믹했지만 중요한 부분은 아니라 생략하겠다. 그 무엇보다 중요한 것은 이 과정에서 교사가 소진되어 사라졌다는 점이다.

B 선생님이 맡은 교실에선 이성의 끈을 놓고 나조차 교직을 그만둘 뻔했다. 학생이 다짜고짜 교실에 침을 뱉기도 하고, 닦으라고 휴지를 주니 휴지를 뻥 차고 닦기 싫다고 했다. 급식 시간엔 식판을 엎고 친구와 싸웠다. 나를 만만하게 봐서 그런가 싶어서 혼을 내려고 하니 옆 반 선생님이 참으란다. 이게 일상이란다. '이게 일상이라고?' 놀라웠다. 더 놀라운 사실은 선생님은 이 반만 그런 게 아니고 학년 전체가 이런 분위기라고 하셨다.

C 학급은 학기 중 담임 선생님이 5번이나 바뀌었다. 긴급하게 투입된 30년 경력의 퇴직 교사인 베테랑 기간제 선생님도 일주일을 못 버티셨다. 더 이상의 자세한 말은 생략한다.

이후 건강 문제가 해결되어 군대를 다녀오고 나는 새로운 학교로 복직을 했다. 저학년을 맡았다. 학년 부장 선생님은 갓 1정을 받은 열정 넘치는 선생님이었다. 퇴근 시간이 넘는 시간까지 교육과정 재구성 회의를 하여 집에 가야 하는 시간에 나를 괴롭(?)히기도 했다. 하지만 동료에 대한 정이 넘치고 아이들에 대한 사랑이 나 같은 무신경한 사람에게도 보일 정도로 대단했기에 학년 업무에 군소리 없이 참여했다. 자연스럽게 그 열정에 반했고 존경스럽기도 했다. 그런데 어느 날이었다. 선생님이 어두운 표정으로 말씀하셨다.

"선생님, 저는 더는 교실에 있고 싶지 않아요. 이제 회의 안 할래요."

"아니 갑자기 왜요? 무슨 일이 있어요?"

"제가 예뻐하며 제 시간까지 써 가며 가르쳐 주고 애정 넘치게 지도하는 제자가 있는데, 학부모님이 연락해서 제 교육활동에 대해서 간섭을 하시고 심한 말씀을 하셨어요. 제가 무엇을 할 수 있을까요. 아무것도 하고 싶지 않아서 어제 밤새 내내 울었어요."

그날 이후로 선생님의 열정이 더는 보이지 않았다. 그렇게 선생님은 조용히 휴직하셨다.

이야기는 여기에서 끝이 납니다. 여러분이 듣고 겪었던 학교와 교실의 상황과 비슷하다고 느끼셨나요? 아니면 일부 교실의 모습이라고 생각하시나요? 노조에서 정책실장을 맡게 된 후, 가장 많이 듣는 소리는 이렇습니다.

"선생님, 저는 더는 학교에 남아 있을 힘이 없어요. 학교가 무서워요. 제가 어떻게 해야 할까요?"

이분들은 법적인 절차에 대해 대응할 힘이 없습니다. 아니 교사로서 살아갈 힘이 없어진 상태입니다. 그럴 때마다 저는 이렇게 대답합니다.

"선생님, 선생님 잘못이 아니에요. 지금 시스템이 그래요. 시스템 잘못이에요. 혼자 힘들어하지 마세요. 힘들면 참지 마세요. 일단 쉬세요.

우리 먼저 쉬고 생각합시다. 선생님이 학교라는 공간을 벗어나 선생님 개인으로 돌아올 수 있게 저희가 힘껏 도와 드릴게요."

학교에 지친 동료를 살리는 한마디

학교라는 공간은 참 이상합니다. 정이 많으면서도 정이 없는 공간이지요. 집에서 만든 음식을 가져와서 같이 나눠 먹는 곳이기도 하면서 힘들 땐 아무도 도와주지 않습니다. 많은 경우에 힘든 일을 당한 선생님들은 그 누구도 위로해 주지 않는다고 느끼고 절망하게 됩니다. 선생님들을 비난하고자 하는 것이 아닙니다. 우리가 있는 이 교직 사회에는 다른 선생님의 영역을 침범하지 않는다는 암묵적 규칙이 있으므로 생기는 현상이라고 생각합니다. 친한 사이라도 다른 선생님의 교실에 관해 이야기하긴 어려우니까요.

이 글은 읽는 선생님들에게 부탁드릴 것이 있습니다. 커다란 위기에 놓인 선생님들에게 관찰되는 공통점이 하나 있습니다. 나의 교실, 나의 공간에서 갇혀서 나오지 않는다는 것입니다. 힘들면 교실로 숨습니다. 혼자 고민의 늪에 빠져서 나오질 못하고 혼자 해결하려다 그대로 가라앉아 버립니다. 그렇게 교사로서의 영혼이 사라지기도 하고, 꺾여 버린 마음으로 오랜 시간 교직에 돌아오지 못하는 경우가 많습니다.

의원면직으로 교실과 학교를 떠나는 선생님을 보는 것은 이제 예삿일이 되었고, 흔한 경우는 아니지만 자신도 모르게 생긴 우울증이나 다른 힘든 일이 겹치는 경우 명을 달리하는 안타까운 소식도 들려옵니다. 퇴근 시간이 지났는데도 텅 빈 교실에 불이 꺼진 채로 선생님이 고개를 숙이고 혼자 울고 있는 모습을 볼 때 선생님은 어떤 결정을 하실까요.

아마도 많은 선생님이 망설이실 것입니다. '그냥 놔두는 것이 낫겠지? 오지랖 부리지 말자. 내가 뭘 할 수 있는 것도 아니니까' 또는 '많이 힘드시구나, 조금 나아지면 교실에서 나오실 거야'라고 생각하지 마셨으면 좋겠습니다.

좌절이라는 깊은 늪에 빠진 사람은 다른 사람이 구해 줘야 삽니다. 동료애라는 밧줄을 던집시다. 천천히 늪에서 나올 수 있게 용기 내어 문을 열고 들어갑시다. 혼자가 어렵다면 같은 학년이나 다른 동료 교사들이 힘이 되어 줍시다. 그리고 위로의 말을 해 줍시다. 힘들면 우선 쉬시라고요. 쉬고 생각하자고. 책임감 좀 집어던지라고 그놈의 책임감이 선생님들을 영원히 집어삼키니까요. 그 무엇보다도 선생님 스스로가 우선이라고 말해 줍시다.

"선생님, 제가 어디서 글을 읽었는데 노조에 도와 달라고 해 보세요. 그 사람들은 뭐라도 도와줄 수 있을 것 같아요."

그 작은 용기가, 그 작은 배려가 힘들어하는 선생님의 영혼을 살리고 회복할 수 있는 시간을 줍니다.

저는 더는 선생님들이 학교에서 상처받은 일로 교직을 그만두시거나 세상을 떠나지 않으셨으면 좋겠습니다. 선생님의 생각보다 훨씬 많은 선생님이 고통을 받고 있습니다. 우리 동료들이 먼저 인공호흡을 하고 119에 신고하듯 노조에 신고해 주었으면 합니다.

"선생님은 선생님이 살립니다."

*이 글은 2023년 6월에 작성하였습니다. 이후 7월에 교육계에 가슴 아픈 일이 일어났고 많은 선생님이 자기 일처럼 슬퍼하고 분노하셨습니다. 이 글에서 언급되는 사건들은 의회와 교육청에 교사들의 어려움을 호소하며 실태를 조사하는 중 알게 된 사건들을 지칭한 2023년 6월 이전의 사건들임을 밝힙니다. 이전에도 많은 비극과 죽음이 있었습니다. 이 글이 작성된 시점에도 정치권과 교육계 모두가 알았지만, 그 누구도 책임지지 않고 비극적인 현실을 어쩔 수 없는 일로 취급하고 방관하였습니다. 그리고 돌아가신 선생님들 한 분 한 분의 이름이 아닌 한 해 사망자 N명과 같이 그저 숫자로 인식하고 흘려 버렸고, 최근 갑자기 일어난 일이 아니라 항상 일어났던 일임을 말하기 위해 본문 내용을 수정하지 않기로 하였습니다. 교사의 희생으로 지탱되는 교실이 아닌 서로가 존중하는 교실, 교사가 두려움 없이 온전하게 가르칠 수 있는 교실이 되기를 바랍니다. 돌아가신 선생님들의 명복을 빕니다.

Into The New World

_인천바다

2006년 인천의 국어 교사가 되었습니다.

새로운 세계에 대한 호기심과 배우고 싶은 열정
이 충만합니다.

여전히 학교가 좋고, 학생들이 좋고, 동료 선생
님들이 좋습니다.

아이 둘의 엄마가 되고, 아무리 열심히 해도 내
마음대로 되지 않는 것이 세상에는 있음을 알게
되었습니다.

2021년 인천교사노조 교육협력국장으로 처음
노동조합을 시작했습니다. 매력 만점의 이타적인
분들과 함께, 새로운 세상을 만나고 있습니다. 즐
겁게 배우고 있습니다.

노조 활동의 꽃
'단체교섭'

노조가 할 수 있는 일과 할 수 없는 일

"20년 근무했는데, 내 월급 실화냐? 왜 교사 월급만 안 오르지?"

"학생들이 준다고, 교사도 줄인다고? 우리 반 과밀이라 39명인데? 교사 정원 좀 늘려 주지?"

"승진 기준이 불합리한데, 바꿀 수 없나?"

"업무 너무 몰아 주는 거 아냐? 개선해야지!"

교무실에서 한번쯤 해 보았을 이런 푸념을 노조가 교육청에 요구하면 바꿀 수 있을까요? 아니요, 사실 바꾸기 어렵습니다. 공무원 보수나 교사 정원 기준처럼 상위 법률로 정해진 것들은 노동조합의 투쟁만으로는 바꿀 수 없기 때문입니다.

노동조합의 전임자에게 노동조합이 할 수 있는 일과 할 수 없는 일을 구분하는 일은 그래서 가장 어려우면서도 제일 필요한 일이었습니다. 승진 기준, 학교 안 업무분장 역시 노동조합이 '교섭'만으로 바꿀 수 없는 영역입니다. 임용권, 조직 및 정원, 예산, 기금의 편성 등은 비교섭 사항이라고 정해져 있습니다.

그렇지만 분명히 바꿀 수 있는 것도 존재합니다.

"졸업앨범에 담임 교사 사진 넣으면서, 넣어도 되느냐고 왜 안 물어보지? 사전 동의받아야 하는 거 아니야?"

"교권보호위원회에 평교사는 한 명도 없는 거 알고 있었어? 평교사도 위원으로 참여해야지."

"2월마다 교실 청소하고 나면 몸살 오는데, 대청소는 학교에서 전문업체 불러서 해 줬으면 좋겠어."

교무실에 이야기를 꺼내면 수다로 끝나기 일쑤입니다. 괜히 나서지 말고 그냥 하던 대로 하자는 핀잔을 들을 수도 있는 일들입니다. 그러나 교육청에서 노동조합 조합원 대표로 발언하면, 학교 현장이 달라지는 것을 확인할 수 있습니다. 우리는 누구나 불평을 넘어 대안을 제시하는 교사가 될 수 있습니다.

우리는 인천 교사들의 교육활동 및 환경에 대한 의견을 수렴하여, 아래와 같이 단체협약을 체결(2022년 4월 8일)하였습니다. 아래 항목들은 단체협약의 아주 일부입니다.

- 교육청은 졸업앨범에 해당 교원의 동의를 얻어 사진을 올리도록 지도한다(제55조 ③항).
- 교육청은 교사단체가 추천하는 평교사를 시교육청 교권보호위원회 위원으로 참여할 수 있도록 한다(제53조 ②항).
- 교육청은 각급학교의 화장실에 화장지, 비누 등 위생용품이 비치되도록 지도하고, 유·초·중·고등학교 및 특수학교 교실의 경우 학교 실정에 맞게 학교예산 범위 내에서 일시적으로 청소업체와 계약하여 청소를 실시할 수 있도록 학교예산 편성을 지도한다(제64조 6항).
- 교육청은 각급학교에서 전문업체가 실시하는 연 1회 이상의 교내

외 대청소를 예산에 편성·운영하도록 지도한다(제24조 23항).

교사들이 파업은 못 하지만, 임금 인상 요구는 못 하지만, 그래도 우리가 바꿀 수 있는 것들을 찾아 요구해야 합니다. 단체교섭을 통해서 말이지요.

인천교사노조에서 2021년 처음 전임자로 근무를 시작했을 때, 인천교사노조는 인천시교육청과의 '단체교섭'을 앞두고 있었습니다.

"단체교섭이 뭔데요? 제가 할 수 있는 일이 맞아요?"

처음에는 걱정이 많았습니다. 집행부 선생님께서 참고 자료를 하나둘 꺼냈는데, 양도 꽤 많은 데다가 분명 한글인데 해석이 되질 않았습니다.

다행히 우리 노조의 교섭요구안은 이미 만들어진 상태였습니다. 2020년에 전임 근무자도 없이 몇 명 안 되는 집행부 선생님들이 학교 근무와 노조 업무를 병행해 가며 만들었다고 합니다. 2020년 교육청에 교섭 요구는 했으나, 교육청과의 '절차' 합의가 잘되지 않았다고 합니다. 그러다 보니 교섭은 차일피일 미뤄지는 중이었고요. 그러나 사실은 절차 합의가 빨리 되었어도, 2020년의 몇 안 되는 집행부로는 단체교섭 진행이 어려웠을 것이라고도 했습니다.

2021년에는 반전임에 무급 봉사자이긴 하지만 전임휴직들이 생겼으니 적극적으로 단체교섭을 진행해 보자며 노조 집행부 모두가 의욕을 불태웠습니다.

우리는 우선 초안을 보완하기 시작했습니다. 이미 단체협약을 체결했거나 진행한 다른 지역 교사노조에서 공유해 주신 결과를 바탕으로, 다른 지역 교육청에서 받아 준 요구사항들을 우리 교섭요구안에 추가로 집어넣기 시작했습니다.

그렇게 완성된 총 68조 340항의 교섭요구안을 교육청에 보내고, 이 요구안이 '단체협약'이 될 수 있도록 분석이 시작되었습니다. 각 항목에 대한 학교 현장의 현황과 요구 근거, 문제점, 기대하는 바 등 교육청 실무자들을 설득하기 위한 자료를 만들어 갔습니다. 이미 단체교섭을 경험해 본 경기교사노조, 강원교사노조, 대전교사노조 등에 전화를 걸어, 일면식도 없는 다른 노조의 집행부 선생님들께 A부터 Z까지 물었습니다. 다들 각자의 노조 일로 바빴을 텐데도 아낌없이 경험과 노하우를 전수해 주었습니다. 안건별로 공략 포인트를 짚어 준 노조도 있었고, 전체적인 흐름과 분위기 그리고 실패담까지 피가 되고 살이 되는 이야기들을 전해 주기도 했습니다.

인천만의 사안인 경우는 조합원 선생님들께 의견을 구하기도 하고, 지인 찬스를 활용하기도 했습니다.

"○○아, 안녕? 혹시 너희 학교는 방역 인력 채용 누가 담당하니?"

다른 직종의 단체교섭에서는 노측 노무사가 함께 교섭을 진행한다고 합니다. 현장의 목소리뿐 아니라 단체교섭 경험이 많고 노동법을 잘 알고 있는 노무사들이 사측을 상대해 주니 얼마나 든든할까 싶었습니다. 그러나 교사는 단체교섭장에 노무사와 함께 들어갈 수 없고, 스스로 공부하고 직접 사측을 상대해야 합니다. 지금 생각해 보면 바로 자신들의 일이기 때문에 오히려 더 절절하고 구체적이고 적극적일 수도 있겠다 싶습니다.

단체교섭 절차

1. 교섭 요구, 교섭 참여: 노측이 요구안을 만들어 사측에 교섭을 요구한다.

2. 예비 교섭: 노측과 사측이 함께 교섭의 절차, 주기, 위원의 선임 등을 결정한다.

3. 본 교섭 상견례: 노측과 사측의 대표가 서로 만나 인사하고 단체교섭의 시작을 알린다.

4. 실무 교섭: 실무자들끼리 요구안에 대해 협의한다.

5. 국별 교섭소위원회: 미합의된 안건에 대해 국별 국장과의 교섭을 통해 재협의한다.

6. 본 교섭: 노측과 사측의 대표가 합의된 단체협약에 서명한다.

7. 단체협약 체결

노조 측은 조합원에게 위임을 받은 권리로 사측과 만나 요구안에 대해 협의합니다. 최종 목적은 단체협약의 체결인데, 단체협약은 이후 노조 활동의 매우 중요한 근간이 됩니다. 인천교사노조 조합원이라면 '방학 중 일직성 근무 금지'나 '교사에게 돌봄 업무 배제' 등의 공문을 받아 보셨을 겁니다. 단체협약은 법적 효력이 있기에 이러한 공문을 통해, 조합원들을 보호할 근거가 되어 줍니다. 사측과 약속한 단체협약의 내용은 우리 노조 조합원들의 요구가 반영된 것이기 때문에 더욱 소중할 수밖에 없습니다.

만약 교사들을 위한 교육정책이나 복지가 새롭게 생겼다면, 당연하게 생각하지 마시고 노조가 알게 모르게 움직인 것은 아닐까 생각해 봐 주시면 감사하겠습니다.

조합원 전체를 대신하는 자리

단체교섭의 과정인 첫 번째 실무 교섭에 들어가기 10분 전 머릿속이 복잡했습니다.

'새로운 노조의 모습을 보여 줘야 해.'

'누가 보더라도 합리적인 근거와 타당한 논리를 보여 줘야 해.'

'바보같이 버벅거리면 어떡하지?'

'나는 인천바다가 아니다. 조합원을 대표해서 온 교섭위원이다.'

심호흡을 하며, 최악의 상황이 오더라도 상처받지 말자고 다짐을 하며 교섭장에 들어섰습니다.

9월 30일 15시. 인천교육청 지하에 있는 소회의실로 내려가는 길. 하필이면 장소는 왜 지하인지. 지하 동굴 끝판왕 보스를 만나러 끌려가는 기분을 느끼며 첫 단체교섭이 시작되었습니다.

인천교사노조에서 4명, 교육청에서 5명이 나와 마주 보며 앉았습니다. 앉기 전에 인사를 나누고, 우리 노조를 알리는 리플릿과 오늘 요구할 안건들의 근거 페이퍼를 미리 돌렸습니다. 학교 현장의 고충 사례를 구체적으로 정리하고, 우리의 대안도 제시했습니다. 다른 시·도와 비교하며 인천의 교육환경이 더 나아져야 한다고 요구하기도 했습니다.

교육청에서 교섭을 위해 나온 분들도 처음에는 '교사노조가 뭔데?' 하는 반응과 긴장감이 있었는데, 교섭이 진행될수록 우리의 이야기를 경청해 주었습니다. 결국 오고 가는 협의의 과정에서 노측과 사측의 목표는 동일한데, 방식이 다를 뿐임을 확인할 수 있었습니다.

첫날은 10개의 안건을 들고 들어갔는데, 6건은 교육청에서 원안을 그대로 합의하여 수용되었고, 3건은 우리의 안건을 교육청이 조금 수정하고 그 수정안을 노측이 수용했습니다.

그리고 '업무분장'과 관련된 안건 하나는 미합의되었습니다. 교육청은 학교의 업무분장은 '학교장의 권한'이라며 끝내 받아 주지 않았습니다.

그래도 교무실에서 불만처럼 토로했던 내용을 페이퍼로 만들고, 교육청의 실무자들 앞에서 이야기하다 보니, 우리가 진짜로 학교를 바꿀 수 있겠다는 믿음이 생겼습니다.

단체교섭의 또 하나의 효과는 인천교사노조를 만나 본 교육청 분들이 교사노조를 더 많이 알게 되고, 교사노조를 대하는 태도 역시 달라졌다는 점입니다. 예전 같으면 교육청에 전화해도 '어디라고요?'라며 되묻던 분들이 더욱 친절하게 노조의 전화를 응대해 주었습니다.

10월 14일 15시. 인천교육청 상황실에서 두 번째 단체교섭이 있었습니다. 두 번째라 긴장이 조금 풀릴 줄 알았는데, 사측에서 나오는 분이 안면이 있는 분이었습니다. 개인적으로 그분은 저를 모르지만, 저는 같은 교과 선배님으로 존경심마저 가지고 있는 분이었습니다. 그분의 기세에 눌렸는지, 당연히 될 줄 알았던 안건들이 삭제되거나 미합의되었습니다. 실망감과 함께 제 부족함 때문에 결과가 좋지 않은 것 같아 조합원 선생님들께 죄송한 마음이 들었습니다. 조합원 선생님들을 대표해서 여기에 와 있는데, 이 정도밖에 말을 못 하다니, 제가 계속 교섭에 참여해야 하는지 회의감까지 느껴졌습니다.

모든 안건을 다 다음으로 미뤄 국별소위원회에 가져갈 수는 없기에, 전략적으로 삭제를 선택할 수밖에 없었습니다. 정해진 시간 속에 이

요구안을 계속 밀어붙일지, 삭제할지 논의하고 고민할 시간이 그리 많지 않았습니다. 짧지만 무거운 고민의 순간들 속에서 유독 제가 속한 중등교사들을 위한 안건들이 많이 삭제되었기 때문에 정말 아쉬웠습니다. 집에 돌아와서는 눅진한 여름 빨래처럼 몸이 축축 처져 퍼져 버리고 말았습니다.

두 번째 실무 교섭에서는 총 27개의 안건을 검토한 결과 원안 합의 11건, 수정 합의 8건, 삭제(검토 의견 수용) 6건, 미합의 2건에 합의했습니다. 미합의 2건은 '고교학점제 전담 순회 교사' 관련, '교원 연구비'에 관련된 것이었습니다.

- 교육청은 고교학점제 전담 순회 교사를 선발할 경우, 채용 업무를 단위학교에 전가하지 않는다.

우리의 제안에 교육청은 고교학점제 및 전담 순회 교사 제도가 아직 시행 전이기 때문에, 교섭 안건으로 받아 줄 수 없다고 했습니다. 노조 입장에서는 이에 강력히 항의하고, 시행하기 전이기 때문에 꼭 단협안에 넣을 것을 요구했습니다. 이미 시행된 다른 지역의 경우 전담 순회 교사의 채용 업무가 교사들에게 더해져 현장의 어려움이 커졌다는 소식을 들었기 때문입니다.

- 교육청은 유·초·중등의 교원 연구비가 전국 최고 수준으로 균등하게 지급될 수 있도록 관련 기관에 건의한다.

이 안건에 대해 교육청은 균등 지급에 대해서는 합의할 수 있으나,

'전국 최고 수준으로'는 합의가 어렵다고 하여, 균등 지급 및 전국 최고 수준(충남 7만 5,000원) 두 가지 모두를 위해 노력해 달라고 요구했습니다.

인천시교육청 중등교육과와 만나 실무 교섭을 하면서, 이 정도 요구는 당연히 들어주어야 하는 것 아닌가 싶은 것들도 합의하기까지 참 어려웠습니다. 사측 위원분들이 나빠서가 아니라, 아직 우리 노조의 역량이 그 정도였고, 우리 노조의 조직력과 힘이 미약했기 때문입니다.

2차 실무 교섭에서 미합의된 2건은 결국 '교섭소위원회'에서 다시 협의하기로 했습니다. 교섭소위원회는 실무자보다 책임과 권한이 더 큰 교육청의 국장을 만나는 자리인데요. 12차례의 실무 교섭이 끝난 이후 열린 교섭소위원회에서 재협의한 결과 두 안건 모두 교육청에서 수용했습니다!

그 결과 인천은 고교학점제 전담 순회 교사의 채용 업무를 학교가 아닌 시교육청에서 하고 있답니다!

단체교섭의 자리에서는 '싫은 소리'나 '불편한 소리'를 해야 할 때도 있었는데요. 저 개인에게는 부담이 꽤 컸습니다. 가끔은 상대편에 개인적으로 안면이 있는 분들이 앉아 계신 경우도 있었고요. 그럴 때마다 되새겼습니다.

'나는 고등학교 교사 인천바다로 말하는 것이 아니다. 인천교사노조 조합원 전체를 대신하여 말하는 거다.'

조합원이 늘어나면 늘어날수록 업무와 부담이 늘었지만, 제 뒷배 역시 늘어나는 느낌이라 든든했습니다. 그렇게 하나씩 배우고 익히며, 노조 집행부로서 성장해 가고 있습니다.

평범한 교사들의
연대

현장에 답이 있다, 무대를 내어 드리는 노조

우리 교육의 전문가는 현장의 교사들이었습니다.

총 12번의 실무 교섭 중 가장 기억에 남는 교섭은 인천의 공립유치원 선생님들과 특수 선생님들이 참석한 가운데 진행된 4차 교섭이었습니다. 다른 단체교섭안들보다 인천 선생님들의 의견이 더 많이 반영되었고, 교섭 현장에도 가장 적극적으로 참석해 주셨죠.

중등교사인 저는 공립유치원 현장 상황을 알기 어렵습니다. 특수교사의 업무에 대해 아무리 설명을 들어도 특수 선생님들을 대변하는 데에 한계가 있습니다. 그런데 단체교섭이라는 어려운 그 자리에 일반 조합원인 유치원 선생님과 특수 선생님들 7분이 교섭위원과 배석위원으로 나오셔서 현장의 이야기를 들려주셨습니다. 교사노조 측에 집행부 포함 총 10명이 자리하니, 그 어느 때보다 든든하고 힘이 났습니다. 노조 전임자가 백 마디의 말을 할 때보다 현장 선생님이 한마디를 해주실 때 학교 현장이 더 쉽게 바뀔 수 있음을 느꼈습니다.

교섭위원으로 참석해 주셨던 특수 선생님이 "교육청은 특수교육 업무 정상화를 위해 특수교육 대상자 방과후교육활동비 지급 처리 방식을 치료 지원비 지급 방식과 동일한 카드 결제 방법으로 전환을 추진한다"라는 안건을 추가로 제안해 주셨습니다. 꼼꼼하게 정리해 오신 근거들과 다른 지역의 사례들로 협의하다 보니, 수용되기 어렵지 않을까 했던 이 요구가 생각보다 쉽게 수용되었습니다. 현장에 계신 선생님이 직접 설명하고 요구하니 생각보다 쉽게 바뀌는 걸 눈으로 확인하는 자리였습니다.

이 4차 실무 교섭은 노조 활동에 대한 저의 태도에 큰 변화를 주었습니다. 노조를 하며 제가 모든 조합원의 요구를 다 들어 드릴 수 있을까 부담이 컸습니다. 그런데 이제는 답답하고 힘든 조합원 선생님들이 직접 자신들의 이야기를 할 수 있는 '무대'를 만들어 드리자고, 선생님들의 목소리를 키워 드리자고 생각하게 되었습니다.

교사의 돌봄 업무 배제, 계란으로 바위 치기

인천교사노조가 포기하지 않고 끝까지 요구했던 단체교섭안 중 하나가 "교사들에게 돌봄 업무를 부과하지 않는다"였습니다. 사실 저는 중등교사이고 아직 아이도 미취학인 상태라 돌봄교실이 무엇인지, 초등학교 선생님들이 어떤 업무로 힘들어하는지 잘 몰랐습니다. 우리의 요구에 교육청은 한결같이, '업무분장은 학교장의 고유 권한이고, 교육청에 권한이 없다'며 회피했습니다.

이걸 계속 가져가야 하는지, 아니면 이번에는 양보하고 다른 교섭안들을 더 많이 받아내야 할지 수없이 고민했습니다. 사실 저는 '이번에는 양보하자'는 입장이었습니다. 우리의 요구가 계란으로 바위 치기 같았기 때문입니다. 교육청이 실무협의에서도 노(No)를 했고, 국별회의에서도 반대하는 상황에서, 다른 교섭안들을 받아내는 데 집중하는 게 우리에게 더 유리한 것이 아닌가 계산했습니다.

하지만 노조가 정책을 관철시키는 방법이 '단체교섭'만 있는 것이 아니기에, 단체교섭을 진행하는 동시에 평범한 교사들의 목소리를 키우고 전달하기 위해 노력했습니다.

'인천교사 돌봄업무 완전 배제 서명운동'을 진행했습니다. 인천의 선생님 2,421분이 서명해 주셨습니다. 교육감과의 간담회 자리에서 이 서명을 전달했습니다. 현장 교사들의 소리를 더 무겁게 들어주시길 요청했습니다.

인천시의회 교육위원회 의원들과도 만났습니다. 교육위원회 위원장, 부위원장과의 면담을 잡고, 인천시의 돌봄 정책에 대해 논의하며 현장의 고충을 전달했습니다. 때마침 대전시교육청이 돌봄행정 사무에서 교사를 완전히 제외시켰다는 좋은 소식이 들려왔습니다. 인천교사노조의 요구에 힘이 붙기 시작했습니다.

단 두 명이 전임자로 근무하는 노조에서 '돌봄 업무 배제'를 요구하기까지의 과정은 참 다사다난했는데요. 초등학교 선생님들을 만나고, 공립유치원 교사들을 만나고, 설문지와 서명지를 만들어 돌리고, 교육청으로 시의회로 뛰어다닌 시간. 그 외의 업무들 역시 가볍지 않았습니다.

결국 인천에서도 '인천 교사 돌봄 업무 배제'라는 결과를 듣게 되었습니다. 아무도 가능하다고 하지 않았던 일을 관철해 낸 우리 노조가 자랑스러웠습니다. 노동조합이 정말 우리 교육을 바꿀 힘이 있구나, 제가 그 일에 일조하고 있다는 자긍심이 생겼습니다.

많은 선생님께서 고맙다며 감사를 전해왔습니다.

"수년간 돌봄 맡으며 정말 울면서 일하고 별 보고 집에 갔습니다. 방학 없이 일하면서도 아무런 보람도 없이 교사로 설 자리를 잃어 간다 생각했고 아직도 업무에 묻혀 지낸 그때를 생각하면 가슴이 답답했는데, 이렇게 공식적으로 업무 배제가 된다니 너무 다행입니다. 정말 감사드립니다."

그 감사를 이제 돌려 드립니다. 모두 함께해 주신 선생님들 덕분입니다.

나는 솔직히 선생님들이
더 열심히 일했으면 좋겠어요

인천교사노조 전임자로의 첫발

아이들을 등원시키고 탄력적으로 출근하는 조건으로 2021년부터 인천교사노조의 전임자로 근무하게 되었습니다. 월급은 학교에 있을 때의 절반이었지만, 아이들을 키우면서 일도 꼭 하고 싶었기 때문에 노조 근무라도 해 보자고 결심했습니다. 그런 상황이 아니었다면 저도 노조 전임이라는 자리에 선뜻 한 발 내딛기가 어려웠을지도 모릅니다.

전임자는 노동조합에서 조합원들에게 걷은 조합비의 일부로 봉급을 받는 무급 휴직자입니다. 전임휴직이란 「교육공무원법」 제44조 1항, 제45조 1항에 따라 노조 전임자로 일하기로 한 사람이 쓰는 휴직입니다. 직권휴직으로 인천시교육청에 공문을 발송한 후, 학교에는 보고와 휴직 절차를 거치는데요. 노동조합 전임휴직이라는 것이 그리 흔하지 않기 때문에 학교 교무부에서도 지침을 여러 번 찾아보았습니다(사실 저도 이 글을 쓰면서 법규와 법령을 다시 한번 검색해서 참고했습니다).

그런데 사무실에 출근한 후 처음 3개월은 무엇을 해야 할지 몰라 방황을 했습니다. 조합원 선생님의 전화를 받아도 어떻게 응대를 해야 할지 몰라 당황해서 버벅거리다 다른 집행부 선생님을 바꾸기 일쑤였습니다. 제가 하지 못하는 일들이 다 다른 집행부의 일이 되어 부담은 커져만 갔습니다.

"저는 무엇을 하면 될까요?"

"선생님, 하고 싶은 거 하세요."

정말 울고 싶었습니다. 제가 하고 싶은 일을 하라고 하는데, 저는 하고 싶은 일이 없었습니다. 아마 노조에서 제가 할 수 있는 일이 무엇인지 몰라서 '하고 싶은 일'을 깊이 고민해 보지 않았던 것 같습니다.

그때부터 다른 지역의 교사노조에서는 무엇을 하고 있는지 살펴보았습니다. 다른 노조에서 하시는 일들을 보며, 노조가 할 수 있는 일들에 감을 잡기 시작했습니다. 우리 지역에 도입할 수 있는 일들은 이미 그 일을 시행 중인 노조에 양해 및 조언을 구하고, 따라 하기도 했습니다.

서울교사노조에서 조합원들 대상으로 '패들렛' 계정을 지원하는 사업을 진행한다는 이야기를 들었습니다. 코로나19로 모두 각자도생으로 원격수업을 하던 시기, 교육용 프로그램 하나도 교사들이 자비로 구입하던 시절이었습니다. 인천에 계신 선생님들도 지원해 드리면 도움이 되겠다고 생각했습니다. 서울교사노조 집행부 선생님께 전화를 걸어, 사업 노하우를 전수받았습니다. 인천 선생님들께는 공문으로 홍보를 시작했습니다.

노조에서 각 학교로 공문을 보내려면 '문서24'라는 프로그램을 사용합니다. 그 프로그램으로 관내 전체 학교에 공문을 보내려면, 한 번에 한 학교씩 클릭, 클릭하여 보내야 합니다. 공문을 한 번 보내는 데만 대략 2~3일이 걸립니다.

그렇게 공문으로 홍보를 하고, 조합원 선생님은 무료, 비조합원 선생님은 5,000원을 받았음에도 총 1,800분이 신청해 주었습니다. 물론 처음 하는 사업이다 보니, 여러 가지 민원도 많이 받고, 패들렛 사업 관련은 퇴근 후에 짬을 내어 민원을 해결해 드리느라 초과 근무도 늘었지만, 선생님들의 교육활동을 직접적으로 돕는다고 생각하니 정말 보람 있었습니다.

미래의 '나'를 돕는 일

조합원 선생님의 민원 전화를 받은 어느 날이었습니다. 푸념처럼 집행부 선생님께 털어놓았습니다.

"나는 솔직히 선생님들이 좀 더 일을 열심히 했으면 좋겠어요."

"선생님들께서 어떤 '일'을 더 열심히 했으면 좋겠는데요?"

"당연히 더 열심히 수업하고 가르치는 거죠."

"노조의 목적도 결국 같아요. 선생님들이 더 잘 교육할 수 있는 환경을 만들려고 이 일을 하는 거죠. 선생님들이 더 잘 교육하려면, 선생님들이 행복해야 하는데, 요즘 교육 현장을 보면 선생님들의 교육활동을 방해하는 외부 요인들이 너무 많잖아요."

그 이야기를 들으며 제가 노조에서 '하고 싶은 일'이 무엇인지도 윤곽이 잡히기 시작했습니다. 현장 선생님들이 더 열심히 교육활동에 매진할 수 있도록 돕는 일이었습니다. 선생님들을 돕는 것이 복직 후 계속 교사로 살아갈 미래의 '나'를 돕는 일이기도 했지요.

올해 2023년은 여의도에 있는 교사노동조합연맹 사무실에 책상 한 칸이 생겼습니다. '전국중등교사노동조합' 전임자가 된 것입니다. 인천교사노조에서 근무하며 가끔 중등 선생님들의 고충을 들을 때가 많았는데요. 중등교사의 고충은 인천시교육청과의 교섭으로는 해결하기 불가능한 것들이 많았습니다. 교육청 권한이 아닌 것들이었죠. 교사 정원, 고교학점제, 수능 업무, 대입 정책 등을 이야기하려면 일차적으로는 교육부와의 면담과 교섭이 필요했습니다. 중등교사인 '나'를 돕기 위해서는, 조금 더디더라도 전국중등교사노조에 저의 목소리를 보태는 것이 필요하겠다고 생각했습니다.

달라진 제 명함을 받은 어떤 분은 "전국 단위로 가신 거면, 승진하신 거예요?" 하기도 합니다. 사실 전국중등교사노동조합은 이름에 '전국'이 붙어 있는데, 아직 인천교사노조보다도 조합원이 적습니다. 가야 할 길이 구만리라는 소리지요. 조합원이 적으니, 조합비로 노조 전임자의 월급도 100% 감당할 수가 없어 여전히 저는 월급을 반만 받는, 반 전임입니다.

인천교사노조는 인천시교육청과 만나면 되는데, 전국중등교사노조는 '교육부'와 만나야 합니다. 만나려면 왕복 6시간을 운전해야 하는데, 그나마도 약속이 잡히면 다행입니다.

저는 또 이 힘든 자리를 왜 수락했을까요? 힘든 날이 더 많지만, 해야 할 일이 있음을, 할 수 있는 일이 있음을 알아 버렸기 때문일 것입니다. 노조에서 하고 싶은 일이 아무것도 없고, 노조가 무엇을 할 수 있는지도 거의 몰랐던 제가 알게 된 것들을 더 많은 선생님께 알려 드리고 싶습니다. 느끼게 해 드리고 싶습니다.

학교 현장에 바꾸고 싶은 게 하나라도 있는 중등 선생님들이 있다면, 함께 목소리를 내주시면 좋겠습니다. 언젠가는 바뀔 그날을 위해서 말입니다.

4장

30대 교사, 노조 일꾼 리얼 입문기

의문투성이 교직의
돌파구를 찾아서
_퐁퐁샘

　20년 전 대학입시 후, 별다른 꿈이 없었기에 그
나마 안정적이란 얘기를 듣고 초등학교 교사란 직
업을 덜컥 택하였다.
　그렇게 택한 교직의 우여곡절을 지켜보면서 다
행인지 불행인지 미운 정 고운 정이 들어 버렸고,
이 교직이란 녀석의 미래가 안쓰러워 노조 활동을
또 덜컥 시작하였다.
　어릴 적엔 별생각 없이 맘 편히 살아왔건만 뒤
늦게 사춘기 소년처럼 좌충우돌하며 살고 있다.
마냥 놀기 좋아하던 시절을 반성하듯 나이 먹고
뭐든 해 보려고 이리저리 기웃거리는 중이다.

평범한 30대 교사
노조에 입문하다

10년 차 교사의 평범한 고민과 새로운 의문

'좋은 선생님이란 대체 뭘까?'
'올해는 어떤 업무를 맡아야 스트레스를 덜 받으려나?'
'승진을 하려면 30대부터는 준비를 해야 한다는데……'

첫 발령 후 10년 정도가 지나면 교사들은 보통 이런 고민을 하지
않을까요? 1년 단위로 쳇바퀴 돌듯 하면서도 매년 다른 학년과 업무.
적응될 만하면 바뀌거나 새로 생기는 지침들. 딱히 중요해 보이지도
않는데 뭐 그리 하라는 것도 많고 하지 말라는 것도 많은지. 교사란
직업은 익숙하기도 하면서 매해가 새롭더군요. 그렇게 저는 익숙함과
새로움 그 어디쯤에서, 이런저런 고민을 하던 평범한 교사였습니다.

생각해 보면 좋은 기억도 많습니다. 말 한마디, 행동 하나로 제 마
음을 들었다 놨다 하는 아이들. 처음부터 끝까지 척척 맞아떨어진 만
족스러운 수업. 학생들의 변화와 성장이 눈에 보일 때의 보람. 힘든 일
이 있어도 으쌰 으쌰 하며 함께 고생했던 동료들. 직접 쓴 손편지로
감사함을 표현해 주시던 학부모님. 네, 교직은 나름의 보람과 기쁨이
있는 직업이었습니다.

하지만 언제부터일까요? 교사란 직업은 이제 저에게 다른 차원의
고민을 하게 합니다.

'이게 왜 교사 업무지?'

'혹시 이런 말도 아동학대인가?'

'갈수록 일은 늘고 힘든데 내 월급은?'

'내가 정말 정년까지 이 일을 할 수 있을까?'

뒤돌아보니 그동안 저는 학교에서 가르치는 일 말고도 많은 일을 해 왔더군요. 그중에서도 저는 정보업무를 다년간 해 왔습니다. 정보업무는 업무분장표에 무심히 쓰인 네 글자로는 다 표현되지 않습니다. 학교에 있는 컴퓨터, TV, 프린터 등은 물론 때로 방송 장비 관리도 교사의 몫이었습니다. 장부와 실제 수량이 달라 난감했던 적도 있고 분실된 것은 사용하지도 않은 저의 책임이었습니다. 기기가 고장이 나면 급한 대로 직접 고쳐야 했으며 학교 내 CCTV 개수와 화소 수까지도 알아야 했죠.

어느 순간부터는 스마트 교육을 한다며 패드와 노트북이 학교에 들어오더니 너무나 당연하게 이들의 관리 역시 교사 몫이었습니다. 학교에서 주어진 업무는 어떻게든 해내야 능력 있는 교사라 생각해 왔던 저도 그동안 쌓였던 의심들을 숨길 수 없었습니다.

'이 많은 학교 물품 관리를 나 혼자 어떻게 다 하라는 거야. 교육청은 학교에 물건만 뿌리면 다야?'

'가만 보니 무슨 일이 새로 생기면 교사가 다 알아서 하란 식이네!'

이에 더해 코로나19와 관련한 교육부의 대응은 더욱 실망스러웠습니다. 그런데도 최선을 다해 현장의 혼란을 최소화한 우리 선생님들,

칭찬받아 마땅하지 않았나요? 하지만 교사들의 그러한 노력은 사람들에게 제대로 인정받지 못했습니다. 학생, 학부모 심지어 교육부조차 교사의 편은 아니라는 생각에 너무 허탈했습니다.

어디 이것뿐이던가요? 학교폭력은 학교에서 일상이 되었고 학부모들의 도가 넘은 민원은 학교 행정과 교사의 교육권을 위협하고 있습니다. 학생들도 점점 교사의 말을 듣지 않습니다. 오히려 교사의 지시를 잘 따르면 감사하게 여겨질 정도입니다. 공부는 둘째치고 기본적인 예의와 질서조차 지키지 않는 지금의 학생들은 학교에서 어떤 배움을 가져가고 있는 걸까요.

교사의 역할과 책임은 늘어 왔지만, 교직에 대한 사회적 시선은 어떤가요. 교육 관련 뉴스 기사의 댓글에는 교사들을 비난하는 사람들이 더 많습니다. 전문성에 대한 폄하부터 놀고먹는다는 직업 비하에 차마 입에 담기 힘든 원색적 비난까지. 교직은 왜 그리 사람들에게 미움받고 있는 걸까요.

「아동학대범죄의 처벌 등에 관한 특례법」(약칭: 아동학대처벌법)은 교사들이 마지막까지 가지고 있던 사명감이란 산소호흡기마저 제거해 버리려 합니다.

이 법은 학생이나 학부모의 기분에 따라 교사의 정당한 지도마저 무력화하는 수단으로 전락하고 말았습니다. 경기교사노조의 2021년 통계에 의하면 교사를 아동학대로 신고한 건수의 60% 정도가 무혐의를 받았는데, 교사의 단순한 훈육을 아동학대로 신고한 경우가 대부분이었습니다. 심지어는 자녀가 학교폭력 가해자로 몰리자 불만을 품고 신고하는 경우도 있었죠. 일단 아동학대로 신고당한 교사는 무혐

의라 하더라도 사안이 종료될 때까지 정상적인 교육활동을 할 수 없는 것은 물론, 그 과정에서 극심한 정신적 피해를 입게 됩니다. 이 추세는 현재진행형이고, 이대로라면 대한민국 교사의 모든 말과 행동은 아동학대에서 벗어날 수 없을 것입니다. 교직은 이로 인해 파리목숨이 되었고 교사들은 점점 정당한 생활지도마저 포기하기에 이르렀습니다.

나, 이대로 괜찮은가? 내 눈으로 직접 확인해 보자

그 외에도 교직에 대한 회의감을 들게 하는 일들은 많습니다. 다른 직종에 비해 오랜 기간 제자리인 교사들의 봉급과 각종 수당은 상대적 박탈감을 느끼게 하며 교육부나 교육청은 무책임한 교육행정을 남발합니다. 방과후, 돌봄, AI 교육 등 학교에 새롭게 들어오는 사업은 끝이 없지만 제한된 인력 속에 명확한 체계가 없어 교직원 간 업무 분쟁만 늘어 갑니다. 급기야는 학급 담임까지도 기피 대상이 되어 버렸습니다. 동료 선생님들도 마찬가지로 위기의식을 느끼고 있었습니다.

"어제 기사 봤어? 진짜 별일이 다 있네."
"우리 학교도 요즘 민원 때문에 시끄러웠잖아."
"언제 잘릴지도 모르는데 재테크 열심히 해서 빨리 그만둬야지."

저는 고민했습니다. 나, 이대로 괜찮은지. 학교뿐만이 아니라 교사 커뮤니티엔 저와 같은 고민이 늘어 갔고 성공적으로 교직에서 탈출한 사례의 게시글은 인기 글이 되기도 했습니다. 참 용기 있고 능력 있다는 생각이 들면서도 솔직히 씁쓸하더군요.

고민이 계속될수록 마음이 아팠습니다. 교대생 시절부터 마흔을 바라보는 지금까지. 그간 교직에 미운 정 고운 정이 들었나 봅니다. 교직 탈출은 지능 순이란 말이 있다지만 자의 반 타의 반, 저는 차마 교직을 떠날 수는 없었습니다.

이때부터였습니다. 교사로서 더 근본적인 문제들을 해결해 보고 싶다는 생각이 든 것은요. 제가 딱히 정의롭다거나 특별한 능력이 있는 건 아니었습니다. 그저 다른 선생님들과 마찬가지로 학교에서 벌어지는 여러 가지 일들에 지치고 화나고 분노했다는 것밖에요. 무슨 방법이 있을까 생각해 보았지만 혼자 할 수 있는 일은 딱히 없었습니다. 이미 교직 사회에는 교원단체들이 존재했지만 제가 원하는 방향과는 달랐습니다.

그렇게 고민만 하고 있던 시간이 흘러 기존의 단체들과는 다른 교사들만을 위한 노조가 생겼다는 소식을 들었습니다. 이름도 심플하게 '충남교사노조'. 처음에는 '노조'란 단어에 조금 거부감이 들었던 건 사실입니다.

그래도 오랜 시간 고민하고 있던 저에게 교사노조는 궁금함 그 자체였습니다. 그렇게 알아본 교사노조는 다행히 제가 평소 생각했던 방향과 일치하는 부분이 많았습니다.

더 이상 망설일 필요가 없었지요. 저는 충남교사노조에 아내와 함께 조합원 가입을 하였습니다. 다달이 내는 1만 5,000원이 교사의 권익 증진과 교육 정상화에 기여하고 있다는 사실이 뿌듯했습니다. 당연히 현실이 '짠' 하고 극적으로 바뀌지는 않았죠. 시간이 흘러 저는 또다시 궁금해지기 시작했습니다.

'내 돈은 어디다 어떻게 쓰는 걸까?'

'이 사람들이 구체적으로 하는 일이 뭐지?'

몇 년을 이어 오던 갈증과 답답함은 단지 노조 가입만으로는 해결될 일이 아니었죠. 저는 교사노조가 실제로 어떤 일을 하는지 제 눈으로 직접 확인해 보고 싶어졌습니다. 그리고 개인의 힘으로는 한계가 있다면 노조란 집단을 통해 부딪혀 보고 싶었습니다. 생각이 거기까지 미치자 다급해지기 시작했습니다. 어떻게 해야 이 교사노조 사람들과 접촉할 수 있을까.

이리저리 머리를 굴리던 제게 한 가지 기억이 번뜩 떠올랐습니다. 교대 시절부터 알고 지내던 친구가 교육신문에 글을 하나 올렸던 일이 있었거든요. 저와는 다르게 부지런한 이 친구는 항상 바쁘고 열정적이죠. 나태한 저에게 가끔 삶에 대한 긴장감을 불어넣어 주더니 이번에도 저에게 실마리를 제공해 주었습니다.

연락해 보니 역시, 이 친구는 충남교사노조 집행부에 연이 닿아 있었습니다. 친구를 통해 내부 사정을 알아보고 소개를 부탁했지요. 그렇게 한 달 정도가 지난 어느 날, 당시 정책실장님이 직접 저에게 전화하시고는 제 부탁을 흔쾌히 수락하셨습니다. 그런데 첫 통화에서 바로 다음 주에 국회에서 정책간담회가 있으니 시간이 되면 같이 가자는 것이었습니다.

"국회요?! 잠깐만요……. 네, 시간이 됩니다. 저도 가 볼게요."

이것이 바로 노조의 클래스라는 것일까요?

'노조는 국회도 쉽게 드나드는 사람들이구나. 근데 국회라니.'

'얼떨결에 대답은 했지만 난 아직 마음의 준비가 안 됐는데, 뭐지이 급전개는!?'

묘한 긴장감과 신기함, 설렘 같은 것들이 느껴졌습니다. 그렇게 저는 충남교사노조 집행부로서의 첫발을 내딛게 되었습니다.

밖에선
보이지 않는 것들

국회에서의 첫 만남, 노조라는 이름의 편견 부수기

제가 충남교사노조 집행부로서 활동하게 된 경로는 굉장히 단순합니다. 특별한 자격이나 조건을 갖춘 것도 아니었죠. 단지 이 현실을 조금이라도 바꿔 보자는 마음. 또는 가만히 있으니 교사들을 정말 우습게 아는구나 하는 자조 섞인 회의감. 아니면 제 교직 생활의 갈림길에서 나름의 방향을 찾기 위한 지극히 개인적인 이유였는지도 모르겠네요.

처음 집행부 선생님들을 만난 건 여의도 국회였습니다. 그날은 국회의원과의 교육정책 간담회였습니다. 교사노조와의 첫 만남이 국회라는 것도 신기했는데, 정책실장님은 국회의원에게 전달하고 싶은 정책이 있다면 사전에 준비해 오라고 하였습니다.

'역시 노조는 다르구나. 내 의견을 직접 국회의원에게 전달할 수 있다는 거지?'

처음이라 뭐가 뭔지도 몰랐던 저는 들뜬 기분으로 여의도로 향했습니다. 하지만 모든 게 어색했습니다. 무엇보다 집행부 선생님들과 서로 얼굴도 모르는 상황이었으니까요.

국회 안에 있는 커피숍에서 드디어 집행부 선생님들을 만났습니다.

첫인상은 다소 의외였습니다. 제 상상 속의 이미지와는 다르게 실제로는 우아한 느낌의 여선생님들이셨습니다. 제가 번지수를 잘못 찾았나 싶을 때 다행히 남자분 두 분도 눈에 띄었습니다. 한 분은 정책실장님, 한 분은 젊고 스마트한 모습의 20대 선생님이었습니다. 걱정과는 달리 다들 저를 친절하게 맞이해 주셔서 마음이 한결 가벼워졌습니다.

인사를 마치고 정책간담회를 하였습니다. 어느 학교에서나 볼 수 있는 상냥한 선생님이었던 분들이 정책간담회가 시작되자 사뭇 분위기가 달랐습니다. 국회의원에게 조목조목 현재 학교 현장의 문제점과 개선 방안 등을 자신 있게 이야기하는 모습이 신선했습니다.

'우리 교사들도 이렇게 스마트하고 멋진 사람들이구나.'

그렇게 '노조'라는 이름에서 주는 편견과는 달랐던 교사노조의 본모습과 개인으로는 어려웠을 국회의원과의 간담회를 보며 조직의 힘을 첫날부터 실감했죠. 그렇게 첫 만남이 마무리되었습니다.

첫 만남을 마치고 잠시 혼란했던 정신을 수습하기를 몇 날 며칠, 호기롭게 집행부를 하겠다고 했으나 내심 불안했습니다. 이젠 개인이 아닌 교사노조에 소속되어 있다는 사실만으로도 위로가 되었지만, 노조가 어떻게 돌아가고 제가 당장 무엇을 해야 하는지 전혀 몰랐기 때문이죠. 역시 실전은 다릅니다.

노조의 선거와 조직, 그리고 연대

그러던 제가 집행부로서 처음 맡은 업무는 차기 충남교사노조 위원장 선거 및 대의원 선거였습니다. 위원장 선거는 조합원들 전원이 온라인으로 참여하는 선거입니다. 그러니 진행 절차와 결과 모두 오류가 없게 잘 관리해야 했지요. 게다가 학교에서는 해 보지 못한 생소한 업무였기 때문에 조금은 긴장이 되었습니다. 다행히 대부분의 지역별 교사노조에서도 같은 선거를 준비했기 때문에 교사노조 연맹 집행부 선생님들의 도움을 많이 받았습니다. 그렇게 첫 업무를 잘 마무리할 수 있었습니다.

이야기가 나온 김에 잠시 노조의 조직에 대해 말씀드리겠습니다. 먼저 위원장과 수석부위원장이 있습니다. 위원장과 수석부위원장은 조합원 전체의 투표로 선출됩니다. 위원장은 조합원을 대표하는 자리이며 수석부위원장은 위원장을 대리 혹은 보조합니다. 하지만 위원장이라고 해서 노조의 제일 권력자는 아니지요. 노조의 제일 큰 기구이자 궁극적인 의사결정체는 '조합원 총회'입니다. 총회는 모든 조합원이 모이는 자리이며 원칙적으로 노조는 총회를 통해 의사결정을 합니다. 다만 총회의 정족수는 전체 조합원의 3분의 2 이상이 되어야 하는데 조합원의 수가 많으면 많아질수록 정족 인원이 매번 한자리에 모이는 것은 현실적으로 어렵지요.

이 때문에 총회를 대리하기 위해 대의원을 둡니다. 마치 국회의원처럼요. 대의원의 수는 각 노조의 규모에 따라 차이가 있습니다. 이 대의원들은 정기적으로 매년 사업계획 및 예산안, 노조 규정 등 중요한 내용을 결정합니다. 때에 따라 조합원들의 요청이 있을 시, 추가로 대의원대회를 열어 조합원의 민원을 해결하기도 하죠.

총회 및 대의원이 의사결정기구라면 집행부는 실무를 처리합니다. 조직을 총괄하는 위원장을 비롯하여 각종 사무와 회계를 책임지는 사무처장, 노조 활동을 기획하는 정책실장, 조합원들의 민원을 해결하는 교권팀장, 노조의 확장과 홍보를 위해 노력하는 조직국장과 홍보국

2023년 충남교사노조 조직도

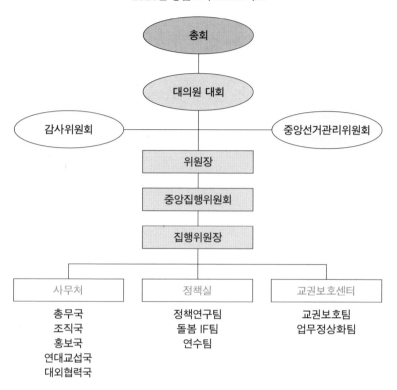

장 등과 같은 집행부의 기본 틀은 같지만, 상황과 필요에 따라 조직하기 나름이어서 노조마다 직책의 유무와 명칭은 다소 차이가 날 수 있습니다.

교사노조는 지역별로 지역노조가 독립적으로 설립되고 운영됩니다. 충남에는 충남교사노조, 서울에는 서울교사노조, 제주에는 제주교사노조가 있겠죠. 이렇게 전국 각 지역 교사노조와 유아, 초등, 중등, 특수, 상담, 사서, 영양 등의 노조들이 연대하여 더 큰 덩어리로 교사노조연맹이란 연합체를 만들어 활동합니다. 아무리 독립적으로 운영된

교사노조연맹 현황

다고 하지만 같은 교사들끼리 목소리와 힘을 합쳐야 할 필요성이 있기 때문이죠.

노조의 일이란 안에서 보니 단순히 일만 많이 한다고 되는 건 아니었습니다. 결국은 다양한 사람들을 상대하고 그들에게 우리의 주장을 관철시키는 일이라 많은 고민과 전략, 그리고 다양한 인적 루트가 필요합니다. 그렇기 때문에 노조는 만나야 하는 사람도 참 많습니다. 대한민국 교사에게는 정치기본권이 없어 독자적인 힘으로는 정치권에 목소리를 전달하기가 힘듭니다. 그래서 교사노조는 대한민국 양대 노총 중 하나인 한국노총과 손잡고 실질적인 법 개정을 위해 힘쓰고 있습니다. 또한 지역별로 도의원(혹은 시의원)들과도 만나 우리의 의사를 전달해야 합니다. 왜냐하면 지방자치단체의 법령이라 할 수 있는 조례는 지방의회에서 만들어지고 의결이 되는데 이 역할을 도의원들이 하기 때문입니다.

내가 경험한 노조와 집행부

만 1년도 안 되는 짧디짧은 기간 동안 집행부 활동을 했지만, 아직 경험해 보지 못한 것이 많습니다. 하지만 가장 중요한 한 가지는 확실히 깨달았습니다.

"노조 활동은 집행부 선생님들의 헌신을 바탕으로 하고 있다."

세상에 저절로 되는 일이 있을까요. 특히 노조의 모든 일은 직접 발로 뛰어 이루어 내야 하고, 우리가 눈으로 보는 성과들의 뒤에는 집행부 선생님들의 노력과 헌신이 있습니다. 학교를 떠나 있는 전임자들은 말할 것도 없고, 학교 일과 노조 일을 병행하여 활동하고 계시는 집행부 선생님들까지. 단순히 조합원이었을 때에는 몰랐던 노조 집행부들의 활동들을 보며 느낀 점이 많았습니다.

'본인을 위해서가 아닌 현장에서 어려움을 겪는 선생님들과 노조를 위해 이렇게 열심히 살고 있는 분들이 있구나.'

처음에는 단순한 호기심이었지만 옆에서 이분들을 지켜보니, 진심으로 이분들을 도와 드리고 싶다는 마음이 생겼습니다. 아무것도 없는 맨땅에서 조직을 만들고 행동하기까지 얼마나 많은 고민과 어려움이 있었을까요. 그동안의 노력이 느껴졌기에 저도 마음을 다하겠다고 수시로 다짐합니다. 저도 이분들과 같이 능력 있고 헌신적인 집행부가 되기 위해 하루하루 노력 중입니다.

노조 집행부는
나를 성장시키는 힘

공부의 연속

노조 집행부, 특히 정책실장 역할을 하기 위해서는 공부할 것이 많습니다. 평소 즐겨 보던 스포츠 뉴스 대신 교육 뉴스에도 민감해야 하고 교육정책 관련 각종 연구자료, 법률 등도 꼼꼼히 살펴야 합니다. 조합원들의 민원 해결을 위한 공문 작성도 빠질 수 없죠. 거기다 학교 업무, 교권과 관련한 각종 매뉴얼도 살펴보아야 합니다. 교육부, 교육청, 지자체 인사들, 한국노총, 타 노조 등 다양한 사람들을 상대해야 하며 사안별로 합리적인 대안도 제시해야 합니다. 그러다 보니 다방면의 일반 상식도 좀 풍부하면 좋겠더군요. 이쯤 되니 가끔은 친구에게 전화를 걸어 노조에 관해 물어보던 과거의 저에게 찾아가 멱살을 잡고 말리고 싶기도 합니다.

'아, 내가 이걸 왜 한다고 했지? 뭐 이렇게 알아야 할 게 많아?'

학교 현장에서 일어나는 모든 일은 법과 관련되어 있습니다. 저란 사람이 이렇게까지 법을 들여다볼 일이 있을 줄이야. 하지만 법도 사람이 만든 것이고 허점은 있기 마련이라 학교 현장에서 실제 법이 적용됐을 때 원래 의도와 다른 일들도 일어납니다. 이런 점을 찾아내어 개선하기 위해 교사노조연맹은 교육위원회 국회의원들과 소통하여 법안을 수정하도록 목소리를 내고, 새로운 법을 만드는 과정에도 참여합니다. 이렇듯 교사노조 연맹은 교사의 정치기본권 획득과 교사 임금 인상은 물론 교육 현장 법령들의 개선을 위해 큰 노력을 기울이고 있습니다.

비슷한 맥락으로 교사노조는 각 지역 교육청과 단체협약(줄여서 '단협')을 체결합니다. 교사노조도 '노동조합'이기 때문에 다른 일반 노조들과 마찬가지로 사용자인 교육청과 근무 조건, 업무 내용, 임금, 후생복지 등의 내용을 합의합니다. 단협은 보통 2년의 유효기간을 두고 2년마다 연장 혹은 재협상을 합니다. 아쉽게도 저는 아직 단체교섭에 직접 참여해 보지는 못했지만, 단협의 중요성을 실감한 적이 있습니다.

어느 해 겨울이었습니다. 충남교사노조와 충남교육청이 체결한 단협에는 '방학 및 휴업일에 교사의 일직성 근무를 폐지한다'라는 내용이 있습니다. 따라서 교육청은 단위 학교에 공문을 통해 관련 내용을 안내했죠. 하지만 제가 근무하고 있는 학교의 관리자는 단협을 안내받았음에도 교사들에게 일방적으로 방학 중 근무를 지시했습니다. 저는 당연히 단협을 근거로 관리자에게 이의를 제기했습니다.

-"방학 중 일직성 근무는 폐지가 원칙입니다. 부득이하게 실시할 경우 민주적 절차와 구성원의 자발적 동의를 반드시 거쳐야 하고요. 관리자의 일방적인 근무 지시는 단협 위반입니다."
-"단협은 단순한 권고사항이 아닙니다. 단협 위반 시에는 노조에서 법적 책임을 물을 수 있습니다. 단협 위반자는 「노동조합 및 노동관계조정법」 제92조(벌칙)에 따라 1,000만 원 이하의 벌금이 부과될 수 있습니다."
-"우리 학교 같은 경우, 방학 중에 학교에 근무하는 다른 인원이 있고 최종적 관리 책임은 관리자이기 때문에 교사의 근무는 크게 의미가 없습니다."

결국 그해 겨울은 구성원 간 협의를 거쳐 방학 중 일직 근무가 폐지됨으로써 단협이 실제 현장에 적용되었지요. 제 개인적으로도 큰 의미가 있었습니다. 비록 작은 일이었지만 노조에 가입하면서 변화시키고자 했던 것들을 실제로 이루었다고 할 수 있었으니까요. 이제 와 돌이켜 보니 많은 생각이 듭니다.

'내가 집행부가 아니었다면 논리적으로 설득할 수 있었을까?'

'노조나 단협을 몰랐다면 나 역시 이 속에서 침묵하고 있었겠지.'

'아무리 단협이 있어도 적극적으로 나서지 않거나 알리지 않는다면 소용이 없구나.'

이뿐만 아니라 교사노조가 맺은 단협에는 인사, 근로조건, 학교 업무, 교육환경, 교권, 복지 등 교사의 권익을 지키기 위한 다양한 내용이 담겨 있습니다.

노조는 쓸 데가 많다

"솔직히 난 우리나라 교사들이 정말 불쌍해."

20년이 되도록 수당 인상조차 없는 교사의 현실을 보고 공무원노조 간부가 한 말입니다. 심지어 30년 이상 근무자들을 예우하는 차원에서 보내 주는 공무원 해외연수에 의도적으로 교사만 제외되어 왔다는 사실을 알고 계시나요? 저도 이런 사실을 노조 집행부가 돼서야 알게 되었죠. 그 얘길 듣고 정말 어이가 없더군요.

"참나! 정말 너무하네. 뭐야, 우리 왕따야?"

알아 갈수록 황당한 현실. 어찌 보면 치사하고 유치해 보이기도 하네요. 하지만 우리도 한번 생각해 봐야 합니다. 그동안 대한민국 교사들의 권익 및 업무 환경의 악화는 이런 타 직종 노조들의 견제도 있지만 우리 스스로의 단체행동에 대한 이해 부족과 무관심에도 일정 부분 원인이 있지 않을까 합니다. 이제라도 이런 역할에 노조가 앞장서고 있어 얼마나 다행인지 모릅니다.

노조가 아니라면 경험할 수 없는 일들과 사람들을 만나는 일도 색다른 재미가 있습니다. 혹여 이런 노조 활동을 한다고 하면 뭔가 유별난 사람들이라고 생각할 수도 있을 것 같습니다만, 무엇이 다를까요? 그저 우리도 평범한 교사일 뿐입니다. 그런데 어느 순간 학교에서 동료 선생님들이 제가 노조 집행부라는 사실을 알고는,

"뭐? 선생님이 그런 사람이었어?"

"쓸데없이 노조니 뭐니 그런 거 왜 하는 거야?"

놀란 반응을 보이시더군요. 물론 굉장히 반가워하시고 응원해 주시는 분들도 계셨고요. 어떤 반응이든지 공통적인 건 그 순간만큼은 제가 다른 교사들과는 다른 존재로 여겨진다는 것이죠. 긍정적으로 봐주시는 분들도 있지만 아쉽게도 아직 많은 선생님이 교사의 노조 활동을 위험한 것이라고 인식하는 것 같습니다. 단호하게 말씀드리지만 그렇지 않습니다. 위험한 일이 아니라 꼭 필요한 일임을 알아주셨으면 좋겠습니다. 이제는 우리가 이런 말을 주고받았으면 좋겠습니다.

"선생님은 아직 교사노조 가입 안 했어요?"

노조 하는 교사. 네, 사실 저도 아직은 완전히 익숙하지 않네요. 그렇지만 이제 시작이고 제가 스스로 선택한 일이며 내가 아니라도 누군가는 해야 하는 일인 걸 알기에 묵묵히 열심히 걸어가 보려 합니다.

이 일은 저 혼자가 아니기에 가능한 길입니다. 누구도 다니지 않던 풀밭도 사람들이 지나다니다 보면 어느새 길이 되듯, 교사노조는 열심히 새로운 길을 닦아 놓고 선생님들을 기다리겠습니다.

또 한 가지 중요한 것은 그동안 학교 안에서는 절대로 보고 느끼지 못했던 것들을 교사노조를 통해 경험하며 배우고 있다는 것입니다. 이런 경험들은 제 삶의 볼륨을 키워 주고, 교사로서의 생각과 시야도 넓혀 주고 있습니다.

사실 힘들지 않냐고요? 네, 힘들 때도 있습니다. 뭐 크게 바뀌는 게 있냐고요? 솔직히 당장은 모르겠습니다. 그래도 저는 제가 노조에 가입하기 전에 떠올렸던 많은 질문의 답을 이곳 교사노조에서 찾아보려 합니다. 그러기 위해 저는 오늘도 공부하고, 경험하고, 만나고, 배우고 있습니다. 여러분도 교사노조와 함께 성장했으면 좋겠습니다. 그리고 그 성장은 우리 개인의 삶과 교직의 미래에 새로운 밑거름이 될 것이라 확신합니다.

요즘 학교는 다 이런가요

_유미

세상이 궁금한 것 천지인 호기심쟁이 취미 부자. 인생 대박은 어디서 터질지 모르니 할 수 있는 것, 하고 싶은 건 일단 다 도전하고 봅니다.

나를 스쳐 가는 아이들이 언제 어디서나 따로, 또 같이 행복하길 바라는 마음으로 온갖 연수를 따라다녀요. 오늘도 배운 것을 실천하며 모험하는 마음으로 출근합니다.

읽다 보니 쓰고 싶어져 끄적인 조각 글들을 모으고 있어요.

'무성할 유', '물결 미'-작은 용기지만 행복한 교실을 만들기 위해 영향력을 일파만파 퍼트리고 싶습니다.

내려놓으면
편했을까요

나는 누구, 여긴 어디?

신규지만 신규가 아닙니다. 소위 헌규라고도 하더라고요. 기간제 교사로 근무했던 학교의 좋은 기억만으로 불안한 수험생 시절을 통과했던 겨울의 끝자락. 칼바람을 맞아도 마음은 열정으로 뜨거웠습니다.

그러나 기대가 무너진 건 순식간이었네요. 정교사 임명장을 받고 초임 발령받은 학교에서 만난 건 제가 예상하고 겪었던 교실이 아니었습니다. 수업 중에 교사가 교단에 있어도 편히 과자를 먹는 아이, 교과서를 찾는다고 교실 전체를 뒤적거리며 돌아다니는 아이, 보건실 가는 아이, 화장실 가는 아이, 정말 이유도 십만 가지가 넘습니다. 한 학급 전체가 제자리에 앉아 있는 시간이 5분도 채 되지 않더군요. 타인이든 과거의 자신이든 비교하는 건 불행 문을 여는 것이라는 말은 익히 들었죠. 그래도 초롱초롱 빛나는 눈으로 온종일 배움을 즐기며 호기심이 가득해 질문도 많았던 아이들과 함께한 때를 떠올리니 도통 이해할 수가 없는 현장이었어요.

'내가 임용 공부한다고 일을 쉰 게 그렇게 긴 시간도 아니었는데, 고작 몇 년 사이에 학교가 다 이렇게 된 걸까? 아니면 여기만 유독 이런 거야?'

물음표와 한숨으로 가득한 봄이었어요.

"그걸 그냥 보고만 있나."

"교사가 얼마나 무르면 애들을 못 잡아선, 쯧쯧."

이런 말을 하는 분들도 분명히 계시겠죠. 하지만 이런 상황은 적어도 저만의 문제는 아니었습니다. 학생 대다수가 수업 중에 돌아다니기는 기본이고, 반 이상 학생이 대놓고 자는 수업도 흔했죠.

바꿔 보려 했습니다. 적어도 담임 맡은 반 하나라도 수업다운 수업이 되는 교실 상황을 만들려고 애쓴다고 3월 내내 발버둥 친 것 같아요.

"화장실, 보건실은 쉬는 시간이나 점심시간에 다녀오세요. 수업 시간엔 최대한 이동을 자제합시다."

알겠다고 말이나 하면 다행입니다.

"화장실 참으라고 하면 인권 침해 아닌가요?"

"아픈데 왜 보건실도 못 가게 해요?"

"저희는 원래 이랬어요. 다른 선생님들은 뭐라고 안 해요."

"중간에 잠이 올 수도 있지. 잠깐씩 조는 건 이해하는데 수업 시작부터 끝 종 칠 때까지 엎드려 자는 건 바른 태도가 아닌 것 같구나. 잠 좀 깨 볼까?"

"어차피 대학 안 갈 거니까 그냥 놔둬요."

"밤새 알바하고 와서 졸려 죽겠는데 왜 깨워요."

"들어 봤자 모르니까 잘래요."

"오늘 수행평가 해요? 아니면 쉴래요."

무기력한 말, 비교하는 말, 비꼬듯이 난감하게 만드는 말들은 몇 번을 들어도 뾰족한 가시 같습니다. 그리고 가장 힘 빠지는 건,

'오늘은 새로운 마음으로 시작해야지.'

'그래, 이번 시간은 잘 풀릴지도 몰라.'

하며 스스로를 다독이며 교재를 안고 교실 앞문을 여는 순간부터 쏟아지는 말들입니다.

"선생님, 오늘 수업해요?"

"수업하지 말고 놀아요."

"저희 보드게임 하고 있었는데 마저 해도 되나요?"

어이가 없는 것도 하루 이틀이지, 몇 주 그리고 몇 달이 지나고도 똑같았어요. 게다가 특정 한두 반이 아니라 전체적으로 비슷한 반응이니 제가 여기서 뭘 하고 있나 하는 생각이 밀려왔어요.

서류상 또는 실제로 '처음'인 신규 발령 동기 선생님들도 처음엔 당황스러워했지만 금세 적응하고 지내기도 하고, 저같이 방황하기도 했어요.

"적당히 해."

"애들이 다 그렇지 뭐."

"우리도 처음엔 열심히 했어."

"아직 힘이 남아돌아서 그래. 허허."

동료 교사들은 같이 애쓰며 분위기를 바꾸려 도와주기보다는 힘빠지는 말을 더 많이 하셨어요.

'내가 학교가 처음이 아니라서 유독 힘든 건가?'

'차라리 내가 이 학교가 처음이었으면 '그러려니'가 되었을까?'

'그냥 눈 딱 감고 대충 살면 마음이 편해질까?'

온갖 걱정과 자기검열이 이어졌습니다. 그러다 보니 당연히 자존감이 떨어졌죠.

꿈꾸던 꽃길의 현실은 비포장도로

학생들은 수행평가 기간이나 학생생활기록부 작성 시즌, 대학 원서 상담 기간에는 잘도 웃으면서 친근하게 말을 붙여요. 그러나 돌아서면 교사 험담을 하고, 생활지도를 적극적으로 했다가는 복도에서 모두가 들으란 듯이 담임 이름을 부르며 비속어를 쏟아 내는데, 정말이지 사람에 대한 신뢰가 점점 낮아졌어요.

이런 취급을 받으려고 밤잠 줄여 가며 공부했던가, 제대로 교육하겠다고 열심히 하는 교사는 바보가 되는 건가, 어차피 똑같이 받는 월급인데 더 나서는 사람이 이상한 걸까 싶기도 해서 하루에도 몇 번씩 그만두고 다른 길을 찾아야 하나 고민하게 되었습니다. 멀쩡하게 하던 직장생활을 접고 늦깎이 수험생으로 노량진을 통학하며 공부했는데, 겨우내 목소리가 쉬어 발성이 안 될 정도로 수업과 면접을 연습해서 임용 수업 실연 만점도 맞았는데…….

기껏 수업 연구해 왔는데 당시에 제가 학교에서 하고 있던 건 수업이라고 하기도 부끄러워 학교 밖에서 맺는 새로운 인연들에게는 교사라고 당당히 밝히기가 꺼려졌어요.

잘못한 것도 없는데. 딱히 부족하지도 않은데…….

며칠째 연락을 두절하고 등교하지 않는 학생이 있었습니다. 미인정 결석이 길어지면 신변 확인을 위해서라도 담임 교사는 학생을 찾아 나설 의무가 있으니 꾸준히 보호자께 연락했지요. 하지만 집에도 들어오질 않아 어딨나 모르겠다는 대화가 며칠째 반복되었어요. 그리고 일주일이 거의 다 되어 갈 무렵, 이제는 너무 불안해서 경찰서에 실종 신고라도 하려 했으나 담임 교사는 친권이 없으니, 부모님이 신고해야 한다고 하더군요.

"난 진작에 포기했으니, 실종신고를 하든 말든 알아서 하세요. 일하는데 나도 지치니 연락 안 해도 되고."

'내 자식도 아닌데 난 왜 이러고 있나?'

코로나19 상황이라 전화 상담만 하다 보니 학교가 콜센터로 여겨지셨는지, 얼굴이 안 보이니 하고 싶은 말씀들을 더 편히 늘어놓으시는 건지, 듣는 사람은 이러나저러나 힘이 쫙 빠집니다.

출석부가 깨끗한 날은 한 해의 시작인 개학식 하루. 그마저도 두 번째 해에는 개학 날에도 결석생이 있었죠. 그러다 보니 일과의 대부분이 학생의 행방을 확인하는 카톡 메시지와 응답 없는 통화 연결 시도였어요. 같은 얘기를 며칠씩 연달아 듣는 보호자들은 가정에서도 함께 교육해 달라고 협조를 구하면, "학교에서 잡아서 사람 만들어 주쇼", "제 말도 안 들어요"라고 하셨습니다. 난감한 상황의 연속이었습니다.

새벽에 경찰서에서 연락이 올까 봐 휴대전화 소리를 켜 두고 자느라 선잠을 자거나 날밤을 새우는 날들이 늘었습니다. 대체 어디까지가 교사의 역할인지 의문이 들어요.

그렇게 한 해를 꾸역꾸역 버텨 내고, 전화기 너머 말로 비수를 꽂은 한 학생과 그 보호자로부터 깊은 상처를 받을 때까지도, 온갖 유형의 수업 방해와 인권 침해에 가까운 사안들을 어디에 호소해야 하는지 몰랐습니다.

새로운 세계를 발견했습니다

그래도 교사라고 상처 많은 아이 딱 하나 졸업까지 보고 가겠다고 1년만 더 머무르자, 하면서 이를 악물고 지낸 정교사 2년 차에 우연히 공람된 공문들을 보다가 교육지원청에서 하는 교권보호 연수를 발견했어요. 뭔지 정확히도 모르면서 저를 구해 줄 수 있을 것 같은 강렬한 예감에 업무 담당자가 아니지만 해당 연수 주제에 관심 있는 교사라 듣고 싶다고 신청해서 참석했어요.

-미리 알아 두는! 교육활동 침해행위 대응 방안-

교권 전문 이나연 변호사님의 재치 있고도 흡입력 있는 강의는 새로운 세계로 통하는 문이었습니다.

1년 반 가까이 제가 겪은 상황이 '교육활동 침해'였다는 것!

심각한 교육활동 침해 현장인데 다 같이 눈감고 귀 닫고 참고 있었다는 것!

마음먹고 교권보호위원회를 열면 충분히 제지할 수 있는 상황인데 아무도 나서지 않고 있었다는 것까지!

다 처음 알았어요. 신규 교사 연수에서도 배우지 못한 내용이었죠. 심지어 이런 사례도 있었다며 언급되는 사안들이 저는 이미 겪은 것들이라 저도 모르게 실소하기도 했어요.

'내가 공부할 건 이거다!'

'이걸로 나도 살리고 다른 선생님들한테도 방법이 있다는 걸 알려 줘야겠다!'

마음에 작은 창이 열리고 숨통이 트이는 느낌이었습니다.

나는 어쩌다
노조원이 되었나

스쳐 지나갔던 교사노조를 돌아보다

'교육활동 보호'라는 세계와 교권보호위원회의 존재를 안 날부터 자료를 찾아 공부하고 보이는 연수는 다 찾아서 들었어요.

그러다 맞은 새 학교에서의 새봄, 교권보호 분야 실력자라는 왕건환 선생님의 온라인 연수를 듣다가 교사노조에 대해 알게 되었습니다. 언젠가 들어 본 듯한 이름, 교사노조.

'아! 그래, 신규 교사 연수 때 교원단체 소개하는 순서 가운데 하나로 그런 게 있었던 것도 같다.'

당해 봐야 안다고 하죠. 돌아보니 신규 교사들에게도 미리 대비하라고 기회를 준 거였는데, 그땐 눈 앞에 펼쳐질 학교생활이 마냥 꽃길일 것만 같은 기대감에 노조는 무슨, 학교에서 교사가 싸울 일이 뭐가 있겠나 싶어서 흘려들었던 거죠. 하지만 고초를 겪고 나서 들으니, 귀가 쫑긋해졌습니다. 교사들이 겪은 교육활동 침해 사례들과 대응 방안, 노조 차원에서 도움 줄 수 있는 게 무엇인지 듣다 보니 앞으로도 끝없이 이어질 것 같은 수업 방해를 비롯한 교육활동 침해 행위로부터 저를 보호하기 위해 당장 가입해야겠다는 생각이 들었어요.

보통 주위의 선생님들은 퇴근 후에 휴식 시간을 보내거나 취미생활을 하거나 가족과 시간을 보내곤 합니다. 하지만 저는 험난한 교실에서 스스로를 보호하고 다음 학교에서는 실패를 거듭하지 않겠다는 마음으로 연수를 찾아 듣느라 바빴어요. 그러고도 남는 시간은 운동하면서 잡념을 잊고자 애썼어요. 새벽 4시 반에 일어나 책을 보다 6시에 운동을 가고, 바로 출근했다가 퇴근한 뒤에는 연수를 듣고 다시 책을 보다가 잠이 들면 자고 잠이 안 오면 다시 운동을 가는 몇 달이 이어 졌습니다. 피곤해서 쓰러질 정도로 몸을 굴리지 않으면 다음 날 출근 할 걱정에 잠들지 못하는 날들이었어요. 그건 사실 몸부림에 가까웠 습니다.

수시 원서 접수 시즌에는 대학 알아본다고 수업에 불참, 접수하고는 면접 준비한다고 불참, 수능 끝나고는 정말 놀랍도록 다양한 이유로 결석자가 생겨서 적막한 교실에 혼자 앉아 '나는 누구인가? 여긴 어디 인가?' 싶었어요.

많은 선생님이 졸업 후 성공해서 찾아오는 제자들을 볼 때 큰 행복 감을 느낀다고 합니다. 하지만 저는 이루 말할 수 없을 만큼의 헛헛함 과 실망감이 쌓여, 그저 무소식이 희소식이라 여기고 각자의 자리에서 서로를 찾지 말고 살아가길 바랐어요. 학교 밖에서까지 학생들을 보 기가 싫어 집 밖에 잘 나가지 않았고 외출하더라도 아예 먼 타지에 가 서 주말을 보내곤 했어요.

그러다 문득 이런 의문이 들었습니다.

'할 수 있는 만큼 다 했는데, 내가 왜 피해 다녀야 하지?'

이렇게 질문을 던지니 교육활동 보호에 대해 좀 더 전문적으로 배 워서 강단 있게 학교생활을 바꿔 가고 싶다는 의욕이 생겼습니다.

얼떨결에 시작했지만 어쩌면 운명인가 싶은 집행부

교사를 보호해 줄 든든한 장치를 확보하고 싶거나 교권 공부를 제 대로 하고 싶으면 노조에 들어오라는 왕 선생님 말씀이 생각났어요.

용기 내어 연수에서 알려 주신 연락처로 연락해 봤습니다. 마침 인연이 있는 선생님이 제가 교권보호에 관심이 있다는 언질을 주신 이후여서 순조롭게 대화가 이어졌어요.

"그런 교권 침해는 정말 많은 사람이 겪었죠. 다른 많은 학교가 다 마찬가지예요."

"혼자서 대응하려고 하니 막막하고 너무 힘이 드네요."

"그렇죠. 그래서 노조와 전문가가 필요한 겁니다. 현재 상황으로 봐서는 학교 현장이 금세 좋아질 것 같지는 않아서 교권 일할 사람이 많이 필요해요. 해 보지 않으실래요?"

"노조 가입은 연수 듣고 바로 했어요."

"가입 말고 집행부에도 관심 있어서 연락하신 거 맞죠?"

"그렇긴 한데 아는 게 별로 없어서……."

"원래 공부는 실전에서 배워야 제대로죠."

"아, 그런가요?"

"그럼요! 책에는 싣지 못하는 사연들도 엄청나게 많고요. 학교에서 시달리고 상담 신청 글 읽다가 화가 또 올라오거나 심적 부담을 느낄 수도 있지만, 감당될 것 같으면 같이 해 보시면 좋겠어요. 노조에서 일해야 더 많은 선생님한테 실제로 도움이 되기도 하고요."

뭔가 어마어마한 일을 벌이는 기분이 들어 망설여졌어요. 저와 동일시되는 상황을 만나면 과몰입해서 스트레스가 가중될까 봐 겁도 났어요.

"솔직하고 자세히 말씀해 주셔서 감사합니다. 고민해 보고 당장은 새 학교 적응 중이라, 조만간 다시 연락 드릴게요."

고민은 짧지만 길었습니다. 평소 의지하는 친한 지인 셋에게 대략적인 상황을 얘기하고 집행부 활동을 하기에 걱정되는 부분들을 털어놓았습니다.

"뭐가 걱정돼?"

"만약에 말이야, 내가 입은 상처와 비슷한 내용의 상담 신청이 들어왔을 때 감정을 이입하고 당시 상황에 몰입하다가 다시 우울의 나락에 빠지게 될까 두려워. 그리고 안 그래도 실망으로 가득한 교직에 부정적 인식이 더 강해지는 건 아닐까 싶기도 하고."

"반대로 그런 감정을 알기에 네가 더 힘을 줄 수도 있지 않을까?"

지인들은 저를 격려합니다. 물론 그들도 알고는 있습니다. 많은 사람이 하는 게 아닌 만큼, 힘든 일이 될 수도 있다는 것을.

이어지는 고민은 노조에 대한 사회적 인식, 가깝게는 가족들과 생길 수 있는 마찰이었습니다. 또한 제가 교권 상담을 하는 게 말이 된다고 생각할지 걱정도 했습니다. 변호사도 아니고 무슨 자격증이 있는 것도 아닌데 교육 경력이라고는 탈탈 털어 봐야 4년도 안 되는, 게다가 이제껏 2급 정교사인 저경력 병아리 교사가 선배들의 고충에 대고 하는 조언이라니!

깊고 좁은 인맥을 유지하던 터라 이런 걱정들을 솔직하게 털어놓을 수 있었는데 고민을 들은 세 사람은 똑같은 반응을 보였어요.

"너 어차피 하려고 결정하고 묻는 척하는 것 같은데?!"

"그런가? 음. 하하하!"

어쩌면 처음에 제의를 듣자마자 결심이 섰는지도 모르겠네요. 가끔은 타인이 저보다 제 속을 꿰뚫어 보는 것 같아요.

그날 저녁 왕 선생님께 연락을 취해 집행부 참여 의사를 밝혔습니다. 그리고 충남 교사노조 사무처장님 연락을 받고 집행부 회의에 참석하면서 교권보호센터의 교권보호팀에서 본격적으로 활동하게 되었어요. 굵고 짧은 고민 끝에 노조에 발을 좀 더 깊이 담그게 되었습니다.

오늘도
스탠드 불빛 아래서

알 것 같아서 더 쓰린 마음

세상 많은 일이 그렇듯이, 일단 시작하니 어떻게든 굴러가고 있습니다. 본래 많은 일을 잘도 벌이는 사람이라 패기롭게도 노조 일을 해보겠다고 덜컥 나섰는데, 막상 학교로 공문이 오고 집행부 회의 참석 명단에 있는 제 이름을 보니 겁도 나지만 살짝 설렜습니다.

본성을 숨기고 사회생활을 하는 극내향인입니다. 처음 뵙는 선생님들과 긴 시간 동안 식사도 하고 회의도 하는데 잘할 수 있을까 걱정이 됐어요. 그러나 원래 알던 사이였던 것처럼 집행부 선생님들 모두가 반겨 주시고 믿어 주셔서 노조 사무실에서 발을 딛고 마음을 내려 놓는 데는 한 시간도 채 걸리지 않았어요. 이마에 띠 두르고 시위하는 사람들은 접촉하면 안 되는 딴 세상 사람들인 것처럼 여기는 말들을 듣고 자랐는데, 제가 갇혀 있던 알이 깨지는 순간이었습니다.

카페에 가서 메뉴를 주문할 때 카운터의 직원이 대표인지 아르바이트생인지 알 도리가 없고 관심도 없듯이, 노조로 밀려오는 교권 침해 상담 신청자분들은 제가 초보인 건 알 도리가 없습니다. 아직 상담 전화를 직접 받지는 않고 있지만 대신 교육활동 보호 규정과 판례, 전문가 의견 등을 수집하여 정리하고 제 의견을 보태 의견서를 작성하는 방식으로 노조에 도움을 보태고 있습니다.

노조에 상담을 신청하신 선생님은 밤잠 설치며 걱정하고 계실 것 같아 한 글자 한 글자 입력할 때마다 책임감이 더해집니다. 호소력 짙은 신청 사연을 읽다 보면 간절하고 급한 마음, 그리고 믿을 수 있는 도움의 손길에 의지하고 싶어 하는 마음이 전달됩니다. 교실의 위기 상황이 눈앞에 그려지는 것같이 생생한 상담 사례의 경우엔 집행부 들어오기 전에 제가 했던 고민이 떠오르며 감정이 이입될 때도 있어요. 그래도 지킬 수 없는 약속은 하지 않고 객관적인 시선을 유지하려고 노력하며 최대한 도와 드릴 방안을 찾고자 애씁니다.

배워서 저도 쓰고 선생님들도 돕습니다

교육활동 보호에 관심이 생긴 날부터 많은 책과 연수, 그리고 이 분야를 더 먼저, 많이 공부하신 선생님과 변호사분들을 만나 공부하고 있습니다. 꾸준히 이어 가는 공부지만, 특별히 노조 집행부 활동을 하면서 달라진 점이 있어요.

이전의 교권 공부가 무례하고 개념 없는 학생들과 거침없는 보호자로부터 저를 보호하기 위한 수단이었다면 지금의 공부는 주변에서 함께 애쓰며 교육하고 있는 선생님들을 지키는 방패 같아요.

수십 년을 가르쳤지만 요즘 애들은 어렵다는 부장님, 꽃길만 펼쳐질 거라 기대했던 열정 가득한 신규 선생님, 각기 다른 색깔로 학급을 운영하는 동료 선생님들, 출근길 도로 위에서 가끔 마주치는 옆 학교 선생님, 다급한 목소리로 전화 상담 의뢰하신 조합원 선생님, 단체 대화방에서 한탄하는 익명의 선생님까지!

'내가 아니라 다행이다' 하기에는 누구나의 일이 될 수 있는 갖가지 일들이 학교에서 흔히 일어나다 보니 오늘 공부한 판례가 내일 상담 사연 내용이 될 수도 있습니다.

의도가 선해도 조금만 삐끗하면 아동학대로 몰리는 실정입니다.

이래서 뭐 애들한테 말 한마디 하겠냐, 하며 고개 젓는 선생님, 그러거나 말거나 소신대로 하련다 하는 선생님, 그리고 그러려니 적응하며 소심해도 꿋꿋하게 교육활동을 이어 가는 대다수의 선생님 모두와 함께.

교육을 포기하지 않으려면 교권보호 분야의 공부와 노조 업무는 누군가는 꼭 해야 하는 일 같아요. 그래서 비슷비슷한 사연을 다뤄 대사를 외울 수도 있을 것 같은 식상한 연수 대신 최신 연수들을 찾아 듣습니다.

'와, 어떻게 똑같은 교사 신분에 이렇게 많은 걸 알고, 자기 일도 아닌데 나서서 도와주시지?'

'웬만한 변호사만큼 전문적으로 알고 선생님들 눈높이에 맞게 잘 설명해 주시네!'

감탄하며 연수를 들었습니다. 한번은 노조 집행부 선생님들이 모인 연수에서 화면 속 교권보호 연수 강사 선생님을 만나는 흥미로운 경험도 했어요. 그만큼 노조에서 일하는 선생님들이 같은 마음으로 애쓰고 있다는 거겠죠?

노조 상담처럼 깊게 개입하진 못해도 중등 담임 선생님들이 모인 온라인 모임에서 위기 상황에 대한 조언을 구하는 선생님께도 작게나마 도움을 드리고 있어요. 증거 수집이나 증언 확보 방법, 관련 법령과 매뉴얼 안내, 교육청이나 변호사의 도움을 받는 방법부터 상담하면서 학생에게 건네면 좋은 말들까지도요.

수업 중에 성적 비속어를 모두가 들을 만하게 교사에게 뱉어 놓곤 혼잣말이라고 하는 학생, 학생들끼리 몸싸움하는 걸 말렸다고 아동학대로 신고하겠다고 하는 학생, 수업 중에 연습장에 교사를 비하하는 낙서를 하고 장난을 치다가 지적하니 숨기고 그런 적이 없다고 하는 학생 등, 곤란한 상황을 마주하면 어떤 선생님이든 당황스러울 수 있으니까요.

노조 조합원이시고 적극적 도움을 원하신다면 정식 상담 신청 방법을 안내해 드려요. 조합원은 아니지만 급하다고 하시면 교육청 교권 보호센터의 도움을 받을 수 있는 방법이라도 알려 드립니다. 머릿속이 하얗게 되는 위기 상황이니 짧은 코멘트에도 크게 고마워하십니다. 그 당혹감과 설움, 간절함을 알기에, 오늘도 책상에 앉아 스탠드 불빛 아래서 공부합니다.

졸음이 쏟아져 두 페이지도 채 못 넘기고 잠들던 판례집도 이젠 제법 읽히는 게 신기해요. 가끔은 어이없게 헛웃음이 터져 대체 무엇이 저를 오밤중에 책상으로 끌고 가는가 하고 생각해 봅니다.

노조에 상담 신청을 하고 난감한 상황을 헤쳐 나가고 계시거나 조언에서 도움을 받은 선생님이 계실 거라는 믿음, 지금 모니터로 보는 이 내용이 머지않아 어떤 선생님에게 닥칠 상황이 될지도 모른다는 염려, 혹시나 하며 상담 연락을 주신 선생님께는 벼랑 끝 같은 위기에서 누군가 내민 손이 되기를 바라는 소망, 이러한 것들이 원동력 같아요.

교사는 법령에 근거하여 교육합니다. 마찬가지로 교사의 적극적인 학생 지도를 막는 것도 법령입니다. 그래서 법령을 정말 잘 알고 교육 활동 침해 상황에 대응하는 능력이 필요하다고 생각합니다. 법령도 사람이 만든 것이니, 있는 건 따르되 잘못된 부분은 고치고 필요한 것은 보태야 하겠지요. 차갑고 딱딱한 법령이지만 노조 교권보호센터에서 교권보호 위원으로 일할 때는 교육활동에 진심인 선생님들의 따뜻한 마음을 기억하려 합니다.

저는 법조인도 아니고 경력 화려한 고경력 교사도 아닙니다. 노조 들어오기 전에는 당혹감과 설움을 감당하기 힘들어하는 초보 교사였습니다. 하지만 노조에 들어오면서 저에겐 큰 힘이 생긴 것 같아요. 함께 고민하고, 함께 나아가는 노조원들이 있다는 게 정말 든든합니다. 제가 그러했듯이 선생님들이 교육 현장에서의 위기감을 이겨 낼 수 있도록, 따뜻한 교육을 포기하지 않도록, 꼭 필요한 힘이 되고 싶어요!

우리는 정말 도깨비일까요?

_흑돼지윤

'그때는 놀림감이었지만 지금은 친근한' 저는 피부가 검은 편입니다. 어렸을 때 별명도 검은콩, 인도인이었으니깐요.(웃음)

저는 그 별명이 너무 싫었습니다. 왜 나는 검은 피부로 태어난 것일까? 혹시 우리 가족 중에 다른 나라 사람이 있는 것인가? 할 정도였으니까요.

그런데 요즘은 검은 피부가 좋습니다. 건강하고 멜라닌 색소 덕분인지(?) 피부가 매우 반질반질합니다. 제가 식욕을 억제하지 못해 70kg에 육박했을 무렵 누군가가 저에게 흑+돼지를 합쳐 흑돼지윤이라고 부르더군요. 얼핏 보면 기분 나쁠 수도 있었지만, 그냥 저는 그 이름이 친근하게 느껴졌습니다. 웃기기도 했고요. 검은 피부라서 좋았고 돼지라는 친근한 별명도 좋았습니다.

저는 특수교사입니다. 이 별명의 기원을 생각하면 우리 아이들이 생각납니다. 지금은 장애 때문에 힘들지만, 성인이 되어서는 '장애는 아무것도 아냐! 그냥 내가 가지고 있는 하나의 특징일 뿐이지'라고 생각하길 바라는 맘입니다.

우리는
정말 도깨비일까요?

노조에서 일하는 사람은 어떤 사람일까?

교육청에서 파견교사로 일할 때의 이야기입니다. 충남교사노동조합과 충남교육청이 단체협약을 하니 참석해 달라는 내용의 공문이 도착했습니다. 그 공문을 확인하고 얼마 후 교육과장님이 헐레벌떡 뛰어오셨습니다. 그러고는 저에게 매우 조심스럽게 물으셨습니다.

"흑돼지윤 선생님이 충남교사노조 특수팀장이야? 선생님이?"

"네."

웃으며 대답했습니다.

"아, 그랬구나. 나쁜 뜻으로 물어본 건 아니고, 선생님이 그걸 한다고 하니까 너무 의외라서 물어봤어."

그랬습니다. 사실 교육청에서 저란 사람의 이미지는 몇 가지 단어로 정의됐습니다.

'친절한, 싹싹한, 예의 바른 그리고 불평하지 않는 사람.'

그 당시 저는 30대 초반이었는데 20대 때는 더 심했습니다. 업무분장에 없는 업무를 시키면 초과근무 결재를 올리지도 않고 맡아서 밤 8시까지 자발적으로 남아 있던 사람이었습니다. 이렇게 순응적이고 군말할 줄 모르는 사람이 '노조'에서 일을 한다니 어느 누가 놀라지 않겠습니까? 네, 저도 그 마음 이해합니다. 저도 가끔 노조에서 일하고 있는 제가 놀랍습니다.

그렇다면 사람들이 생각하는 노동조합에서 일하는 사람이란 어떤 이미지일까? 저는 다시 생각해 봤습니다. 확실히 착하고, 순하고, 싹

싹하고 친절하다는 이미지는 아닌 것 같았습니다. 대부분이 노동조합이란 진취적이고, 강경하고, 폭력적이며, 자신들의 이득만 위해 물불 가리지 않는 조직이라고 생각하는 것 같았습니다. 저 역시 그랬습니다.

'노동조합? 빨간 머리띠, 민중가요, 폭력적인 이미지, 자기밖에 모르는 사람들 아닌가?'

그런데 제가 교사노조에서 일하면서 만났던 선생님들은 생각했던 사람들과 전혀 다른 모습이었습니다. 누구에게나 친절하고, 예의 바르고, 아이들에게 행복을 전해 주는 사람들이었습니다. 또한 누구보다 소심하고 주위 사람들의 눈치를 보지만 교사 모두의 행복과 권리를 위해 앞장서서 노력하는 사람들이었습니다. 정말 빨간 머리띠와 민중가요와는 전혀 어울리지 않는 사람들이었습니다.

노조 하는 교사의 꿈

집회에 함께 참여하게 되었을 때도 빨간 머리띠와 민중가요는 전혀 보이지 않았습니다. 오히려 노조 선생님들은 좋은 이미지를 위해 조용히 예의 있게 집회하는 사람들이었습니다. 오죽하면 전경들이 이렇게 깔끔한 집회는 처음 본다고 할 정도였으니까요. 그뿐만 아니라 아이들에게 최고의 선생님이었습니다. 교사의 권익만큼 아이들의 행복도 늘 고민하는 사람들이었습니다. 사실 교사의 권익도 결국 아이들의 행복과 무관하지 않거든요. '행복한 교사가 있어야 아이들도 행복하다'는 만고의 진리니까요. 일례로 유치원 8시 등교가 발표되었을 때, 노조 선생님들이 걱정한 것은 우리의 출근 시간이 빨라지는 게 아니라 이른 시간에 등교하느라 고생할 아이들이었습니다. 아이들 입장에서는 잠에서 깨자마자 비몽사몽 등교해야 할 테니까요. 또한 작은 병설유치원이 통폐합된다고 했을 때 아이들이 이른 시간에 버스를 타고 등교할 수 있을지 걱정했습니다.

이를 통해 알게 되었습니다. 교사노조 선생님들이 결코 시간이 많고, 자신의 이득을 위해서 이 일을 하는 게 아니라는 것을요. 노조 선생님들은 자신의 신념을 가지고 학생과 교사 모두가 행복하기 위해 이 일을 하고 있었습니다. 저 역시 교사노조에서 일하면서 알게 되었습니다. 교사가 행복해야 학생이 행복하다는 사실을요.

노동조합에 대해 모르는 선생님들은 우리가 꼭 도깨비 같다고 생각할 수도 있습니다. 늘 화를 내고 강경한 모습을 한 그런 도깨비 말입니다. 그렇지만 노조 선생님들은 늘 꿈꾸고 있습니다.

교사가 출근하고 싶은 행복한 학교를, 아이들이 등교하고 싶은 즐거운 학교를요.

특수교사의 삶이란
꼭 장애 학생의 삶과 같다

너와 내가 함께 가야 하는 길

하늘이 무겁던 어느 날 출근을 하니 6학년 담임 선생님이 헐레벌떡 내려왔습니다. 그러고선 굉장히 당황한 표정으로 물었습니다.

"선생님, 혹시 6학년 특수학급 아이 여기에 있나요?"

"아니요. 무슨 일인가요, 선생님?"

"아이가 안 와서요."

집에서 버스를 타고 왔어야 하는 아이가 도착할 시간이 됐는데 오지 않은 것이었습니다. 학부모에게 전화하니 아이는 출발을 했다고 하고 그 집에는 아무도 없고 학교에는 도착하지 않았습니다.

"일단 기다려 봐요."

놀란 담임 선생님께 일단 기다려 보자고 했습니다. 그렇지만 그 아이는 그날 학교에 오지 않았습니다.

다음 날 출근을 하는데 아이가 등교하는 모습이 보였습니다. 큰 소리로 아이를 불렀습니다.

"○○아, 어제 왜 학교 안 왔니? 쉬는 시간에 도움반으로 내려올래?"

아이는 표정이 굳은 채 고개를 끄덕였습니다. 지적장애가 있는 6학년 아이는 제가 이 학교에 발령받았을 때부터 저와 2년 동안 함께 있던 아이였습니다. 최근 학교에서 20분 떨어진 거리로 이사를 갔지만, 학교를 너무 좋아한 나머지 이 학교에서 졸업하겠다고 했습니다. 그렇게 누나와 함께 매일 시내버스를 타고 등하교를 했습니다. 그랬던 아이가 최근 학교폭력 피해 신고를 해 많이 놀랐습니다. 신고는 결국 취하되었지만, 부모님끼리 신체적 폭력까지 오갔고 그 과정에서 가해자와 피해자 모두 상처를 입은 상태였습니다.

아이가 특수학급으로 내려왔습니다.

"왜 학교에 안 왔어? 집에 있었니? 선생님들이 많이 걱정했어. 전화는 왜 안 받니? 얼마나 걱정했는지 알아?"

그랬더니 아이는 그냥 "네, 죄송합니다"라고만 합니다.

"혹시 학교생활이 힘드니?"

아이는 갑자기 막 울기 시작했습니다. 이 아이를 2년 동안 가르치면서 우는 모습을 처음 보았기에 너무 당황했습니다.

"학폭 사건 이후 아무도 저랑 말도 안 하고 놀지도 않아요. 그래서 학교에 오기 싫었고 버스를 타지 않았어요."

아이의 우는 모습에 하늘이 무너지는 기분이었습니다. 저는 아이를 안아서 달랬습니다. 그리고 담임 선생님께 전화해 사연을 말했더니, 의외의 답변이 돌아왔습니다.

"학교 오기 싫어서 핑계 대는 것 같은데요."

"선생님, 제가 이 아이를 이 년 동안 가르쳤지만 우는 모습은 처음 봤어요. 그건 아닌 것 같습니다. 앞으로 쉬는 시간과 점심시간엔 제가 데리고 있겠습니다."

제 목소리가 조금 격양되었던 모양입니다. 그제야 담임 선생님은 이렇게 이야기했습니다.

"선생님, 아이들이 너무 많다 보니 제가 그 아이에게 신경을 많이 못 쓴 것 같아요. 앞으로는 반 친구들과 잘 지내는지 저도 주의 깊게 살펴보겠습니다."

다르지 않아요

아이를 보면서 같이 울었습니다. 장애 학생의 삶이 꼭 특수교사의 삶과 같다는 생각이 들었습니다. 다수의 비장애인들 사이에 사는 장애인의 삶. 그것이 다수의 일반 교과교사 사이에서 사는 특수교사의 삶과 같다는 생각이 들었습니다.

"장애 학생이 등교하지 않은 건, 학교 오기 싫어서 거짓말한 거 아냐? 이유가 어쨌건 너희 때문에 너무 힘들다."

그 아이들은 소수이고 우리 반이 아니기 때문에 특수학급에서 책임져야 한다고 합니다. 그것이 특수교사의 삶과 어떻게 다르겠습니까?

"특수교사 과중 업무가 부당하다고? 너희들은 아이들 정원이 적잖아. 너희만 힘든 거 아니야. 그건 특수교사가 하기 싫어서 그런 거 아냐?"

"장애 학생이 힘들다고? 그건 어쩔 수 없는 거 아냐? 특수교사가 선택한 길이잖아. 장애 학생이 때린 건데 그게 무슨 교권 침해야?"

저는 특수교사의 길을 왜 선택했을까요? 어렸을 때부터 저는 늘 특수교사가 되고 싶었습니다. 그냥 우리 아이들의 순수한 모습이 너무 좋았습니다. 특수교육과를 가기 위해 아르바이트를 하며 재수까지 해야 했습니다.

'이것이 내가 원하는 특수교사의 길인가? 아이들은 너무 사랑스러운데 나는 왜 이렇게 힘든 것일까?'

늘 생각합니다. 우리 후배들은 절대로 이런 일을 겪게 하지 말아야겠다고요.

노조 하는 특수교사. 사람들은 늘 저에게 얘기합니다.

"평범하게 살아."

"참으면서 살아."

"너만 참으면 돼."

하지만 저는 우리 반 학생들과 제 자녀들에게 항상 이야기합니다.

"자신을 지키지 않는 사람은 남도 지킬 수 없어! 항상 자신을 지킬 수 있는 사람이 되어야 한단다. 그래야 행복한 삶을 살 수 있어!"

노동조합이
필요한 이유

신규 발령

신규 발령을 받았을 때가 생각납니다. 늦은 나이에 아이들을 키우면서 두 번 만에 2020년 임용고시에 합격했습니다. 세종시에 사는 두 아이 엄마로 충청남도 교육청 소속으로 시험을 봤고, 신규 발령 역시 충청남도에 났습니다. 합격은 했지만, 슬슬 걱정되기 시작했습니다.

'세종에 사는데 서산, 태안으로 발령이 나면 출퇴근은 어찌하나. 아이들은 어찌하나.'

한참 발령지를 기다리고 있는데, 장학사에게 전화가 왔습니다.

"선생님, 선생님이 지망하셨던 아산, 예산, 천안은 모두 위 순위 합격자가 발령 났어요. 선생님은 세 개 중에서 고르실 수 있어요. 금산, 서산, 태안입니다."

저는 진짜 숨도 쉬지 않고 대답했습니다.

"금산이요!"

서산, 태안은 출퇴근 거리가 편도 한 시간 반은 걸리는 곳이었지만 그나마 금산은 한 시간 내에 갈 수 있는 곳이었습니다.

생각보다 좋은 곳으로 발령이 나서 정말 기뻤습니다. 학생들을 만날 날을 손꼽아 기다리는 시간이 하나도 지루하지 않았습니다. 하지만 난데없는 코로나19로 인해 신규 발령 연수가 취소되어 버렸습니다. 평생에 한 번뿐인 신규 발령 동기도 한번 만나 보지 못한 채, 줌이라는 것을 거의 처음 사용하여 신규 연수를 듣게 되었습니다. 이때까지만 해도 코로나19가 그렇게 오래 지속될 줄 몰랐고, 곧 학교로 출근을 할 수 있는 날이 오리라 생각했습니다.

　처음 발령받은 학교가 휴업 상태였습니다. 정말 무슨 일인지도 모른 채 재택근무를 하게 되었고 선생님들의 얼굴을 보지도 못한 채 업무가 진행되었습니다. 그리고 한 달 뒤 같은 신규 발령을 받은 옆 반 선생님과 처음 맞는 코로나19 상황에서 일하게 되었습니다.

　코로나19는 저뿐만 아니라 학교의 모든 선생님을 혼란스럽게 했습니다. 정확한 지침도 없이 원격수업이 시작되었고 코로나19 상황이 지속되었습니다. 원격수업이 진행되면서 정말로 돌봄이 필요한 학생들은 학교에서 원격수업을 들을 수 있도록 교사들이 돌아가면서 아이들을 지도하도록 했습니다.

　그러던 어느 날 교감 선생님이 부르셨습니다.

　"선생님, 근데 특수교육 대상 학생들은 부모님이 힘들지 않을까? 선생님들이 봐주면 어때?"

　저는 처음 겪는 상황에 처음 온 학교에서 아무것도 모른 채 대답했습니다. 그건 힘들겠다, 좀 더 고민해 보겠다는 대답은 신규 교사인 제 사전에는 없었습니다.

　"네, 그렇게 하도록 하겠습니다."

　그렇게 모두가 원격수업을 하는 2020년 4월 코로나19 시대에 혼자 대면수업이 시작되었습니다. 오히려 대면수업이 편했습니다. 사람들은 교사들이 원격수업을 하면 논다고 생각하지만 사실 적합한 자료를 만드는 것이 더 힘들었기 때문에 대면수업을 하는 게 낫다고 생각했습니다. 근데 문제는 이것이 아니었습니다.

무리한 요구들

다시 교감 선생님이 부르셨습니다.

"선생님, 근데 선생님들끼리 돌아가면서 일반 학생들 원격수업 지도해 주는 것 말이야. 선생님들이랑 보건 선생님이 해 주는 건 어때? 선생님들 자료 만들고 원격수업 준비하는 거 힘들 것 같아서 말이야."

그제야 무언가가 잘못됐다는 생각이 들었습니다. 특수교육 대상 아이들은 대면수업을 해 주면서 비는 시간에 일반 아이들 원격수업을 해 주라니……. 그럼 아이들 수업 준비와 코로나19로 쏟아지는 업무는 언제 하라는 거지? 특수교사는 학교의 보조 인력이란 말인가? 분명히 대답해야 할 것 같았습니다.

"저는 아이들 대면수업을 하기 때문에 일반 아이들의 원격수업을 지도할 수 없습니다. 교감 선생님."

그러자 교감 선생님은 제 옆 반의 젊은 남자 특수 선생님께 똑같은 제안을 하셨습니다. 경력이 하나도 없었던 선생님은 거절을 못 했나 봅니다. 결국 특수교육 대상 학생의 대면수업과 일반 학생의 원격수업 지도를 함께 하게 되었습니다. 옆 반 선생님께 물어보았습니다.

"선생님, 근데 왜 대면수업도 하면서 원격수업 지도까지 한다고 했어요?"

"선생님, 저도 그게 아닌 걸 알고 있는데, 안 된다고 말을 못 하겠어요. 너무 떨리고……. 거절도 잘 못 하겠고, 제가 잘 모르기도 하고요."

그 뒤로 모든 일은 그렇게 흘러갔습니다. 저한테는 무리한 부탁을 하지 않았고 항상 옆 반 선생님께 부탁했습니다.

관리자뿐만 아니었습니다. 특수교육보조인력 역시 마찬가지였습니다.

"선생님, 제가 아이 한글을 가르쳐 볼게요. 저도 할 수 있을 것 같아요. 그리고 특수교육 대상 학생 방과후 지원은 너무 힘들어서 제가 못하겠다고 교장 선생님께 말씀드렸어요."

돌봄전담사 역시 저에게 요구합니다.

"선생님이 특수교사니까 특수교육 대상 학생들은 돌봄 시간에 특수학급에서 봐주세요! 옆 학교는 특수교사가 봐준다는데 우리 학교는 왜 돌봄교실에서 봐야 하는 건가요?"

점점 더해 방과후 강사까지 이야기합니다.

"선생님, 이 아이는 컴퓨터 신청은 했지만, 너무 어려워서 따라오질 못하니까 특수학급에서 봐주세요"

저는 분명히 대답했습니다.

"선생님, 우리 아이들은 다른 아이들과 똑같이 교육받을 권리가 있습니다. 그리고 방과후학교에서 보조 인력 지원은 해 주셔야 해요. 그래야 아이들이 수업을 받을 수 있습니다."

이 대답이 그들의 맘에 들지 않으면 본인들이 소속된 노조를 통해 저를 압박해 왔습니다. 관리자는 "선생님이 참아. 어쩔 수 없잖아"라고 했습니다. 결국 저는 그 학교에 신규 발령을 받은 지 일 년 만에 떠날 수밖에 없었습니다.

그때 생각했습니다.

'왜 우리는 노동조합이 없을까? 이렇게 부당한 일을 당했을 때 우리를 도와줄 수 있는 사람은 누구인가? 주변 교사들인가? 아님 관리자인가? 그럼 관리자에게 부당한 일을 당했을 때는 누가 도와주나?'

저는 부당한 상황이 되면 참기보다는 말하는 사람입니다. 아닌 건 아니라고 말할 수 있었습니다. 하지만 옆 반 신규 선생님은 달랐습니다. 아닌 걸 알지만 말하지 못하고, 너무 괴로워했습니다. 선생님들 역시 자기 일이 아니면 도와주지 않았습니다.

그때 특수교사노동조합에서 조직국 일을 하면 어떻겠냐는 제의가 왔습니다. 무엇을 하는지는 알 수 없었지만 그래도 말 못 하는 선생님들을 위해 도와주고 싶다는 생각이 들었습니다. 그렇게 노조 활동이 시작되었습니다.

지금도 학교에서 힘들어하는 신규 선생님들에게 말씀드리고 싶습니다.

"선생님들 뒤에는 우리가 있어요."

"대신 걸어 드릴 수는 없지만 한 발 한 발 나아가는 법은 가르쳐 드릴 수 있어요."

오늘도 합니다,
노즈를

_ELMER

다정하고 어질게 살고 싶은데 왠지 다 정하긴 어렵고 어질러 놓기 일쑤입니다. 좋아하는 것도 하고 싶은 것도 많아서 알록달록 바쁜 하루하루를 살고 있습니다. 몬드리안의 빨강, 파랑, 노랑의 구성을 좋아합니다. 버밀리온처럼 강렬하게 살고 싶었는데 어쩌다 만 나이도 서른을 넘어 버려 이제 삶의 스탠스를 바꿔야 하나 고민하고 있습니다.

오늘도 합니다,
노조를

무지개반 선생님

"무슨 색을 좋아해?"라는 질문에 저는 "무지개를 좋아해요!"라고 말하는 아이였습니다. 빨강은 빨개서 좋고 파랑은 파래서 좋은데 어떻게 하나만 고르냐는 아이들과 만나 무지개반 선생님이 되는 건 어쩌면 당연했을까 싶습니다.

'선생님이 되어야지.' 하고 생각한 건 언제였을까 돌아보면 학교가 좋았기 때문입니다. 학교는 가긴 귀찮아도 오면 좋아졌습니다. 친구들과 뛰어노는 시간도, 선생님과 지내는 시간도 참 즐거웠습니다. 그러다 시골로 이사를 가서 일기 쓰기에 아주 열심인 선생님을 만났습니다. 선생님은 일기를 열심히 쓰면서 보여 주기는 싫어하던 저와 매일 글로 대화를 나누면서 제 마음을 읽어 주려 노력하셨습니다. 그때부터 선생님이 조금씩 의미 있는 사람으로 느껴졌습니다.

나름대로 다 재미있는데 체육은 재미있지 않으니 빼고 고민을 열심히 했습니다. 다 가르치려면 뜀틀도 못 넘고 리코더도 잘 못 불고 큰 애들은 키가 저만 하니까 초등학교는 아무래도 안 될 거 같고, 그러다 무지개가 감도는 사진 한 장에 이끌려 유치원 교사가 되고 싶어졌습니다.

유치원까지 가게 된 첫날은 너무 좋았습니다. 학교 앞 텃밭도, 모래놀이터도, 넓은 복도도 그저 다 좋기만 했습니다. 혼자 학교 앞에 살면서 일과 삶은 하나가 되었습니다. 어차피 올 건데 일요일에 미리 오면 월요병이 없다며 주말에도 가끔 즐겁게 출근했습니다. 일이 많은 건 그다지 싫지 않았습니다. 그만큼 보람도 있었고 필요한 순간에 제가 있어서 오히려 좋았습니다.

유치원을 채워 나가는 건 설레는 경험이었고, 더욱 바쁘게 하루하루를 보냈습니다. 짝꿍 선생님도 참 좋았고 아이들과의 바깥놀이도, 놀이 이야기를 쓰는 김에 함께 하게 된 현장 연구도, 매일 가는 필라테스도, 새로 시작한 가야금 강습도 다 좋았는데, 왜일까요?

언제인지 모르게 한 발을 떼기가 너무 무거워졌습니다. 한 걸음 내딛기가 조금씩 어려워질 무렵, 와르르 무너져 내렸습니다. 하고자 하는 마음으로 다 움켜쥐고 욕심껏 던져 놓은 공들이 균형을 잃고 쏟아져 내렸습니다. 다 잘하고 해내고 싶은 마음은 그대로인 줄 알았는데 마음은 보이지 않고 그저 몸이 닳아 가는 것을 느꼈습니다. 자꾸 발이 아프고 다리가 불편해서 간 병원에서는 너무 무리하고 있다고, 이제 허리도 많이 아플 거라고 했습니다.

처음 맡은 보직도, 제가 다 꾸민 학급도 포기하고 싶지 않았습니다. 그런데 "넌 일만 열심히 하잖아. 집안일도 일이라고 좀 생각해 봐." 남편의 하소연에 마음이 쿡 찔렸습니다. 정작 일만 하느라 스스로에게 쓰는 시간은 늘 아까워했더니 집안일은 물론이고 제가 만든 가족도 외면하고 있었다는 걸 깨닫게 되니 이젠 멈추고 싶었습니다. '나 없이 어떻게 하나.' 싶었던 유치원을 두고 쉴 생각을 하니 시원섭섭했지만 쉬기로 마음먹었습니다.

쉬어? 가 보자고!

그즈음에 "너 진짜 쉬기로 했어? 그럼 이거 좀 해 볼래?" 하는 친구의 전화를 받았습니다. 노조 일을 조금 도와 달라는 말이었습니다. 가끔 보이는 메일에 있는 로고가 좀 예쁘네, 하고 닫았던 창이 떠올랐습니다. 예쁘게 만드는 건 좋아하니까 그리 어려울 거 같지 않았습니다.

'가끔 홍보 자료나 만들고 도와주면 되려나?' 가벼운 마음으로 만난 날, 회계처리도 조금만 도와주면 된다고 해서 총무국장이 되었습니다. '홍보 자료가 더 하고 싶으니까 뭐. 그럼 그것도 해야지?' 하면서, 처음 만난 날 반갑게 맞아 준 집행부 선생님들과의 단톡에 초대되었습니다.

"2월 업무 인수인계하면서 집행부 업무방으로 새롭게 시작합니다! 올해 우리 집행부 파이팅입니다!"라는 메시지에 귀여운 이모티콘을 보내자마자 업무가 밀려오기 시작했습니다.

"우리도 만들어 볼까요? 이따 얼른 해서 올려 볼게요."
"제가 딱 한 시간 수업 없는 시간에 만들었어요."
"보도자료도 메일로 보냈습니다. 아침에 척척 일 진행해 주셔서 감사해요. ㅜㅜㅜ 쌤들."
"혹시 다른 일 있으면 언제든 말씀하세요.^^"
"상반기 회계감사 준비해야 할 듯해요. 7월 회계감사 결과 보고해야 해요."

톡방은 아침부터 저녁까지 분주했습니다. 잠깐 안 보면 톡이 300개는 오니까 아주 바쁘진 않아도 늘 보게 되었습니다. 그러다 다시 겨울, 원래 복직하기로 한 시점이 다가왔습니다. 복직해야겠다고 결정했지만, 한 해 동안 두 배로 늘어난 조합원 수만큼 일도 늘어났기에 아무래도 노조 전임 근무자가 꼭 필요하다는 걸 저도 느끼고 있었습니다.

"제가 회계랑 홍보까지 그대로 해도 되니까 전임은 꼭꼭 구해야 할 것 같아요."

"그런데 누가 전임을 해요?"

"정말 아무도 없을까요?"

"그럼 선생님이 아예 전임을 하면 어때요?"

"제가요?"

새로운 고민이 시작되었습니다. 복직하면 다시 부장을 하기로 했던 터라 나름 머릿속이 복잡해졌습니다. 그래도 정말 필요한 자리라는 걸 알기에 가족과 다시 상의하고 결국 노조 전임자가 되었습니다. 부장은 학교 구성원 중 할 사람이 정해지겠지만, 한 명뿐인 전임이 없으면 노조 조직 유지에 직격타가 되겠다는 걱정이 컸습니다. 뭔가 큰일을 맡아 버린 것 같아 부담도 되었지만 이렇게 된 거 하기로 한 일에 집중해야지 했습니다. 그런데 동료 선생님들의 걱정은 제 생각보다 엄청났습니다.

"전임? 그게 뭐야? 노조를 왜 해?"

"도와주는 거랑은 다르지."

"안 돼. 하지 마. 하지 말라고. 마음도 약한 네가 뭘 한다고."

"아니야. 하지 말라니까. 뭐 하러?"

어떤 선배는 마치 UFO를 타고 날아가겠다고 한 거처럼 저를 말렸습니다. 엄청난 각오가 필요한 일이었나 봅니다. 다들 반대를 하니까 너무 생각을 안 하고 결정했나 괜히 한다고 한 걸까 심란해지기도 했습니다. 하지만 기나긴 대화 끝에 도리어 마음이 분명해졌습니다.

'어차피 쉬는 동안 조금만 도와줄 거라고 시작했는데, 해 보니 할 만한 일이었잖아? 좀 더 일이 늘어나면 버겁긴 하겠지만, 못 할 거 같진 않고 무엇보다 누군가는 이걸 해야 하잖아.'

우려와 걱정, 조금의 응원과 함께 노조 활동을 시작했습니다. 이제 6월, 딱 반절 왔습니다. 중요한 건 꺾였는데도 그냥 하는 마음이라는 말을 되뇌며 매일 일하고 있습니다. 이 글을 쓰는 순간도 버스에서 이동하면서, 집에 와서 밥을 먹으면서 찰나를 쪼개 쓰고 있습니다.

'명목은 휴직인데 인간적으로 너무 바쁜 거 아니야?' 하는 생각이 들 때도 많습니다. 사실 '해야 한다'와 '하고 싶다'가 여전히 구분되지 않습니다. 하지만 지금 이 일이 너무 필요합니다. 그래서 저는 오늘도 합니다, 노조를.

Extra,
엑스트라 서비스

커튼콜, 그 이후의 울림

Over the Horizon. 지평선 너머로 해가 저문 지 오래이건만 전화가 울렸습니다. 늦은 밤, 때로는 이른 아침. 선을 넘어 울린 전화기 너머의 사람은 각기 다르지만 같았습니다. 너무나 무거운 한 걸음을 디디듯, 조금 떨리는 목소리로 조심스럽게

"저, 죄송한데요……. 제가 궁금한 게 있어서요……."

"제가 여쭤 볼 게 있는데요……."

올해 혼자서 업무 폰을 도맡아 가지게 된 저에게 집행부 선생님들은 근무 시간이 아닌 시간에는 전화를 받지 말라고, 아예 놔두고 퇴근하라고도 하셨습니다. 하지만 학교에서 근무해 본 사람은 왜 이 시간일 수밖에 없는지 알기에 오히려 근무 시간 지나서 울리는 전화를 외면할 수 없었습니다. 곧 수업에 들어가야 하니까, 교실에서 급하게 나와서 숨도 채 못 고르고 이야기를 하는 저마다의 사정은 어쩌면 너무 흔했습니다. 여느 교실에나 다 있는 이야기일 테니까요.

"우리 반 애가 다른 반 애랑 싸웠는데 부모님이 저를 아동학대로 고소하시겠대요."

"부모님이 인권 침해라 해서 인권위에서 공문이 왔는데 저 어떻게 해야 할지 모르겠어요."

"교장 선생님이 일방적으로 이렇게 말씀하시는데 정말 다 해야 하는 건지 잘 모르겠어요."

아이들, 부모님, 동료와 관리자들이 요구하는 역할과 책임에 짓눌린 선생님은 꾹꾹 눌려서 아주 납작해져 있었습니다. 요즘 유행하는 한 줄 요약으로는 "구해 줘!"일 것이지만 각자의 사정은 절박했습니다.

그저 어떻게 해야 할지 모르겠다고 학교에 있는데도 학교에 올 자신이 없다고 훌쩍이면서도 "선생님, 저 아이들한테 가 봐야 해서요. 이따가 제가 다시 걸게요……." 하고 눈물을 훔치는 마음은 누구나 다 느껴 보았을까요? 어쩌면 선생님은 너무 많아서, 학교에 다니는 동안 모두가 만나 봐서 너무 잘 안다고 생각하는 선생님들의 마음, 정말 잘 알고 있을까요?

세종으로 이사를 오면서 생각보다 자주 경찰들을 마주치게 되었습니다. 청사를 둘러싼 시위대 인파가 가득하면 경찰들도 그만큼 주위에 깔려 있었습니다. '아, 오늘도 시위하네.' 생각하면서 스쳐 가던 천막 너머의 사람들이 든 피켓, 가끔 지나치는 현수막에서 와닿는 글자들을 눈여겨보면서도 망설이는 까닭의 1할은 역시 아빠가 생각나서였습니다. 아빠는 오래도록 노조 간부들을 만나고 정보를 얻는 정보계일을 도맡아 하셨습니다.

선뜻 아빠에게 노조 일을 하고 있다고 말하기 어려워서 미루고 바빠서 미루다가 어느덧 한 해가 지나 버렸습니다. 그러다 새 학기를 준비하기에도 바쁠 2월 말, 우리는 세종 교육부 앞에서 기자회견을 앞두고 있었습니다. 갑작스럽게 늘봄학교를 추진하겠다는 교육부 입장에 대응하여 교사노조연맹 늘봄학교 대응팀에서 늘봄학교 파행 운영 규탄 기자회견을 하기로 했습니다.

교육부 앞에서 집회를 하려면 세종남부경찰서가 관할이니까 집회신고서를 대신 제출해 달라는 부탁을 받았습니다. 이런 일로 경찰서에 가는 건 처음이지만 뭐 그리 어렵지 않을 거 같아 흔쾌히 하겠다고 했습니다.

그런데 막상 신고서 서식을 채우려니 쓸 게 생각보다 많았습니다. 주최단체 대표자 이름, 연락책임자 주소, 직업, 연락처, 생년월일까지 쓰고 질서유지인 명단에 들어갈 사람들의 신상까지 탈탈 털어 만들고 위임장도 받아야 했습니다. 혹시나 해서 지도까지 미리 인쇄하고 신분증을 들고 경찰서로 가는 버스를 탔습니다.

버스에 앉아서 '뭐라고 말하지? 우선 인사하고 명함부터 드려야 하나?' 생각하며 가서 할 말을 가다듬다 보니 어느새 도착했습니다. 1층에서 "집회신고서 내러 왔어요." 하자 신분증을 맡기고 나서 올라가라고 하시며 길을 알려 주셨습니다. 정보관님과 통화는 미리 했지만 왜 인지 낯선 길이라 사뭇 긴장되었습니다.

벨을 누르자 문을 열며 나타난 정보관님은 생각보다 많이 젊었습니다. 거의 제 또래 정도의 얼굴이라 마음이 좀 가벼워졌습니다. 집회신고서에서 수정할 부분을 확인하면서 지도에서 우리가 서 있을 위치도 같이 정해 주셨습니다.

또 다른 주인공과 함께

서류가 얼추 다 마무리될 즈음 "사실 저희 아빠도 정보계에서 계속 일하셨어요." 하며 이런저런 얘기를 했어요.

"그런데 늘봄학교가 뭐예요? 저도 아이가 있는데 뭐가 뭔지 잘 모르겠어서 그래요." 하고 물으셨어요. 자연스레 알고 있는 것들을 이야기하는 사이에 다른 경찰관도 슬그머니 의자를 끌고 와 옆에 앉으셨습니다.

"아침돌봄은 교육과정 전에 일찍 오는 아이들이 하는 거예요. 저녁돌봄은 교육과정과 방과후과정이 끝난 다음에 하는 거고요. 온종일돌봄은 그거 다 하는 걸 말해요. 그럼 늘봄학교가 이제까지 하던 거랑 뭐가 다르냐고요? 지금 이 기자회견은 늘봄학교 추진 과정에서 결국 시설이나 기반 구축에 대한 계획 없이 학교와 교사에게 그냥 책임을 전가하는 게 문제라고 말하고 있는 거예요. 유치원은요? 그렇죠. 유치원도 방과후과정이랑 돌봄교실이 있는데 이게 초등학교랑 같은 명칭이지만 내용이 좀 달라요. 그리고 둘 다 교육과정과 명확하게 분리가 안 되어 있고, 다 그냥 학교에서 하는 거니까, 하고 뭉뚱그려져 있으니까 많은 어려움이 있는 거예요."

쏟아지는 질문에 답을 찾다가 나름 궁금증이 해소되었다고, 사실 다들 일하면서 바쁘니까 우리 애들을 맡겨 놓고도 뭘 잘 모른다고 솔직하게 말씀해 주시는 경찰관분들을 보며 이렇게 한 명씩 우리를 이해시켜 가야 하는 것이 아닐까 하는 깨달음을 얻었습니다.

'우리 마음을, 우리 생각을 알아주지 않는다고 답답해하는 에너지를 바꾸어 왜 우리가 이렇게 느끼는지, 왜 이렇게 생각하는지를 말해야 하는 거구나. 결국 우리가 '우리'가 되려면 먼저 다가가야 하는 거겠지.'

그러다 또 집회를 할 일이 생겼습니다. 안 생기면 좋으련만 또 교육부 앞으로 모일 일이 생겼습니다. 어린이날을 앞두고 느긋한 마음으로 오월을 보내고 싶었는데 말입니다. 0교시, 야자와 십자만큼 라떼의 상징이던 새벽 수업이 유치원 아이들에게도 자행될 제3차 유아교육발전기본계획이 발표되어서 전면 재검토 요구 기자회견을 준비해야 했습니다.

다시 경찰서로 갈 약속을 잡고 옥외집회 신고서랑 위임장, 서류들을 챙겨서 정보관님을 만났습니다. 저번에 봤다고 반갑게 맞아 주셨고 이번에는 뭐가 문제인가 또 소상히 이야기 나누었습니다. 두 번째 집회 신고를 마치고 벌써 집회 신고 전문가가 될 거 같다는 너스레와 함께한 시위는 순조롭게 끝났습니다.

정보관님은 시위하는 우리 곁에 와서 인사를 하고 가시면서 경찰의 도움이 필요하거나 문의 사항이 있으면 언제든지 연락 달라는 든든한 문자도 보내 주셨습니다. 그래서일까, 다가오는 어버이날 그간 말하지 않던 얘기를 불쑥 꺼낼 용기가 났습니다.

"나 올해 노조 일을 도맡아 하기로 했어. 그래서 휴직은 맞고 유치원은 안 가는데, 내가 좀 바빠."

의외로 아빠는 "네가 생각해서 하기로 결정했으니 잘해 봐"라고 토닥여 주셨습니다. 결국 노조를 하는 건 누군가에게 계속 우리의 이야기를 해 나가는 것입니다. 앞으로 마주칠 많은 사람 마음에 한 번에 가닿아 우리가 되어 줄 수는 없겠지만, 이렇게 조금씩 설득력 있게 다가선다면 더 많은 사람과 함께할 수 있지 않을까 하는 용기가 생겼습니다!

너무 도망치고 싶어서 "도망가자. 어디든 가야 할 것만 같아." 노랫말을 흥얼거리며 교실을 청소하던 마음, 하지만 제 아이들이니 결국 돌아가게 되는 발걸음. 때로는 저의 자신감을 펴는 돛이 되어 주고 때로는 현실에 저를 묶어주는 닻이 되어 주는 학교, 저마다 다른 까닭으로 다들 학교에 오고 가지만 우리는 다 결국 학교를 좋아했고 좋아하는 사람들이지 않을까요?

저는 지금 학교 밖에서 학교의 선생님들을 위한 엑스트라가 되었습니다. 학교 안에서는 제 아이들을 보느라 미처 다 할 수 없던 일들을 하고 있습니다. 이맘때 뭘 했었지, 하면서 학교가 여전히 그리운 순간들이 많습니다. 아낌없이 반짝인 시간은 꺼내 볼수록 아름답게만 남게 됩니다.

다만 제가 잠시 학교 밖으로 나와 있는 것은 학교가 너무나 소중하다는 것을 아니까, 그래서 누군가는 한 걸음 뒤에서 살펴보는 사람이 있어 줘야 한다는 걸 이젠 잘 알기 때문입니다. 학교에서 표류하는 선생님들을 도우려면 물 밖에서 구명 튜브를 던져 줄 사람이 필요하다는 것을 느꼈기 때문입니다. 좋아하는 것을 좋아하려면 좋아하는 것 이상의 노력이 필요하다는 걸 배웠기 때문입니다.

도망가자던 노래가 "그다음에 돌아오자"로 끝나는 것처럼 선생님들이 학교로 다시 돌아올 수 있도록 돕고 싶습니다. 여기서 기꺼이 오늘도 열심히 전화를 받습니다. 어느 학교의 어떤 선생님에게 무슨 일이 일어났는지, 그래서 우리는 지금 어떻게 해야 할지 생각하면서 출근하고 퇴근합니다. 오늘도 전화가 울립니다.

"안녕하세요?"

이번 생은
처음이라

새로고침, 왜 안 돼?

"어? 영수증이 안 보인다?"

새해가 시작되었지만 새해 같지 않은 신정과 구정 사이, 왜인지 바쁘게 달리고 싶지 않아 느긋한 시간입니다. 늘 그렇듯 잊고 있다가 해야지 하고 슬렁슬렁 살게 되는 이때 꼭 확인하고 가야 할 것이 있습니다. 바로 연말정산 기간.

'이제 슬슬 해 볼까?'

사이트에 들어가 로그인을 하고 훑어보니 어라?

세종교사노동조합이 안 보입니다.

'나만 빠졌나? 아직 안 올라왔나? 다른 건 다 뜨는데, 힝.'

뭐 올라오겠지 하고 노트북을 덮었는데, 띠링 연락이 왔습니다.

하나, 둘, 셋, 문자를 다 읽기도 전에 연락이 빗발치기 시작했습니다.

"안녕하세요? 작년에 조합비를 납부했는데 연말정산에 올라오지 않아 혹시 누락되었는지 확인 부탁드립니다. 감사합니다."

"연말정산 중에 세종교사노동조합으로 매달 입금한 조합비가 기부금 내역에 뜨지 않아서 연락드렸습니다. 확인해 주시면 감사하겠습니다."

"새해 복 많이 받으세요. 근데 저 영수증이 없어서요. 저만 누락되었나 싶어서 전화드려요."

다들 밴드로, 전화로, 문자로 문의를 시작했습니다. 전화를 받으며 내다본 창가엔 하얀 눈송이가 내려오기 시작했습니다. 폴폴 내릴 때는 가벼운 눈송이지만 쌓여 버리면 정말 큰일인데? 통화를 하는 중에도 계속 지잉지잉 문자로 전화로 연락이 쏟아지고 있었습니다. 우리 노조에 가입한 조합원 모두의 영수증이 등록되지 않았다니, 꿈이었으면!

영수증을 확인하시라는 홍보 이미지를 어떻게 만들까 고민하던 느긋함은 빠르게 증발했습니다. 노조 집행부 단톡에 일단 이 상황을 알리고 우선 문의가 계속되면 응대하다 마비가 될 상황이니 빠르게 조합원 밴드에 사과문부터 올려야 했습니다.

그래도 다행히 수습할 시간은 있었습니다. 확인 기간의 첫날이었고 이후 정정 기간이 남아 있다는 게 너무 다행이었습니다. 마지막처럼 내일 따윈 없는 것처럼 업로드할 파일을 준비해야 했습니다. 그렇지만 그전에 왜 모두의 영수증이 없어졌는지를 알아야 했습니다. 원인을 알아야 다시 실수가 반복되지 않을 테니까요. 역순으로 실마리를 찾아 나섰습니다. 미등록자 연락도 다 했고, 수기 입력도 다 했고, 파일 다운로드까지 했는데 영수증은 왜 없었을까요?

원인은 너무나 간단했습니다. 업로드를 안 했으니까요! 작년에는 다른 선생님이 업로드를 했던 터라 담당 선생님이 올해에도 업로드해야 한다는 것을 깜빡 잊었던 것입니다.

영원 같던 0과 1 사이

황당하지만 분명한 문제를 알았으니 이제 해결해야 했습니다. 제가 한 번 더 다시 잘 보았어야 했다는 후회를 안고 이왕 하는 거 잘하자는 마음으로 인증서를 내려받고 매뉴얼을 정독했습니다. 엑셀 파일을 수정, 최종, 최최종, 진짜 끝, 마지막으로 최종 수정하면서 며칠을 보냈습니다. 오류는 어쩜 그렇게 자주 나는지, 그 긴 명단 속 선생님들의 이름을 보고 또 보다 보니 저만 아는 내적 친분이 쌓였습니다. 어차피 늦었으니 아직 못 받은 미등록 조합원에게 한 번 더 연락해 보고, 영수증이 먼저 필요한 선생님들에게 문자와 메일을 보냈습니다.

새삼스러운 감사와 사과가 오가면서 새해 덕담도 덤으로 오갔습니다. 엑셀 파일을 올릴 수 있는 시간은 밤으로 제한되어 있어서 그 주 동안은 며칠 동안 저녁밥을 먹고 "오늘은 성공하고 올게!" 하며 다시 출근했습니다. 전에 홈페이지를 보면서 그냥 넘긴 배너 속 시간이 새삼 이런 의미였구나, 와닿았습니다.

'이렇게 모르고 지나치는 많은 순간, 하나하나의 숫자들은 결국 다 누군가의 시간이고 나의 오늘이구나.'

누락되었다고 알려 준 선생님, 며칠간 번거롭게 메일을 받아서 행정실에 서류를 다시 내면서도 양해해 주신 선생님, 영수증을 하나씩 받아 조합원에게 발송하는 일을 함께 한 선생님, 모두가 새삼스레 세상에 당연한 건 없다는 걸 너무 크게 느끼게 된 사건이었습니다.

드디어 마무리하고 돌아오는 그 밤, 가로등처럼 늘어서는 마음들은 오묘했습니다. 그래도 제가 해냈다는 개운함과 뿌듯함, 다음에는 이런 일이 없게 좀 더 꼼꼼히 확인해야겠다는 아쉬움이 뒤섞였습니다. 어떤 생이 두 번이겠냐마는 낯선 만큼 더욱 서툰 사람들끼리 서로에게 의지하면서 이렇게 굴러가는 것이 삶이구나, 그럼에도 불구하고 삶이기에 감사하구나 생각하며 어둠을 밝히는 그 빛을 걸음걸음 디뎠습니다.

부록

세계교원노조운동의 흐름과 전문직 교육노동운동

이장원_교사노동조합연맹 사무총장, 평생교사노동조합 위원장

고 서이초 교사 사망으로 교사들의 항의 집회가 절정으로 치닫고 있던 2023년 9월 1일, 78개국 383개의 교원단체 소속 3,200여만 명의 교원이 가입하고 있는 세계 최대 교원단체인 EIEducation International, 국제교육연맹가 4일 한국 교사들의 '공교육 멈춤의 날' 행동 등을 "정의를 위한 외침"으로 규정하고, "한국 교사들을 지지한다"는 성명을 냈다.[1]

9월 8일에는 170만 조합원을 둔 미국교사연맹American Federation of Teachers, AFT이 한국 주미대사에게 보낸 서한문을 통해 "한국 정부가 교사들의 정신건강과 근무환경 개선에 최선을 다했으면 한다"는 내용과 "한국 교사들을 지지하고 함께 연대하겠다"는 뜻을 전했다.[2]

AFT와 미국교육협회National Education Association, NEA는 EI에서 가장 많은 조합원을 확보하고 있어 EI의 정책 방향에 가장 큰 영향력을 미치는 조직이다. EI 정책의 중요한 방향은 이 두 노조의 영향을 강하게 받고 있으며, 유럽의 교사노조들이 미국의 영향을 견제하기 위해 노력하는 상황이다.[3]

---

1. 윤근혁, 「최대 교원단체 EI, "한국 정부 협박 맞선 교사들과 연대"」, 『교육언론 창』, 2023. 9. 3.
2. 한경희, 「미국교사연맹(AFT)도 한국 교사에게 지지와 연대 표현… EI 이어 두 번째」, 『교육희망』, 2023. 9. 9.

이 뉴스를 접하면서, 교사들의 EI, AFT 등 세계의 교원단체-교원노조에 대한 관심이 높아졌다. 이 글은 이런 교사들의 관심에 도움을 주기 위해 세계교원노조운동의 흐름과 변화에 대해 간략히 정리해 본 자료이다.

1. 세계 교원단체-교원노조운동의 두 흐름

EI는 세계적인 교원단체의 두 흐름, 노동조합 지향과 전문직단체 지향을 통합한, 직종별 교원단체의 총 연맹체이다.

교원단체는 전문직관에 바탕을 둔 전문직주의professionalism를 표방하고 있는 교원단체와 노동직관에 바탕을 둔 노동조합주의Labor Unionism를 표방하고 있는 교원단체로 구분된다. 전문직주의 이데올로기에서 취하는 조직 전략은 교육회Teacher's Association의 형태를 띠게 되며, 미국의 NEA와 우리나라 한국교총 등이 전문직주의에 입각하여 활동하고 있다. 반면에 노동조합주의 이데올로기에서 취하는 조직 전략은 교원노조Teacher's Labor Union의 형태를 취하며, 미국의 미국교사연맹과 우리나라의 전교조 등이 노동조합주의에 입각하여 활동하고 있다. 전문직관을 취하는 교원단체는 교직의 전문직적 특성을 반영하여 교원의 전문성 신장을 비롯하여 교육의 진흥과 문화의 창달 및 봉사정신을 보다 강조하는 전문직 단체로서의 성격을 지니게 되고, 노동직관을 취하는 교원단체는 교사들의 권익 보호와 사회·경제적 지위

---

3. 김재홍, 「세계 속의 노동네트워크⑩-교육 관련 노동자들의 국제조직 EI」, 『매일노동뉴스』, 2002. 1. 4.

향상을 위한 노동조합의 성격을 지니게 된다.[4]

2차 세계대전 후 세계적으로 교원들의 국제단체는 전문직능단체인 '세계교직단체총연합회WCOTP'와 교원노동조합 형태인 '국제자유교원노동조합IFFTU'의 두 가지 형태로 발전되어 왔다. 전자의 교원단체에는 미국의 NEA, 캐나다의 교원연맹Canadian Teacher' Federation, CTF. 호주의 교원연맹Australian Teachers' Federation, ATF, 일본의 교직원연맹, 그리고 우리나라의 한국교총 등이 해당한다. 후자의 교원단체는 미국의 AFT, 독일의 교육학술노조Gewerkschaft Erziehung und Wissenschaft, GEW, 영국의 교원노조National Union of Teacher, NUT 및 일본의 교직원조합, 그리고 우리나라의 전교조가 해당한다.

그런데 WCOTP와 IFFTU는 통합을 결의하고, 1993년 1월 26일 스웨덴의 스톡홀름에서 창립회를 개최하여 양대 교원단체를 통합한 세계 최대 교원단체 EIEducation International, 교육 인터내셔널이라고도 함를 탄생시켰다.

통합 과정에서 두 단체는 '전문직주의Professionalism'와 '노동조합주의Unionism'는 상반된 개념이 아니라는 점을 공통적으로 인식하게 되었다. EI는 노동조합과 전문적인 관리를 공동으로 추구하고 평화, 정의 및 단결을 천명하는데, 두 단체의 통합 과정에서 가장 중점을 두고 합의했던 부분 중 하나가 바로 '각 회원단체가 해당 국가에서 다른 노동조합에 가입하거나 어떠한 조직의 형태를 취할 것인가에 대하여는 전적으로 해당 회원단체가 결정할 사항이므로 EI는 이를 간섭하지 않으며, 회원단체 내부의 자유 및 의견의 다양성을 존중한다는 점이었다.[5]

---

4. 정종진·정재걸·윤운성, 「한국 교원단체 활동의 발전 방향에 관한 연구」, 『한국교원교육연구』 제18권 제3호, 서울: 한국교원교육학회, 2002, p. 10[박완식, 「우리나라 교원단체의 조직정체성에 관한 연구」, 한국교원대학교 교육대학원 석사학위논문(2008)에서 재인용].

2. 전문직 교원노동조합운동론

필자는 일찍이 교사는 전문직 교육노동자로서 교사들의 노동조합은 일반 노동자와 달리 전문직 노동조합운동의 특성을 갖는다고 주장해 왔다. 다음은 필자가 2011년 편찬한 『참교육 한길로』 편찬 후기에 서술하였던 글이다.[6]

전문직 교육노동자는 일반 노동자와 다른 특성을 가진다

교사는 국가 또는 사학재단에 고용된 노동자이다. 따라서 교사는 피고용자로서 사용자의 노동 통제에 저항하며 자신의 노동 조건(근무 여건)을 개선하고 자신의 권리를 확대해 나가려는 노동운동을 하게 된다. 교사운동이 노동운동으로서 발전하게 되는 이유이다.

그러나 교사는 단순한 노동자가 아니라 교육이라는 전문적 노동을 행하는 '교육노동자'이다. 여기에서 일반 노동자와 다른 교사운동의 특성이 나타난다.

교사들은 일반 노동자에 비해 임금 인상 등 경제적 요구가 상대적으로 약한 반면,[7] 자신의 노동 즉 교육에 대한 자부심이 크며 교육에서 자신의 역할을 인정받고 교육에서 보람을 추구하

---

5. 황봉이, 『한·미 교원단체의 비교 연구』, 2002, 석사학위논문(경인교육대학교 교육대학원), p. 35.
6. 이장원, 편찬 후기 「법외노조 시기 전교조운동을 돌아보며」, 『참교육 한길로』(전교조운동사 편찬위원회, 2011), pp. 1083~1084.
7. 그것은 교사가 일반 노동자에 비해 상대적으로 높은 임금 수준과 안정된 신분을 유지하고 있기 때문일 것이다. 실제 법외노조 시대 교사운동을 보면 교사들은 직접적인 임금투쟁을 전개해 본 적이 없으며, 경제적 요구 투쟁은 주로 출장 여비의 정상 지급, 초중등 수당차별 등 규정의 정상 운영이나 차별 해소 등에 국한되어 있었다(6장 9절).

는 욕구가 매우 강하다. 이는 교사가 인간적 관계가 생성되고 이를 필요로 하는 인간을 가르치는 교육 행위를 하기 때문이다. 여기에서 교육노동 속에서 자신의 지위와 역할을 높이고 교육노동의 보람을 실현하려는 요구가 교사들의 보편적이고 일반적인 요구로 발현되게 된다. 사회적 관계 속에서 자신의 지위와 역할을 높이고 자아를 실현하며 보람을 얻고자 하는 요구는 사회적 존재인 모든 사람에게 보편적인 것이지만, 교사들에겐 교육 자체가 이미 사회적 관계를 포함하고 있기 때문에 교육 행위 속에서 자신의 지위와 역할을 높이고 교육의 보람을 성취하고자 하는 요구가 강하게 발현되는 것이다.

자율성과 전문성은 전문직 교육노동자의 주요한 요구이다

이러한 교사들의 특성 때문에 교사운동은 경제적 요구 투쟁에서 출발하기보다 교육에서 교사들의 지위와 역할을 높이고 교육의 보람을 추구하려는 데서 출발하였으며 그런 요구가 운동의 주요한 동력이 되어 왔다. 전교조가 참교육을 기치로 내건 것도 그런 특성의 표현이다.

교육 속에서 교사의 지위와 역할을 높이기 위해서 무엇보다 교육활동에 대한 정부와 관료의 간섭이 축소되어야 한다. 간섭이 심할수록 교육은 타율화되며 교사의 교육적 역할은 줄어들고 '교육의 보람'도 줄어들 수밖에 없다. 때문에 간섭을 최소화하고 교육의 자율성(자주성)을 높이는 것은 지위와 역할을 높이고 교육 보람을 성취하려는 교사들의 기본적 요구가 된다. 관료의 간섭에 대한 교사들의 거부 정서는 이런 요구의 반영이다.

자율성(자주성) 요구와 함께 교사의 지위와 역할을 높이기 위해서 중요한 것이 '전문성'의 요구이다. 교육은 전문적 교육 능력을 가진 자가 행해야 한다는 '교육의 전문성'은 '교육의 자주성'을 뒷받침하는 사회적 인식이다. 비전문가의 간섭이 교육을 올바르게 행할 수 없게 만들 것이라는 사회적 인식이야말로 교육의 자주성을 옹호하는 아주 강력한 힘이기 때문이다. 따라서 교육이 전문직이란 인식은 교사에 대한 사회적 신뢰를 높여 주고 교육에서 교사의 지위와 역할을 높이 평가해 주는 사회적 인식의 토대가 된다. 아울러 교육의 전문성은 교사에게 자신의 교육 행위가 아무나 할 수 있는 게 아니라 전문가인 자신만이 할 수 있는 일이라는 자긍심을 심어 주어 교육의 보람을 높여 준다. 이런 점에서 교사 대중은 교육 전문성을 높이고자 하는 기본적 요구를 갖게 된다.

요컨대 전문직 교육노동운동에서 교육에서 지위와 역할을 높이고 보람을 찾으려는 교사 대중의 요구는 교육의 자주성(자율성) 확보와 전문성 신장 요구로 집약되며 이런 요구가 일반 노동운동과 다른 교육노동운동의 특성을 만드는 힘인 것이다. 교육의 자주성과 전문성은 교육노동의 특성에 따른 교사 대중의 기본적 요구일 뿐 아니라 헌법과 법률에서도 보장하고 있는 사회적 인식이기도 하다.

세계의 교원단체 운동을 주도해 온 미국의 교원단체 운동 역사를 보면, 교원단체의 운동은 전문직 노동조합운동으로 수렴되어 가고 있음을 볼 수 있다.

3. 미국 교원단체-교원노조운동의 역사와 전문직교육노동운동론의 등장

가. 전문직 교원단체 NEA의 탄생과 발전

미국 교원단체의 역사는 오래되었다.

NEA는 1857년 8월 26일 43명의 교원들이 필라델피아에서 모여 전국교사협의회National Teacher Association of School Superintendents와 미국사범학교연합회American Normal School Association를 이 조직에 합병시켜 전국교육협회NEA로 명칭이 변경된다. NEA는 결성 때부터 1917년까지는 회원이 1만 명이 못 될 정도로 약한 조직이었으나, 1922년 무렵에는 회원 수가 12만 명에 이를 정도로 성장하였다. 1930년대 20만 명, 1950년대는 50만 명 수준으로 증가하였다.

그러나 NEA는 초기부터 행정가 중심의 운영을 하여 현장교사의 의견이 반영되지 못했고, 보수적인 입장을 견지하여 단체행동에 미온적이었기에 조직 내외에서 많은 비판에 봉착하였다. 그러다가 1960년대 평교사 위주의 조직 운영으로 보수적인 입장에서 강경한 입장으로 선회하여 과감하게 파업을 하는 등 조직 운영의 변신으로 일부에서는 비난을 받기도 하였지만, 전반적으로 조직의 확대를 가져왔고, 1970년대 초 100만 명을 돌파한 후 매년 평균 5만 명의 회원 수 증가로 오늘날 현재 240만 명의 회원이 가입되어 세계 최고의 교원단체가 되었다.[8]

NEA는 60년대 초에 조직 운영이 교육행정가 중심으로부터 교사 중심으로 바뀌고, 교사들의 목소리가 높아지고 단체교섭을 통해 교원의

---

8. 염철현, 「미국 교원단체의 현황 분석 및 한국에의 시사점」, 『교육법학연구』 제24권 제3호, 2012, 대학교육법학회 요약.

권익 신장과 교원 처우 개선 및 교육 여건 개선 노력이 강조되면서 노동조합주의unionism를 상보적, 병존 개념으로 인식하기 시작하였다. 말하자면 전문직주의를 표방하면서도 노동조합주의를 가미하여 실질적인 권익 신장과 위상 강화를 추구하고 있다.

NEA의 회장 Bob Chase의 '새로운 노동조합주의new unionism'가 그것이다. NEA 경영층의 이러한 인식은 NEA가 전문직주의를 지향하면서도 전술적인 측면에서 단체교섭을 통해 노동조합주의를 절충, 가미하는 노력이 강조되고 있음을 말해 주고 있다.

막대한 재정을 교육에 투입하고 있음에도 불구하고 초·중등학교 학생들의 성적이 밑바탕에 머물게 되자 미국인들의 자존심이 상해 있는 데다가 학교 내에서 총기 난사 사고 등 학교폭력이 계속됨으로써 학교교육에 대한 불신과 불만이 높아지게 되었다. 이렇듯 교육에 대한 일반 국민의 관심이 낮아지고 신뢰가 떨어지게 될 때 교직원의 설 자리가 없어진다고 보고, 교원이 전문적으로 성장하고 교수 활동에서의 수월성을 인정받음으로써 교원들의 사회·경제적 지위나 교직의 위상을 높여 나갈 수 있다는 것이다. 그래서 NEA의 최대 관심 사항은 '교육의 질 향상'에 있다.[9]

나. 교원노동조합 AFT의 탄생과 발전

AFTAmerican Federation of Teachers는 1916년 위네트카의 소수 교사들이 한 교사의 지하실에서 만나 직업적인 관심사에 충실하고 많은 교사의 이익을 위해 기존의 교원단체와는 다르게 노동운동 단체와 연대하는 노동조합 형태의 단체를 결성하기로 한 것이 출발점이 되었는데,

---

9. 황봉이, 앞의 책.

1916년 시카고교사연맹Chicago Teachers Federation이 주축이 되어 4개의 지방 교사연합이 합쳐서 미국교사연맹AFT이 되었다. 초기부터 이 단체가 내세운 조직의 주된 목적은 자유학교의 실현과 무상 교과서 공급, 의무교육의 공여 등에 두고 있었다.

AFT는 NEA와 마찬가지로 교직의 전문성을 유지하거나 또는 신장하는 것 이외에 교사의 봉급과 근무 여건의 개선에 대한 주장도 해야 한다고 믿었고, 교권을 보호하기 위해서는 단체행동을 불사하는 노동조합적 성격을 띠고 결성된 단체였으며, 1955년에는 미연방 산업별 노동조합AFL-CLO과 협력관계를 형성함으로써 교육위원회의 압력을 받아 해산되는 경우가 많았다.

그러나 AFT는 창립 후 노동조합 성격의 교원단체였지만 45년간 노조 형태의 투쟁 방식인 파업을 교권 신장의 수단으로 사용하지 않는다는 정책을 고수해 왔다. 그러나 1960~1962년에 뉴욕시에서 2차에 걸친 파업을 단행하여 상당한 봉급 인상과 교육환경 개선을 쟁취하는 극적인 변화를 초래하였다.

그리하여 AFT는 1960년대의 대파업으로 많은 대중으로부터 호응을 받아 회원 수가 격증하였고 교육, 보건 공공부문을 대표하는 노동조합으로 성장하였다. 특히 단체의 민주적 운영과 항상 최우선적으로 회원과 학생의 편에서 목표를 달성해 가는 방법으로 1985년 이래 평균 2만 8,000명씩 회원이 증가하여 1999년 현재 100만 명을 넘어섰다.

AFT는 노동조합이기에 평교사 중심으로 교육감·교장·장학관 등의 행정직 입회를 금지하여 출발하였고, 교사 외에 시간제 교원, 교육관련 사무직원, 대학교 교직원, 공공부문 종사자, 그리고 간호사 등을

보건전문직을 포함하는 다양한 직종의 노동자를 대표한다.[10]

다. NEA와 AFT의 유사성 확대와 전문직조합주의의 발전

이렇게 상호 유사성을 강화해 온 NEA와 AFT는 1980~1990년대를 지나며 급속한 노동환경의 변화를 겪으면서 전문직 노동조합주의 경향을 점차 강하게 수용하기 시작한다. 1980~1990년대 산업이 분화되고 사회가 다변화되면서 공공분야 사업이 크게 성장하고, 공공부문의 노동자가 급증하며, 기존의 블루칼라 중심의 노동조합에서 공공분야 전문직 근로자의 이익을 대변하는 새로운 노동조합운동을 요구하게 되었다.

생산직 노동과 달리 공공분야의 노동은 그 노동이 수혜자(학생, 국민 등)에게 직간접적으로 영향을 미친다는 점에서 그리고 그 노동조건의 상당 부분이 수혜자의 부담(세금, 수익자 부담 등)과 관련을 맺는다는 점에서, 사업주와 노동자 간의 교섭과 투쟁 형태의 전통적인 산업형 노사관계와는 다른 형태의 활동 방식을 요구받게 되었다.

교원단체 역시 이런 요구를 강력하게 받게 되었다. 미국 양대 교원단체는 그동안 전통적인 산업형 노조 모델로 더 많은 봉급과 수당 등의 경제적 여건의 개선과 더 나은 근무 조건을 쟁취하기 위해 교육당국을 대상으로 투쟁을 벌였다. 기존의 산업형 조합주의 노조 철학으로는 조직 구성원의 이익을 강력히 대변할 수는 있지만, 학생과 학부모의 이익을 아우르는 공공의 이익을 대변하지 못해 공공성을 떠받치는 국민들로부터 외면받을 수 있기 때문이다. 이런 시대적 변화에 따라 등장한 것이 전문직조합주의professional unionism이다.

---

10. 황봉이, 앞의 책.

전문직 조합주의는 첫째, 교원은 고도의 교직 윤리를 옹호하는 전문직 집단임을 강조한다. 둘째, 교사는 교육 당국과 대립하는 것보다는 협력하는 상호의존적인 동반자임을 강조한다. 셋째, 교육 당국만이 모든 학생의 균등 교육과 교원의 질적 수준 향상을 확립하는 책임을 지는 것이 아니라 교원 자신의 책임임을 강조한다.

1980~90년대 미국의 노동조합에 불기 시작한 전문직조합주의는 새로운 교원노조의 패러다임으로 등장하였다. 이 전문직 조합주의는 기존의 단체협상은 그대로 유지시키면서 단체협약체결 사항에 학생의 학업성취student achievement에 관한 사항을 최우선적으로 다루자는 것이다. 또한 전문직조합주의는 근본적으로 공교육을 살리면서 이분법적인 대립관계의 노사관계에서 협력하고 화합하는 상생의 노사관계로의 전환을 촉구한다. 이제 교원노조의 관심은 한편으로 노조원의 이익과 권리 증진에 관심을 두면서, 다른 한편으로 공교육과 학교의 내부로 눈을 돌려 학생의 교육기회 균등을 보장하고, 학생의 학업성취를 높이고, 교사 스스로가 자질을 높이는 방향으로 변화하고자 한다.[11]

NEA와 AFT의 이러한 유사성 강화와 전문직 노동조합운동 경향성의 강화는 1993년 NEA가 주력인 세계 교원의 전문직능단체인 '세계교직단체총연합회WCOTP'와 AFT가 주력인 세계 교원의 노동조합인 '국제자유교원노동조합IFFTU'이 통합하여 세계 교원단체의 총연합체인 EIEducation International를 창립하는 배경이 되었음은 미루어 짐작할 수 있는 일이다. 미국 내에서는 NEA와 AFT의 통합 논의도 일어났

---

11. 염철현, 앞의 책.

다. 1998년 미네소타주의 NEA와 AFT가 1998년 통합되었고, 실현되지는 못했으나 AFT가 2002년까지 NEA와 통합한다는 결의를 한 바도 있다.

4. 전문직 교원노조운동론과 교사노조가 나아갈 길

우리나라와는 역사와 사회정치적 환경이 다르지만, 미국의 교원단체의 변화 발전, 특히 전문직노동조합운동론은 우리나라의 교사노조운동에도 시사하는 바가 적지 않다.

21세기 지식 중심 사회에서 학교의 역할은 새로운 변화를 요구받고 있다. 교원단체는 교사의 전문성 확보와 학생의 성취도 향상 등 학교의 변화를 통한 공공의 이익(publicgood)과 교원의 정당한 이익의 확보 사이에 균형과 조화를 유지하는 새로운 교원노동조합의 전략을 필요로 한다.

이를 위해서는 두 가지 방향을 고려하여야 한다.

첫째, 교사의 자율성과 전문성을 존중하고 높이려는 활동에 힘을 쏟아야 한다. 교사들의 운동이 전문직 노동운동을 본질로 한다는 것은 교사들이 자신의 노동(교육활동)에 대해 전문성을 존중받고 자율성을 부여받기를 강력하게 바란다는 것을 말해 준다. 전문성과 자율성 존중은 서로 떼려야 뗄 수 없는 전문직 노동운동의 두 바퀴이다.

2023년 7~8월 거리를 뜨겁게 달구었던 교사들의 집회에서 교사들이 강력하게 요구하였던 '교육할 권리 보호' 요구는 교육자로서의 전문성을 존중하고 인정하라는 것, 교육활동의 자율성을 존중하고 인정하라는 것과 다름없다. 정부 교육정책의 비현실성, 현장 부적합성을 질타하는 것은 교사의 전문성을 무시하는 데에 대한 분노의 표현이다.

교사들은 이미 자신들이 교육 전문가임을 여러 경로를 통해 확인하고 스스로의 전문성을 높이기 위해 상호 협력하고 노력하고 있다. 온라인 소통 공간을 통한 활발한 교육 자료의 생산과 공유, 상호 창조 활동이 이를 말해 준다.

교사노조운동은 이런 교사들의 전문성과 자율성의 요구가 잘 실현되고 제도적으로 뒷받침되도록 끊임없이 노력해야 교사들의 신뢰와 지지를 얻을 수 있다. 교사들 또한 스스로 교육 전문성을 높여 가야 사회적 지지와 존중을 받고, 자율성을 보다 크고 높게 인정받을 수 있다.

둘째, 교사노조운동은 사회적 명분과 사회적 연대의 끈을 놓지 말고 나아가야 한다. 교육노동운동에서 사회적 명분과 사회적 지지는 매우 중요한 성공 요인이었다. 2023년 교권보호 4법의 입법화, 2022년 초등학생 취학 연령 만 5세 인하 철회 투쟁, 교사에게 생활지도권을 부여하는 「초·중등교육법」 개정 투쟁 등은 모두 사회적 명분과 사회적 지지가 분명하여 짧은 시간 내 성과를 내올 수 있었던 사안이다. 최근의 사례만이 아니라, 과거 교육 비리 척결 투쟁이나 무상급식에 대한 사회적 동의를 이끌어 냈던 급식 조례 제정 투쟁 등 성공한 투쟁들은 대부분 사회적 명분과 지지가 분명하였던 것들임을 염두에 둘 필요가 있다.

이는 교육노동의 사회적 성격에 크게 기인한다. 사적 성격이 강조되는 일반 노동과 달리 교육노동은 '공공성'이 강조된다. 특히 성년까지의 사회화 과정을 책임지는 유·초·중등교육의 경우 모든 국민의 보편적 이해를 실현하는 과정으로서 사회적 책임으로 이루어져야 한다는 일반적인 관념이 형성되어 있다. 때문에 유·초·중등교육은 국가나 지방자치단체의 책임하에 이루어지며, 사학에 의해 이루어지는 경우라도 사회적 책무성이 크게 강조된다.

이러한 사정 때문에 교사노조운동에서는 공공성과 사회적 정당성에 따른 사회적 지지가 매우 중요한 역할을 하게 되는 것이다. 이는 교사노조운동은 자신의 주장을 관철해 나가는 주요한 힘이 사회적 신뢰를 높이는 데 있음을 말해 준다. 이러한 특성은 일반 노동운동과 다른 교육노동운동의 고유한 특성의 하나로서 우리가 운동을 해 나가는 데서 주요하게 참고해야 할 점이다.

2023년 7~9월 교사집회를 통해 교사들은 뛰어난 능력과 도덕성을 갖추고 있음을 확인해 주었다. 뛰어난 능력과 도덕성은 전문 노동을 하는 집단이 갖출 중요한 덕목이기도 하며, 사회적 지지의 중요한 자원이기도 하다. 교사노조운동이 앞으로 이런 교사들의 능력을 살려, 교사들의 자율성과 전문성을 높이고 존중하는 방향으로 사업과 투쟁을 전개하면서, 사회적 명분과 지지를 받을 수 있는 투쟁을 발굴하여 적극적으로 전개해 나간다면, 교사노동조합운동은 한국 교육을 질적으로 발전시키는 동시에 교사의 지위와 역할도 크게 높여 가는 전문직 교육노동운동으로 발전해 가지 않을까 기대한다.

새로운 세대 교사들은 왜 노조 할까요?
: 교사노조를 향한 청년 교사들의 요구와 지향

황유진_교사노조연맹 정책처장

1. 들어가며

어느 시대에나 시대를 이끄는 새로운 주역들이 있습니다. 저는 우리 교사노조가 지금 이 시대 그런 역할을 하고 있다고 생각합니다. 우리 노조는 젊은 세대가 바라는 더 나은 삶, 용기 있는 실천을 수행하고 있습니다. 또한 이는 새로운 세대를 이해하고, 젊은 세대가 그들의 삶의 주인공으로 살도록 돕는 세대 간 연대가 있었기 때문입니다.

교사노조연맹은 연초 올해 목표를 7만 조합원으로 설정하였으나 이를 4월에 조기 달성함으로써, 9월 현재 12만 조합원 달성을 눈앞에 두고 있습니다. 이 글은 5월 새로운 시대의 주역인 교사노조연맹의 젊은 교사들의 요구를 깊이 들여다보고, 그 목소리를 통해 앞으로 우리 교사노조가 나아가야 할 방향에 대한 지혜를 얻고자 작성한 글을 바탕으로 쓴 글입니다.

2. 세대 분류에 따른
   교사노동조합연맹의 조합원 구성

 젊은 교사를 세대 프레임으로 가두려는 것은 아니나, 우리는 분명 일정 연령대를 기반으로 공통의 체험을 통해 유사한 생각과 비슷한 생활 방식을 누리고 있습니다. 이를 부인할 수 없기에 '세대' 개념을 빌려 우리 조합원들의 구성을 분석해 보았습니다.

 현재 대한민국에서 세대 분류는 다음과 같이 구분할 수 있습니다. 한국전쟁 전에 출생하여 우리나라의 주요 산업이 농업에서 산업화 시대로 넘어가는 시기의 주역이 되었던 세대(산업화 세대, ~1954년 출생), 전쟁 후 안정기에 급격한 출생률을 기록하며 유신체제에서 성장기를 보내고 민주화를 경험한 세대(베이비붐 세대, 1955~1964년 출생), 유년기에 한국 경제 고성장의 풍요를 맛보았지만 IMF로 사회 진입기에 경제 침체를 겪은 세대(X세대, 1965~1979년 출생), 세계화 시대에 성장하여 해외 문화에 대한 수용성이 높고 인터넷과 모바일에 친숙한 세대(M세대, 1980~1995년생), 태어나면서부터 모바일 미디어 환경이 익숙한 세대(Z세대, 1996년 이후 출생)로 정리할 수 있습니다. 이후 Z세대만큼의 인구 규모에는 미치지 못하지만 2010년에서 2024년 사이 출생한 알파(Alpha) 세대도 있으나 이들은 아직 교직에 임직할 수 있는 연령대는 아니므로, 이 표에는 담지 않았습니다.[1]

 위 세대 구분에 따라 교사노동조합연맹 조합원 구성 비율을 보면 (2023년 5월 1일 기준) Z세대는 14.28%, M세대는 59.45%, X세대는

---

1. 장윤정·이채정, 「세대별 행복의 차이 및 결정요인 분석」, 『정책개발연구』 제23권 제1호, 한국정책개발학회, 2023.

25.85%, 베이비붐 세대는 0.43%입니다. 교사노조연맹 조합원 구성을 세대로 분류할 때 M세대가 약 60%로 과반수 이상이며, Z세대는 15% 미만으로 MZ세대 비율이 약 75%입니다. 연령별로는 20대는 28.7%, 30대는 38.4%, 40대는 29.0%, 50~60대는 3.6%로 30대가 가장 많고 이후 40대 순입니다. 이를 통해 교사노조연맹은 대한민국의 새로운 세대를 대표할 할 수 있는 급성장하는 조직으로 볼 수 있습니다.

세대 구분에 따른 교사노동조합연맹 조합원 구성 비율[2]

구분	베이비붐 세대	X세대	M세대	Z세대
출생 연도	1955~1964년	1965~1979년	1980~1995년	1996년 이후
연령	58~67세	43~57세	28~42세	27세 이하
청소년기	고성장 시대 성장주의 국가주의 권위주의	산업화 수혜 시대 교복 자율화 소비주의	민주화 정착 국제화 정보화	디지털 원주민 타고난 연결성 국제 정보에 대한 즉각적인 접근성 편견 없는 세대
가치관	권위주의적 집단주의 가족 지향	탈권위주의적 자기중심적 개인주의, 자유	개성 다양성 오락성 즐거움	개인적, 독립적 경제적 가치 우선 평등 중시
라이프 스타일	젊음과 건강에 대한 욕구, 교육 중시	소비지향적 여가 중시	컴퓨터 문화	반응 속도 빠름 텍스트보다 이미지에 주목
소비 특성	합리적	합리적, 실용적	감각적, 스타일과 디자인 영향	즉각적인 반응과 짧은 집중
조합원 비율 (2023. 5. 1. 기준)	0.43%	25.85%	59.45%	14.28%

---

2. 박혜숙, 「신세대 특성과 라이프 스타일 연구-Z세대를 중심으로」[『인문사회21』 제7권 제6호, 아시아문화학술원(2016)의 표를 재구성].

3. 청년 교사들의 요구와 지향

　교사노동조합연맹에서는 조합원들을 대상으로 2023년 4월 20일 ~4월 28일(9일간) 동안 교사들이 인식하는 교직문화 및 학교교육 현장의 문제점을 확인하고 앞으로의 정책 방향을 모색하기 위한 목적으로 온라인 설문 조사를 실시하였습니다. 이 글은 그 설문 결과를 바탕으로 작성되었습니다.

　설문 조사 내용은 청년 교사들의 교직관, 교육 당국의 교사에 대한 인식, 교직 생활 만족도, 이직 및 사직(의원면직) 고려 여부, 교권 침해 현황, 교사효능감, 교육활동 정상화를 위한 대안, 교원의 보수, 근무환경, 교사노조의 앞으로의 방향 등이었습니다.

　현재 교사노조의 성장 속도로 미루어 볼 때 교사들이 집결하고자 하는 열의는 그 어느 때보다 뜨겁습니다. 새로운 시대의 교사들의 집결의 원동력은 무엇으로부터 비롯되었을까요? 그리고 요구하는 사항은 무엇일까요? 설문 조사 결과를 바탕으로 청년 교사들의 요구와 지향을 정리하면 다음과 같습니다.

　첫째, 교육 전문가로서 교사, 교육할 수 있는 환경이 조성되길 바라고 있었습니다. 청년 교사들은 바람직한 교사상을 교육 전문가라고 생각했으나 이에 반해 교육 당국은 교사에게 희생을 요구하거나 교육자가 아닌 공직자로서의 의무를 부과하고 있다고 인식하고 있었습니다. 또한 교사효능감 측면에서 개인이 느끼는 효능감은 양호하다고 판단되나, 대한민국 교육환경은 교사효능감을 높이는 데 기여하지 못하는 것으로 인식했습니다. 교사로서 교육 전문성을 발휘할 수 없는 것에 대한 절박함이 느껴집니다.

더불어 교직 생활 만족도에서도 68%에 해당하는 교사들이 부정적으로 답변했으며, 교사 네 명 중 한 명은 최근 1년간 이직 및 사직(의원면직)을 매일 고민하고 있었습니다.

이는 정상적인 교육활동 보장을 위해 가장 시급한 과제가 무엇이냐는 질문에서 더 선명하게 드러납니다. 교사들은 무고성 아동학대 신고 처벌 등 교육활동 침해 방지 대책 수립이 가장 필요하다고 보았으며, 각종 수당 인상 등 교원의 경제적 보상 현실화는 후순위였습니다. 그 다음 순위가 돌봄, 방과후 등 교육활동 이외의 업무 부여 금지 제도화였습니다. 이는 교사들은 가르치는 일, 즉 교육 본질에 집중하고 싶다는 의미로 해석할 수 있습니다. 자유기술식 문항 분석 결과를 살펴봐도 학교 안 갈등과 행정업무 등 다양한 이해관계를 해소하고 교육 본질 업무에 집중할 수 있는 환경에 대한 요구가 높았습니다.

즉, 교사들이 가장 바라는 것은 교사가 교육의 전문가로서 교육의 본질 업무를 수행할 수 있는 정상적인 교육환경이 조성인 것입니다. 이런 측면에서 젊은 교사들이 노조에 가입하는 이유는 교사들이 교육 전문가로서 인정받고 최소한의 안전한 근무환경 조성을 위한 것임을 추정할 수 있습니다.

둘째, 교육 전문가로서 받아야 할 정당한 대우를 요구하고 있었습니다. 임직의 기간이 상대적으로 짧은 젊은 교사일수록 보수 및 수당에 만족도가 매우 낮았으며, 현실적인 처우 개선이 필요하다고 인식하고 있었습니다. 20대 교사들이 Z세대임을 고려할 때 이들은 경제적 보상에 매우 민감합니다. 또한 임직했던 당시 교사에 대한 사회적·경제적 기대 수준을 고려한다면 젊은 교사들은 자신들의 기대 수준에 미치지 못하는 부당한 대우를 받고 있다고 인식하고 있는 것입니다.

경제적 보상의 문제는 사회적 위상과도 연계되어 있습니다. 앞으로 가정을 꾸리며 미래를 설계해야 하는 사회 초년생의 입장에서 교직에서 자신이 정당한 대우를 받지 못한다고 느낀다면 이탈을 고려하게 됩니다. 요즘 교직사회에서는 탈출은 지능 순이란 말은 만연되어 있습니다. 그 이유는 교육할 수 있는 자율성은 제한되어 있고, 교육정책은 학교 현장과 괴리되어 교사가 자율성을 발휘할 수 있는 기회를 차단하고 있기 때문입니다. 교사가 할 수 있는 일은 겨우 주어진 틀 안에서 버텨야 하는 것이니 다양한 가능성을 탐색할 시간이 더 확보된 젊은 교사들이 다른 기회를 찾아 나서는 것은 당연하고, 현명한 일일 것입니다. 누구나 자신의 일에 기쁨, 즐거움, 보람, 정당한 대우를 받고자 하며, 이는 당연한 일입니다. 그러나 젊은 교사들은 이를 표현하고 해결할 수 있는 정책적 통로를 가지지 못했습니다.

앞서 살펴본 세대별 특징을 애덤스J. Stacy Adams의 공정성 이론에 적용해 보겠습니다. 이 이론에 따르면 개인은 자신의 노력과 그 결과로 얻어지는 보상과의 관계를 다른 사람과 비교하여 자신이 느끼는 공정성에 따라서 행동 동기에 영향을 받는다고 합니다. 젊은 교사들은 본인의 노력을 학교 내 다른 직군들과 비교하거나, 혹은 동료 교사들과 비교할 때 자신이 학교에서 받는 보상이 적다고 판단되면 이를 보상받기 위한 방향으로 동기가 작동되는데, 예를 들면 금요일 조퇴 등은 학교에서 덜 보상받은 부분을 직접 보상받으려는 동기에 의한 것이라고 해석할 수 있습니다. 그런데 이를 알 리 없는 관리자나, 교육 당국, 외부에서 젊은 교사들의 이런 행동을 일탈로 규정한다면 젊은 교사들은 분노할 수밖에 없습니다. 교사들의 조퇴를 아무도 이해하지 못하고 대변해 주지 않는 상황에서 우리 노조가 교육 당국에 항변할 때 즉각적인 반응에 민감하고 현실적이고 실용적인 젊은 교사들은 교사노조가 큰 사안이 아니더라도 자신들을 대변하여 속 시원한 소리를 해 주는 모습을 통해 교직사회에서 숨통이 열릴 수 있지 않을까 하는 희망을 품었을 것으로 추정됩니다.

조합원의 작은 소리에도 기민하게 반응하는 교사노조의 모습은 조합원에게 성취의 경험이 되었을 것이며, 자신의 요구에 의해 교사노조가 교육청과 교육부에 목소리를 내고 큰 성과는 아니더라도 조합원들을 대변하는 시원한 소리를 해 줄 때 이 젊은 교사들은 우리 노조를 합리적이고 실용적이라는 판단을 했을 것이며, 이런 부분이 교사노조의 성장을 이끌었다고 판단됩니다. 또한 이런 측면에서 지금의 젊은 교사들은 교사노조를 자신들의 요구를 대변해 줄 수 있는 창구로 인식하고 있다고 보입니다.

셋째, 교사들은 교육정책의 중심에서 교육 전문가로 존중받길 바라고 있습니다. 교사들은 교육 당국이 교육정책 수립에 있어 현장 교사들의 의견을 반영하지 않는다는 인식이 매우 컸습니다. 이런 이유로 다수의 교사들이 현 정부의 교육정책에 대한 평가에서 낙제점을 준 것으로 보입니다. 교사들 입장에서 교육 현장에서 느끼는 어려움은 점점 가중되는데 교육 당국의 정책은 현장의 어려움을 해소하기보다 더 복잡한 양상으로 갈등을 빚어내고 있기 때문일 것입니다.

교사들은 현장 개선에 대한 갈증이 클수록 교육정책에 목소리를 내고 개선하고자 합니다. 전문성을 바탕으로 자율성을 보장 받기 바라는 것입니다. 젊은 세대의 특성은 개인적이며 다양성이 보장되는 즐거운 일터에서 성장하는 경험을 추구하는 경향이 있다는 것입니다. 때문에 전문가로서 자율성이 보장되고 독립적이며 자신의 노력과 성과를 경제적 가치로 정당하게 대우해 주길 바랍니다.

그런데 교직 현실은 전혀 즐겁지 않습니다. 개인적으로 성장의 즐거움을 허용하지 않는 깐깐한 복무 규정 및 제약이 있으며, 정당한 대우도 없습니다. 이러니 교직에 몸담은 재능있는 재원들에게 교직 이외에 다른 기회가 있다면 교직 이탈은 당연하고 자연스러운 일입니다. 현재도 교직에서 개인적인 재능이 충만한 젊은 교사들은 새로운 기회를 꿈꾸며 의원면직합니다. 요즘은 이런 사례들을 유튜브 등을 통해서 쉽게 접할 수 있습니다. 때문에 다양한 재능이 있는 젊은 교사들을 품을 수 있는 교직 환경이 조성되지 않는다면 교직 이탈은 점점 더 심각한 상황이 될 것이며, 또한 교육의 질에도 직접적인 영향을 끼치게 될 것입니다. 교사들이 전문가로서 인정받고 성공을 경험할 수 있도록 기회를 제공하는 것은 지금 교육 당국이 해결해야 할 너무 시급하고 중요한 문제입니다.

교사노조의 성장은 다른 의미로 보면 교육 당국이 교육계 내 변화를 인지하고 경각심을 가져야 할 중요한 신호로 봐야 합니다. 교육부에서는 미래 사회 변화를 말하지만 디지털에 강한 젊은 세대가 교직에서 보람과 성취를 경험하지 못한다는 것은 이 조직의 미래가 밝지 못함을 반증하는 것입니다. 조직 관리 측면에서도 교사에 대한 구시대적 관점과 접근(승진, 가산점, 연수 등)의 방법만을 고수하는 것은 시대착오적입니다. 재능있는 교사들을 어떻게 독려하고 도울 것인지, 교직 안에서 다양한 재능을 발휘할 수 있도록 불필요한 규제들을 어떻게 제거해 줄 것인가를 고민해야 합니다. 자유롭게 날고 싶은 자들에게 족쇄를 채우려는 사고를 벗어나야만 합니다.

넷째, 젊은 교사들은 생존을 보장받기 위해 교사의 정치적 기본권을 요구하고 있습니다. 학교 현장을 향한 교육정책은 시간이 지날수록 교육 이외의 이해관계에 의해 정치적 기본권이 없는 교사를 배제한 채 복잡한 양상으로 학교 안에 깊숙이 개입하고 있습니다. 때로는 정책적 성공을 위해 교사들의 주장을 '교사 안일주의'로 매도하여 정치적 지지를 얻고자 하는 전략에 휘말릴 때도 있습니다. 이런 방식으로 교육은 파당적 이해에 악용되는 일이 여전히 계속되고 있으며, 도리어 더 악화되어 지금의 학교 현장에서의 교육은 교육의 전문성과 자주성을 보장할 수 없는 지경에 이르렀습니다. 지금 젊은 교사들은 교육 현실을 직시하고 사회가 아닌 교사 개인의 삶을 구하기 위한 선택으로 교사의 기본권을 주장하고 있습니다. 과거 교사의 정치적 기본권 주장은 사회 민주화를 위한 주장이었는지 모르겠으나, 오늘날의 교사의 정치적 기본권 문제는 개인의 정당한 권리를 보장받기 위한 방안으로서의 노동권, 오래전 여성의 참정권과 같은, 혹은 노동자의 선거권과 같은 선상에서의 기본권이며 생존을 위한 문제입니다.

교육은 사회 문제를 해결할 수 있는 중요한 요인입니다. 그러나 현재 대한민국 교육은 교육에 대한 가치와 철학, 교육이 사회를 위해 수행해야 할 최소한의 역할에 대한 담론에서 교사를 배제한 채 진행되고 있습니다. 때로는 정책적 성공을 위해 교사들의 주장을 검토 없이 교사 안일주의로 매도하기까지 합니다. 결국, 학교 현장의 교육 메커니즘을 가장 잘 이해하는 교육 전문가인 교사가 정치적 기본권이 없어 어떤 목소리도 낼 수 없는 것입니다. 지금 교사들은 오랜 기간 교육정책에 대한 무기력에 빠져 있습니다. 이런 문제를 개선하고 교육정책 및 학교 안 교사들의 인권을 온전히 보장하기 위해서라도 교사의 정치적 기본권이 보장되어야 할 것입니다.

학생과 교실밖에 모르던 교사들이 연대의 필요성을 느끼고, 함께 목소리를 내기 로 결집하면서 교사노조연맹은 5년 만에 12만 명이 되었습니다. 선생님들께서 이렇게 힘을 모아 주신 것은 교사노조연맹이 가진 진정성을 믿고, 교사들이 교육할 수 있는 건강한 교육 생태계를 만들어 달라는 것임을 항상 잊지 않고 있습니다. 선생님, 항상 감사합니다!

삶의 행복을 꿈꾸는 교육은
어디에서 오는가?

● **교육혁명을 앞당기는 배움책 이야기** 혁신교육의 철학과 잉걸진 미래를 만나다!

● 비고츠키 선집 발달과 협력의 교육학 어떻게 읽을 것인가?

혁신학교	성열관·이순철 지음	224쪽	값 12,000원
행복한 혁신학교 만들기	초등교육과정연구모임 지음	264쪽	값 13,000원
서울형 혁신학교 이야기	이부영 지음	320쪽	값 15,000원
혁신교육, 철학을 만나다	브렌트 데이비스·데니스 수마라 지음	현인철·서용선 옮김	304쪽	값 15,000원
대한민국 교사, 어떻게 가르칠 것인가?	윤성관 지음	320쪽	값 15,000원
아이들을 어떻게 가르칠 것인가	사토 마나부 지음	박찬영 옮김	232쪽	값 13,000원
모두를 위한 국제이해교육	한국국제이해교육학회 지음	364쪽	값 16,000원
경쟁을 넘어 발달 교육으로	현광일 지음	288쪽	값 14,000원
혁신교육 존 듀이에게 묻다	서용선 지음	292쪽	값 16,000원
다시 읽는 조선교육사	이만규 지음	750쪽	값 37,000원
교실 속으로 간 이해중심 교육과정	온정덕 외 지음	224쪽	값 13,000원
대한민국 교육혁명	교육혁명공동행동 연구위원회 지음	224쪽	값 12,000원
포스트 코로나 시대의 교육	성열관 외 지음	224쪽	값 15,000원
내일 수업 어떻게 하지?	아이함께 지음	300쪽	값 15,000원
핀란드 교육의 기적	한넬레 니에미 외 엮음	장수명 외 옮김	456쪽	값 23,000원
한국 교육의 현실과 전망	심성보 지음	724쪽	값 35,000원
독일의 학교교육	정기섭 지음	536쪽	값 29,000원
교실 속으로 간 이해중심 통합교육과정	온정덕 외 지음	224쪽	값 15,000원
초등 백워드 교육과정 설계와 실천 이야기	김병일 외 지음	352쪽	값 19,000원
학습격차 해소를 위한 새로운 도전 보편적 학습설계 수업	조윤정 외 지음	240쪽	값 15,000원

● 경쟁과 차별을 넘어 평등과 협력으로 미래를 열어가는 교육 대전환! 혁신교육 현장 필독서

학교의 미래, 전문적 학습공동체로 열다	새로운학교네트워크·오윤주 외 지음	276쪽	값 16,000원
마을교육공동체 생태적 의미와 실천	김용련 지음	256쪽	값 15,000원
학교폭력, 멈춰!	문재현 외 지음	348쪽	값 15,000원
학교를 살리는 회복적 생활교육	김민자·이순영·정선영 지음	256쪽	값 15,000원
삶의 시간을 잇는 문화예술교육	고영직 지음	292쪽	값 16,000원
미래교육을 디자인하는 학교교육과정	박승열 외 지음	348쪽	값 18,000원
코로나 시대, 마을교육공동체운동과 생태적 교육학	심성보 지음	280쪽	값 17,000원

참된 삶과 교육에 관한
생각 줍기